オリュンポスの神々の歴史

THE GODS OF OLYMPUS
A HISTORY
Barbara Graziosi

バルバラ・グラツィオージ
西村賀子 監訳
西塔由貴子 訳

白水社

1. オリュンポス山。南側からの眺望。

2. デルポイのアポロン神殿の遺跡。巡礼者たちはこの聖域で自分の最大の関心事——父親は誰かから戦争の帰趨にいたるまで——についてアポロンに質問するために困難な旅に乗り出した。アポロンの神託は解釈が難しかったが、つねに正しいことがわかった。

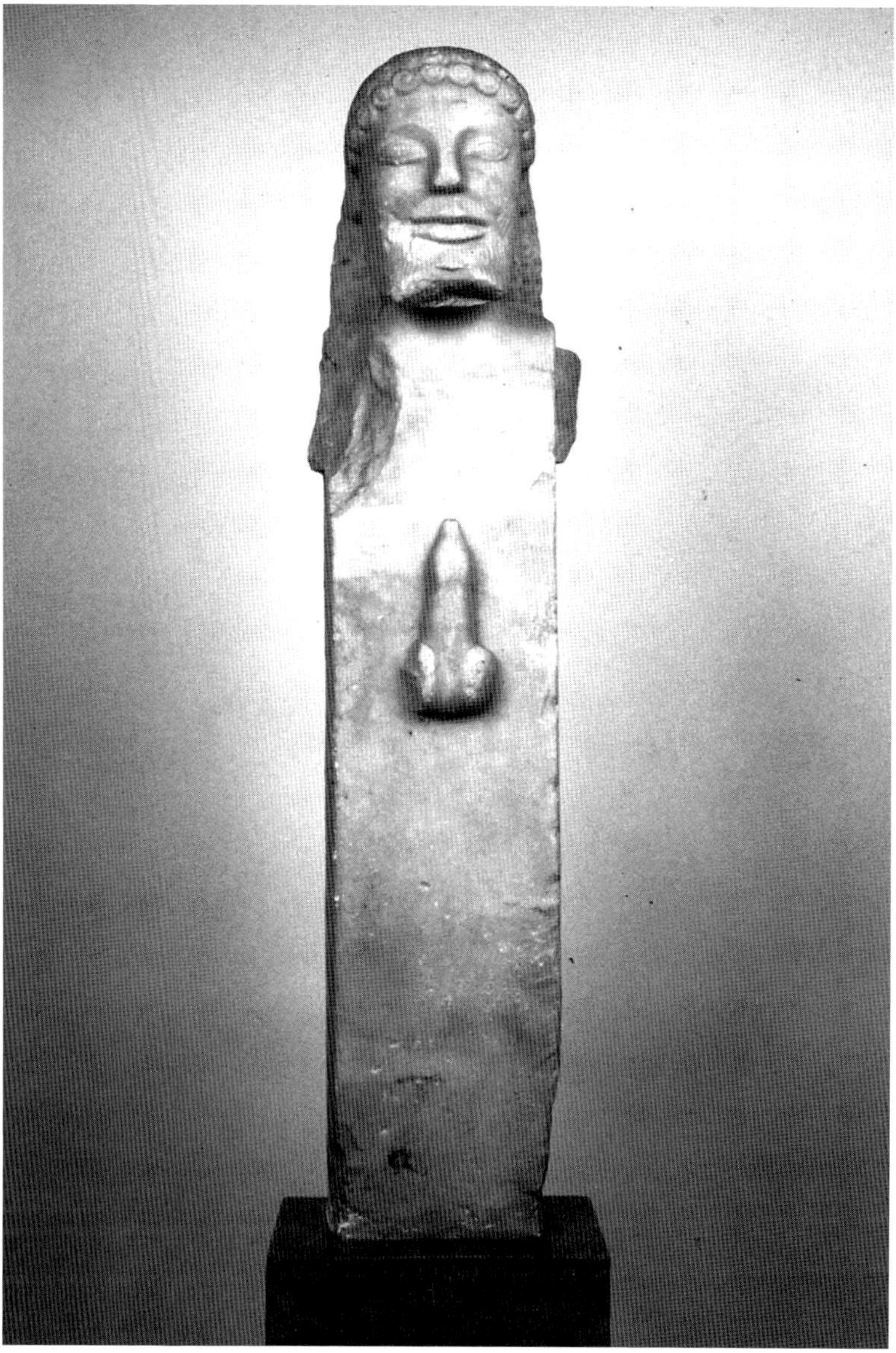

3. ペニスが損なわれないまま時代を超えて残ったヘルマイのめずらしい例。シプノス島から出土したこの境界石は前520年頃までさかのぼる。アテナイでは、アルキビアデスがヘルマイを傷つける蛮行を行ない、このポリスに精神的打撃を与えた。

4. アルカイック期のアポロンの偶像（左側、神殿の内部）が、よりなだらかな線の古典的様式で描かれた実際の神の隣に描かれている。南イタリアの壺のこの破片は前4世紀初頭にさかのぼり、芸術の発展事情を暗示している。

5. アレクサンドロス大王のお気に入りの芸術家リュシッポスは、年配のシレノスの腕に抱かれる赤ん坊のディオニュソスの像を彫った。ヘレニズム時代の彫刻家たちは成人の完璧な姿に焦点を当てるより、神の幼い身体や老いた身体にしだいに関心を寄せるようになった。ちょうどアレクサンドロスが生ける神として扱われだしたように、神の身体も年をとるものとこの時代には見られた。

6. ルドヴィシの玉座として知られる前460年頃のレリーフに描かれた、アプロディテの誕生。中央の神話的場面の両側には、アプロディテの熱心な信者たちの像が配された。笛を吹く裸の高級娼婦と、頭からつま先までおおい隠して香を焚く人妻。

7. サンドロ・ボッティチェッリの『ヴィーナスの誕生』(1486年)は古代の芸術と詩歌、とくに短いほうの『ホメロス風アプロディテ讃歌』と、フィレンツェの美の女王シモネッタ・ヴェスプッチにインスピレーションを受けた。この構図は同時に、洗礼の図像を思い出させる。

8. ラファエッロの『ルステラでの犠牲』(1515-1516年)は「使徒言行録」の名高い一節を描いている。奇蹟を前にしたルステラの人々は、パウロとバルナバスはヘルメスとゼウスなのだと思い、二人に犠牲を捧げようとした。実際のヘルメスの像は水平線上の消点に置かれ、二人の使徒が神々についての古代の考えを追い払っているところを示している。

9. ディエゴ・ベラスケスの『織女たち』(1657年頃)は、オウィディウスの『変身物語』のアラクネの話からインスピレーションを受けている。前景で、(老女に扮した)ミネルウァとアラクネが糸紡ぎで競い合っている。完成した二人のつづれ織りは後景の一段高くなった客間に展示されている。

10. コレッジョの『ユノの懲罰』(1519年)はパルマにある女子修道院の入口を飾っている。ある教会関係の解説者の主張によれば、この絵は誓いを捨てる気を起こした見習い尼僧に対する警告を意図して描かれた。結局のところ、ヘラは夫との性交でさえいかに恐ろしいものになるかを、自身の苦い経験から学ばなければならなかった。『イリアス』第14巻で語られた話によれば、ヘラは、ギリシア軍がトロイア軍と戦っているあいだゼウスの注意を逸らすために彼を誘惑した。ゼウスは目を覚ますと腹を立て、かつて黄金の鎖につないで拷問にかけたことを思い出させ、もう一度鎖につなぐぞと脅した。

11. ロマーレ・ビアーデンの『ルーツ・オデュッセイア』(1976年)は、古代の黒像式陶器と古典文化一般を、中央航路〔アフリカで購入された奴隷がアメリカ大陸に輸送された航路〕というトラウマ的経験を踏まえて再解釈している。

オリュンポスの神々の歴史

ヨハネスに

凡例

一、固有名詞は原則として音引きを省いて表記した。ただし慣用表記を優先した場合がある。

一、〔 〕は訳者による注を表わす。引用文中のかっこは、既訳を使用した場合は文中のものをそのまま使用した。なお、使用した既訳は「原註と文献案内」の末尾に記した。

オリュンポスの神々の歴史　目次

はしがき　シモニデスは賢明であった

本書は、古典文明の最も粗野な代表者たるオリュンポスの神々の歴史である。この神々は古代においてすら、残忍だとかセックス過剰だとか狂気の沙汰だとか、あるいはただたんに愚かだとか言われた。だが彼らは、不屈の生き残り組だった。神々は、現存する最も初期のテクストや彫像でしばしば旅人として描かれ、じつに数千年もの時間をどうにかくぐり抜けてきた。オリュンポスの神々は、ギリシア人がエジプトを征服すると、ファラオに似始めた。ローマ人がギリシアを征服すると、ローマの地元の神格と融合し、キリスト教とイスラム教のもとでは、悪霊や隠喩や寓意表現や占星術の原理として生き続けた。そしてルネサンス期になると、人間性への新たな信念を宣言した。多くの移住者と同様に、彼らは新しい状況に適応する一方で、遠い起源の感覚を保ち続けた。本書は、二千年以上にわたり数千マイルに及ぶ、オリュンポスの神々の旅と変容の跡をたどっていく。話が古代からルネサンスまで及んでいるのは、オリュンポスの神々がまさにこのルネサンスという時代に、宗教的な崇拝対象から人間の創造力の象徴に変貌するという、最も驚くべき旅をしたためである。

古代文明の歴史の本のなかには、古代と現代の類似点を強調するものもあれば、相違点を主張するものもある。本書はそれらとは異なったアプローチを試み、比較を述べるよりも変容の過程に焦点を絞る。たくさんのさまざまな人や場所や出会いを交えながら、多岐にわたる種々の話を語るのである。オリュンポスの神々はまさに神出鬼没で、彼らの跡をたどるには、いくつかの学問分野の見識を結びつける必要があるが、神々自身の無軌道な生命力につねに敏感でいることも有益だ。神々は多才で不屈だった。そして最後の崇拝者たち亡き後ですら、この世界の空想力をうまくとらえることができたのである。

神々について書くというこの企画を冷静に見れば、少なくとも二つの点で、失敗するに違いないことに気づく。同時代の読者は——古典文明に強い関心を持つ読者でさえ——オリュンポスの神々にさほど投資しそうにない。昔の人々は逆に、神々にとてもたくさんの考えや精力を投じたので、彼らの見識や幻想や経験はとうてい正当に評価できない。古代と現代どちらの対談相手も失望させそうな見通しの板ばさみにあって、私はオリュンポスの神々についていつまでも調べ続けずにはいられないだろう。実際には一文も書かないままで。

ただ研究し続けるだけなら、うまい具合にすばらしい先輩たちがいる。ローマの弁論家キケロは『神の本性について』という考察のなかで、神々を論じるうえで模範となる人物として、初期ギリシアの詩人シモニデスを挙げている。このシモニデスはあるとき難しい状況に陥った。シラクサの僭主が彼に、神とは何かと尋ねたのである。シモニデスは考えるために一日の猶予を乞うた。一日経つと、もう二日ほしいと言い、それからまた、もう四日ほしいと言った。驚いた僭主がこの詩人に、一体全体何をしているのかと問いただすと、シモニデスは「考えれば考えるほど、わたしにはこの問題が謎めいたものに見えてくるからです」と答えた。[1] シモニデスは賢明であった。そして私は彼の立場に共鳴するが、一方で神々は会話で成長するという考えにも共鳴する。つまり神々の性格や姿や意味を定義したり定義し直したりするのは、神々について語り他者の言い分を理解しようとする人々だという考えにも、私は共鳴するのである。シモニデスが示唆するように、この会話は生涯かけても終わらない。会話はもう数千年も続き、たくさんのさまざまな土地の人々を巻き込んできた。私にできるのは、ただこの会話に加わって自分の考えを述べ、ひょっとすると、こう提案することだけである。つまり、人間性について考えることには、オリュンポスの神々について考えることも、少しは含まれているに違いないと。

序文　家族の肖像

古代ギリシア世界は神々で溢れている。渓谷や川にはニュンペ〔下級の女神〕たちが、深海にはネレイス〔海のニュンペ〕たちが住み、森ではサテュロス〔半人半獣〕たちがうろついていた。ティタン族〔オリュンポス神族に先行する神族〕が大地の地中深くに閉じ込められていたし、有翼のハルピュイア〔女性と鳥が合体した格好の怪物〕やセイレン〔ハルピュイアと似た外観を持つ海の怪物〕も……。神々の数がこんなに無秩序におびただしいと始末に困る。数を数えることすら難しいが、古代ギリシア人は、こういったさまざまな神々が、最高神ゼウスや彼とともにオリュンポスに住むその近親の神々に従ったと信じていた。オリュンポス十二神は古代ギリシアの最も重要な神々で、どこにでも旅をすることができた。ニュンペやネレイスやサテュロスたちは、生まれた土地の風景から外に出なかったが、オリュンポスの神々は全世界が自分たちのものであると主張し、行く先々で自分たちを敬うよう求めた。たとえばホメロスは、はるばるアフリカやヨーロッパ北部にまでいたる神々の旅を叙述した。オリュンポスの神々がこれほど多くのさまざまな人々の関心を引くことになったのは、ひとつには彼らがつねに普遍的な力として考えられたからである。

古代ギリシアでは、それぞれの神の性格が明らかになる源はいくつもあった。特別な儀式や独特の雰囲気を持ち合わせた地方での崇拝や、神々の神格の名称もそのひとつだったが、この場合は何通りもの説明が可能だった。人々が共有した数々の物語や詩歌も源として挙げられる。また、神々を表現した数々の絵画や彫像、とりわけ神殿に収められた偶像もあった。こういったいろいろな構成要素がギリシア世界のいたるところで多くのさまざまなかたちをとりながら、結合したり結合し直したりした。似たような崇拝が別の神々についても行なわれた。新たな儀礼の慣わしが人々に受け入れられるより先に、詩と神話が伝わり、イメージは言語の壁すら超えた。こうしたことすべてがあいまって、オリュンポス十二神については権威のある普遍的な説明ができない。つねに、神々が登場する特定のテクストや品々や場所を詳しく調べなければならない。さまざまな資料と経験同士の関連性がたえず変化していたことも念頭に置かなくてはならない。

オリュンポスの神々が十二柱のグループとして一体となったのは、おもに叙事詩や芸術のなかであった。その十二神のなかでゼウスが最も強力だったが、それでも全能というわけではなかった。なぜなら彼には家族とのつきあいが必要だったし、それを切望してもいたからである。そのため家長のつねとして、ゼウスも権力と快適さの狭間で心地のよくない妥協をせざるをえなかった。ゼウスはオリュンポス山に坐して全世界を支配したが、この聖なる山そのものの上では、家族に権威を絶えずむしばまれた。妻のヘラはゼウスの浮気に憤り、彼に挑み、ときには言葉巧みにゼウスを操って自分の望みをおし通すことすらあった。兄のポセイドンは敬意を要求し、娘のアルテミスは贈物や約束を取りつけるためにゼウスのご機嫌をとった。息子のアポロンはゼウスを感心させたり邪魔したりした。幼いヘルメスは、たとえどんなに反抗的であっても、ゼウスを笑わせた。ゼウスはときおり、宇宙の支配者は自分だけだと家族に思い出させるために雷を落として脅しつけた。だがそうした感情の爆発も束の間で役に立たなかった。ゼウス自身が、絶大な権力にともなう孤独よりも、家庭生活にかかわるやりとりを好んだからである。神々は大げんかの後はよく、ネクタル〔神酒〕とアンブロシア〔神饌〕からなる食事をたらふく食べている間《かん》に仲直りし、最後にゼウスとヘラが和解して寝室に下がるまで、(1)互いにふざけあい、ともに歌い笑いあう。

今日、この生き生きとした神々の家族に出会うひとつの手っ取り早い方法は、ロンドンでこの神々を訪れることである。その地では今なお彼らは熱い注目を享受し続けている。毎日何百人もの人々が、グレート・ラッセル通りをぬけて大英博物館の階段を上り、ギフトショップを通りすぎて左に曲がり、第十八室にある主要展示品のエルギン・マーブルにまっすぐ向かっていく。観光客はその部屋で、王座に座ったオリュンポス十二神と対面するのだ。前五世紀にペイディアスが図案を監督した、このパルテノン神殿のフリーズ〔柱頭の上の幅広い帯状装飾〕は、十二神が騎兵隊や戦車、年配の市民たち、楽器を奏でる者たち、女性、高官、牛、羊の盛大な行列にとり囲まれているようすを描いている。これは共同体のひとつの崇拝行為で、アテナ女神への外衣の奉納でしめくくられる。(2)古代の崇拝者たち自身が今日では、同じく神々の前にうやうやしく列をなす現代の称賛者たちに取り巻かれている。このフリーズ上の場面で最も異様なのが、神々が自分に敬意を表わしている人間たちにまったく無関心のように見えることである。私たちは神々を横から見る。つまり私たちは、神々が玉座に腰を下ろして互いに話し合い、一方で崇拝者たちが儀式を、神々の集いのまんなかで——というよりペイディアスの芸術上の伝統的表現方法によると、集いの前で取り行なっているのを見る。このフリーズは、神々と人間との関係についての、かなりがっかりするような話を伝えている。なぜならアテナ女神は奉納物に気づきもせずに、右にいるヘパイストスにしゃべりかけてばかりいるからだ。しかし、神々が人間の次元で起こることにこれほど無関心なおかげで、私たちは神々をのんびり眺め、彼らがオリュンポスでどのようにつき合っているかを知る、わくわくするような機会が得られるのである。

儀式の奉納物の左手では、ゼウスとヘラが互いに見つめ合っている。ヘラは新婦のベールを持ち上げ

1. パルテノン・フリーズ上のオリュンポス十二神の線画。中央の儀式から左へ、ゼウス（1）、侍女がそばに立つヘラ（2）、アレス（3）、デメテル（4）、ディオニュソス（5）、ヘルメス（6）。儀式の場面から右に見えるのがアテナ（7）、ヘパイストス（8）、ポセイドン（9）、アポロン（10）、アルテミス（11）、エロスを両膝ではさむアプロディテ（12）。この作品のまんなかでは、崇拝者たちがアテナ女神に外衣を差し出している。

ているが、このしぐさはゼウスの妻としての彼女の地位を強調するものである。というのもそれは、新婦がベールを持ち上げて夫に自分の顔を見せるという、古代アテナイの結婚式のだいじな瞬間を思い起こさせるからだ。ギリシア人によると世界の均衡全体が、いささか驚くことに、ゼウスとヘラの結婚にかかっているという。この二神の結婚生活が難しいものであったことは誰もが知っている。ゼウスは次から次に姦通を行ない、口説きと強姦の相手は女神や人間の女性はもとより、気が向けば少年にも手を出した。そしてヘラの反応はというと、あきらめや憤慨や激怒やごまかしのくり返しだった。彼女の気分のゆれには意地の悪い不安定なものがあり、ゼウスはヘラを信頼できないとわかっているが、それでもときにはヘラがなんとかうまくゼウスをだますこともある。とくに、彼女が魅力的な妻の役割を演じてオリュンポス神族全員の支持を取りつけたときには。ゼウスとヘラのひとり息子はいみじくも軍神アレス、最も分別のない戦争の擬人化である。ヘラの隣には若い侍女が立ち、艶かしい目つきでアレスを見ている。ところがアレスは彼女に背を向けて、ひとりぽつんと落ち着かないようすで座っている。両手で右膝をかかえ、両足は宙に浮かせたまま、今にも立ち上がって出ていきそうな気配である。実際のところ、アレスはオリュンポスではすることがほとんどなく、愛の女神アプロディテの寝床になんとか忍び込むくらいだ。ゼウスは息子アレスを、「オリュンポスに住む神々の中で、お前ほどわしが憎いと思う者は他にはおらぬ」(3)とみなし、彼を追い払うのが待ちきれない。

アレスの左手には、孤独と悲しみに沈んだ女神が、頬づえをついて何かを期待するような姿勢で座っている。これは農耕の女神デメテルで、弟のゼウスに腹を立てている。美しい娘ペルセポネをゼウスが冥界の王ハデスに嫁がせたからである。今は、娘が年に一度きり、春に訪ねてきてくれるのをひたすら待っている。ペルセポネが陰気なハデスの国からようやく出てくると、デメテルは娘を迎えるためにかならず大地に花を咲かせる。デメテルの悲しみは多くの母親の悲しみである。というのは、古典期のギリシアでは女性は若くして十四、五歳くらいで結婚し、しかも夫はたいてい自分の倍くらいの年齢だった。美しいペルセポネと醜いハデスの物語は、古代の人々にとって身近なことに聞こえたに違いない(4)。娘を失った苦悩から、デメテルはゼウスと仲たがいし、聖なる山をめったに訪れず、来るときはいつも独りだった。ペルセポネとハデスは冥府で死者と接触しているせいで汚れており、オリュンポスには居場所がなかった。パルテノン神殿のフリーズではデメテルは、ペルセポネが初めて地下に消えたときに娘を探すために使った松明を手に持っている。そしてこれがエレウシスの秘儀という彼女の秘密の儀式の象徴になり、アテナイの人々はこの秘儀で、死の障壁である冥府の門を通り抜ける方法をデメテルとペルセポネから学んだのである。

デメテルの左側には、陽気な神が酒杯を手にしている。ゼウスとセメレの息子ディオニュソスで、人間の女性であるセメレはゼウスを見たとたんに炎上し、それ以来燃え続けている。半神にすぎないディオニュソスは神として認めてもらうのに苦労している。とくに、彼の持つさまざまな力を崇拝者たちが認めるまでしばらく時間がかかることが多いからである。彼は乱交と酩酊の神である。この二つの経験は、ただの人間にすら、ほんの少しのあいだ神になったように感じさせるのだが、かならずしも、人の心に尊敬の念を起こさせる経験というわけではない。尊大な青年たちはときどき、禁酒したり純潔を守ることでこの神に抵抗を試みるが、結局はこの神と従者たち〔サテュロスとシレノス〕に打ち破られることになる。オリュンポスにおけるディオニュソスの地位はいささか不確かだ。というのは、ディオニュソスが主要な十二神に属することにすべてのギリシア人が同意しているわけではないからである。ヘラクレスのほうがまだ神の資格があると言う人たちもいる。ヘラクレスもゼウスと人間の女性とのあいだに生まれた息子だが、少なくともディオニュソスのように酔ったあげくに猥褻で風紀を乱すふるまいを助長したりせず、ありえないような十二の難行を成し遂げたからである。

このフリーズ上では、ディオニュソスは大好きな弟である、ゼウスと下級の女神マイアの息子ヘルメスによりかかっている。オリュンポス神族のなかで最年少のヘルメスは、手に負えない子供のようにふるまう。つまり、何かを盗んだり、嘘をついたり、騙したりするのだが罰を受けることはけっしてない。彼はまさしく、詐欺師や泥棒たちの成り行きまかせの守護神なのである。「盗品」は古代ギリシア語でヘルマイオンつまり「ヘルメスのもの」と呼ばれる。ヘルメスはまた、オリュンポスの神々にとっても冥界の神々にとっても同じように大切な存在で、たびたびこの異なる二つの領域の仲介者として行動する。ヘルメスは、デメテルのように災難に遭ったりペルセポネのように罠にかかったりせず、たやすく軽々と境界を越える。あらゆる境界を乗り越えられる力を恃《たの》みに、人間から神々への伝言や神々から人間への伝言を伝える。通訳として働く者はヘルメスから格別の庇護を受けている。つまり、見ず知らずの人たちや敵陣、神々、死者たちとの交流がうまくいくとすれば、それはすべてヘルメスのおかげなのである（今でもなお、ヘルメネウティクス「解釈学」という語は、彼の特別な解釈能力への敬意を表わしている）。ヘルメスは万人に好かれる。パルテノン・フリーズでは、ディオニュソスは明らかに気楽にヘルメスにもたれかかり、かたやヘルメス自身は神々の列の端に座ってアテナイ人の行列を見ている。神々と人間の中間に位置しているため、気がつけばまさにお気に入りの場所にいるのである。

奉納物の反対側では、人々がアテナを喜ばせるつもりで作った外衣に、この女神が背を向けている。彼女のくつろいだ強い態度はゼウスの態度によく似ており、実際、この二柱は同じことを考えがちだが、驚くまでもなくそれは、おそらく娘が文字通りに父親の頭から生まれたからである。アテナは崇拝者に注意を払おうとせず、鍛冶と工芸の神ヘパイストスに話しかけている。この二柱はペアとして、この構図の反対側に描かれたゼウスとヘラというペアと釣り合いがとれている。見た目のうえだけではなく、神話的に見ても。つまり、ゼウスがアテナを産んだように、ヘラもゼウスの力を借りずに自分だけでヘパイストスを孕んだからだ。ヘラが男性の子種を用いなかったからその子の足が不自由で醜くなったという説明もあれば、ゼウスがヘパイストスの誕生に立腹して彼をオリュンポス山から投げたせいで、その子が永遠に不具になったという説明もある。ギリシア神話は変幻自在であり、同じ直観的な知識を基本として周囲に手を加えた別の物語をいくつも作り出す。ヘパイストスの足の不自由さは、単性による受精と何らかのかたちで関連づけられているのである。アテナは異母兄弟のヘパイストスと同じく芸術と工芸を支配し、造船、戦車製造、羊毛紡績、織物、その他技術と洗練を必要とする活動を司る。戦時ですら、アテナは戦術と規律正しさを好み、アレスの血に飢えた残忍な猛々しさはまったくない。アテナとヘパイストスが進歩的な工芸の都市アテナイの守り神であったのはふさわしい。実際、アテナイ人にはこの二神についての特別な神話があった。ヘパイストスは一度アテナを犯そうとしたが失敗してアテナの太腿の上に射精した。ぬぐい取られた彼の精液は落ちた場所で大地と混ざり合って最初のアテナイ人が生まれたと言い伝えられているのである。この神話は、アテナイ人とその守護神たちとの密接な関係を示した。すなわち、アテナは彼らにとって、処女であると同時に、ほとんど母親と言ってもよかったのだ。

パルテノン・フリーズ上のアテナとヘパイストスの右手には、髭を生やした険しい顔つきの神がいる。これはアテナイのもう一柱の重要な神ポセイドンである。ポセイドンは馬を与えると申し出ることでアテナイ人の守護神になろうとしたが、アテナは馬勒《ばろく》付きの戦車で彼を打ち負かした。彼は海水が湧き出る泉を申し出たが、アテナはオリーブの木というもっとすばらしい贈物を約束して、またもや彼を打ち負かした。アテナの約束する手段は、自然を統御し人間の要求に合うようにするものであるのに対し、ポセイドンの申し出る約束は、激しい自然そのままだ。ゼウスの実の兄としても海の王としても、ポセイドンは人が最高の敬意を払わなければならない強力な神である。ポセイドンに対する祈りは、船を難破させないでください、地震を起こさないでください、あるいは、そういう災難で敵を苦しめてくださいといった、否定的なものになりがちである。要するに、ポセイドンの不興を買えば大損害をこうむるのだ。隣に座っている甥のアポロンにはこのことがよくわかっているようで、その顔つきは、かなり気難しい伯父にお説教されている若者が浮かべるような敬意を表わしている。

アポロンはゼウスの一番美しくすばらしい息子だが、神々の最高の位まで登りつめる見込みはないというのも彼は、母がヘラではなく下級の女神レトという、庶子だからだ。レトはお産のできる安全な場所を見つけるためにエーゲ海中をさまよった。ほとんどの土地はヘラの嫉妬深い怒りを恐れるあまり、アポロンの未来の母を迎え入れることができなかったが、しまいにデロスという不毛の島がレトに安全な場所を提供した。アポロンは父ゼウスを尊敬し、父の跡はけっして継げないこともわかっている。その代わりに彼は、地上の人々に対しゼウスの代弁者として行動し、予言者や予言を保護する。彼は美と中庸、音楽と真理を愛する。右手に座る双子の姉アルテミスも音楽と舞踏を好むが、アポロンより極端な性格の持ち主で、野生生物と狩猟を愛し、男の言いなりになるなどまっぴらだ。実際、父のゼウスはずっと生娘のままでいることをアルテミスに許した。パルテノン・フリーズでは、アルテミスは若い娘に似つかわしく髪をまとめあげ、胸を隠そうと色気のあるはにかんだしぐさで衣を引き上げている。その隣にアプロディテ女神が座っているせいでアルテミスの美しさは見劣りがしたかもしれないが、ペイディアスのフリーズから、もはやそこまではわからない。美の女神の容貌は年月に蝕まれてしまっており、わかるのは少年のエロス〔しばしばアプロディテの息子として描かれる恋の神〕を両膝のあいだにかかえるようにして、行列の中の誰かを指さしていることだけである。その目的は身ぶりから明らかだ。宗教的な祝祭は、血縁関係にない男女が出会って時をともにできる、古代のアテナイでは数少ない機会のひとつだった。アプロディテはパルテノン・フリーズ上でやろうとしているように実生活でも、自分を崇拝する人々のあいだに定期的にエロスを解放するのだと、ギリシア人は感じていたに違いない。

パルテノン神殿を見る人々は、ひと目で役柄のわかる人物たちと向きあうことになる。つまり、壊れそうな結婚生活から抜け出せない夫と妻、落ち着きのない若い男性、娘の結婚を寂しがる母、甥に助言を与えている髭をはやした伯父、ふくらみ始めた胸を急に意識するようになった若い娘だ。ギリシアの神々に親しみやすさがあるのは、彼らがまさにひとつの家族だからである。しかしもうひとつ、オリュンポスの神々が古代から現代まで絶えることなく歴史のなかにいる存在だからでもある。ローマがギリシアを征服すると、彼らは新しいラテン語の名前を得たが、それでもそれぞれのはっきりした特徴を失わなかった。また、その後さまざまに姿を変えたにもかかわらず、今でもなおオリュンポスの神々だとわかるのである。

そこに描かれる神々と同じように、神殿そのものも歴史の流れのなかで何度も性格を変えた。この神殿が建立されたのは前四四〇年代から前四三〇年代にかけて、アテナイの自信と権勢が頂点に達した時代だった。ギリシア人はその四十年ほど前に、ほとんど勝ち目がなかったのにペルシア人を打ち負かし

2. パルテノン・フリーズ細部。左からポセイドン、アポロン、アルテミス。

たのだった。ペルシア戦争の数々の重要な戦闘――マラトンの戦い、テルモピュライの戦い、サラミスの海戦、プラタイアの戦い――をとおしてギリシア人は、数で劣り政治的に分裂していたが、同時代の最大の帝国に抵抗できることを証明したのである。とはいえペルシア人は撤退する前にかなりの損害を与えた。前四八〇年にはアテナイを占拠して火を放ち、アクロポリスの丘の頂にそびえるアテナの神殿という、この町の最も重要な建造物を破壊したのだった。その後、元の神殿の跡にパルテノン神殿が建てられ、アテナイ人の誇りを示す最高の象徴と考えられた。アテナ・パルテノスつまり処女神アテナは、この神殿とポリスの守護神であり、敗れることはないのだ。

このフリーズに描かれた行列は、アテナイ市民がこのポリスの最も重要な祭典で守護女神を称えるために行なった、実際の行列を反映している。毎年七月に市民は集まり、城門を出発すると主要広場を抜けてアクロポリスまで、儀式が行なわれる順番どおりに列をなして練り歩き、パルテノン神殿のわきで止まった。神殿では、行列の先頭に立つひとりの少女が、特別に任命された六名の女性が織った精巧な外衣をアテナ女神に奉納した。その後、アテナイの人々は犠牲式――古代宗教の最も重要な神事――を行なう。生け贄の動物を殺してその骨と脂身を神々に捧げ、肉の部分は焼いて盛大な共同体の宴会で食べた。古代世界では食物の保存が難しかったことを考えると、宗教的な祭典は、たくさんの肉をまだ新鮮なうちに消費するには理想的な機会だった（喜劇作家のアリストパネスは、このアテナ女神の祭典をとりわけ消化不良と結びつけて考えた）。パルテノン・フリーズに彫られた人々と牛の行進は、その前で行なわれる現実の宗教儀式と何世紀ものあいだ同じだった。アテナイの人々は神殿で自分たちの守護神を崇め、そして神殿の彫刻のなかに自分たち自身の姿を認めた。それが、建立から千年経って後五世紀になると、パルテノン神殿は教会に――もうひとりの処女である聖母マリアに捧げられた教会に――変えられた。そこでもなお、オリュンポスの神々は元の姿のままで生き残り、新しい儀式を不滅の眼《まなこ》で見守っていた。もう千年が過ぎると、神々はさらなる変革を目の当たりにした。すなわち一四六〇年代初頭に、オスマン・トルコがこの教会を、尖塔まで備えたモスクに変えたのである。このときも、フリーズに描かれた神々は損なわれなかった。

オリュンポスの神々が本当に危機に見舞われたのは一六八七年だった。このとき、ヴェネツィア人がアテナイを包囲し、モスクとなったパルテノンを砲撃したのである。この包囲期間中、トルコ人は神殿に爆弾を貯蔵していたため、神殿の建物は炎上した。パルテノン神殿を破壊するのはヴェネツィア人のはずだったが、彼らはイタリア・ルネサンスの影響を受けて破壊しなかった。このことは、兵士と政治家が優先させるものが、学者と芸術家が優先させるものと同じではないという単純な事実のよい例だ。それでも、ルネサンスの理想とするものは、ヴェネツィアの大砲の火の下に消えはしなかった。将軍フランシスコ・モロッシーニですら、自分が爆破したばかりの彫刻の破片にほれこみ、戦利品として略奪した。それから百年以上経った一八〇六年に、英国の外交官エルギン伯爵は、モロッシーニと同じことをした。つまり、パルテノン神殿の彫刻類や破片を見つけられる限り持ち去って、大英博物館に売却したのである。そしてそれらは今でもそこにある――永遠にではないにしても。ギリシア政府はこのいわゆるエルギン・マーブルをアテネに即刻返還するよう強く要求し、これらを収蔵する新しい博物館をアテネに準備した。パルテノン神殿の彫刻返還をめぐる論争はもっか錯綜している。この論争にはさまざまな判断がかかわっており、芸術的一体性や国家の主権、そして大事なのが、観光収入の問題である。なにしろ、観光客は間違いなく古代の神々の後を追いかけていくのだから。だが何より、この論争はもっと深い真実を明らかにする。すなわち、オリュンポスの神々は、アテネと同様に今ではロンドンを拠点とし、実際、他のたくさんの場所にも存在しているという真実を。

第一部　誕生――アルカイック期のギリシア

オリュンポスの神々は最初どのように現われたのか、どのようにしてそれぞれの役割になり、オリュンポスにやってきて家族を形作ったのか。これらの問いへの答えは、ギリシア人の住む半島への最初の移住、崇拝の最初の痕跡、そして青銅器時代のすばらしい文明にまでさかのぼることで見つけられる。そしてその後、彼らはアルカイック期のギリシアに現われるが、その間の前八世紀から前六世紀のギリシアでは何かが起きた。最初の神殿が建立され、そのなかに最初の偶像が収められ、そしてホメロスとヘシオドスが、主要な神々は誰か、どのようにして彼らが誕生し、オリュンポスでどのようにふるまうのかを、ギリシア人のために明らかにしたのがこの時代であった。

ホメロスとヘシオドスは神々について語る偉大な権威と考えられた。しかし彼らがまったく疑問視されなかったわけではない。実際、彼らの詩がギリシア世界に広まり始めたとたん、人々はその神学的主張に疑いを表明した。叙事詩に登場する神々は、不死に恵まれているにしても、人間的すぎ、おまけにあからさまにギリシア的すぎると思われたので、普遍的な権力者として尊敬を勝ち得ることはできなかった。神殿に収められた偶像も同じような異議申し立てをこうむりやすかった。初期の革新的な批評家たちは詩人や芸術家の神人同形説の考えに疑問を投げかけ、その結果、長い議論の伝統——神々の本質のみならず詩歌と芸術の解釈にも関する議論——が始まったのである。

1　故郷ギリシアにて

オリュンポス山は高く、広く、一年のほとんどを雪に覆われ、まわりに他の山もなく、どの方角からもよく見える。何マイルにもわたってあたりの景色を見おろすその姿は、麓の暑い平野から眺めると、まぶしい山頂はとりわけちぐはぐに見える。海から眺めると、この山はときに雲のようだ（口絵1）。

古代には、オリュンポス山は人里離れた土地だった。人々にはそこに近づく理由はほとんどなく、ましてや登ろうという気にはまったくならなかったが、山は人々の目に入ってきた。そして自分たちも見られているように感じた。神々は山頂に住み下界のできごとをじっと見ているのだと、ギリシア人は考えた。詩人たちはこの考えを詳しく述べた。ホメロスはオリュンポス山を細部にわたって描写し、この山の「多くの峰」や「深い雪」や「険しさ」に言及し、それがある場所を示した。それと同時に、神々のこの神秘的な住処がじつは見た目とは違い、「このオリュンポスは風にも揺《ゆす》られず雨にも濡れず、雪も積もることなく雲ひとつない高天が拡がり、眩《まばゆ》い白光が四辺を照らす[1]」ことも示唆した。ゆえに、オリュンポスは特別な目印であるとともに心のよりどころでもあった。ギリシアのさまざまな共同体はこの山を眺め、その神聖さについて意見を同じくし、景色を共有しているという感覚によって一体感を得られた。しかし、神々が人間の世界に住んでいないことや、悪天候という屈辱的な目にもけっして遭わないことにも、彼らは気づいていた。

この山がいつ初めて神々と結びつけられるようになったかは明らかでない。最も重要な神々はホメロス叙事詩で「オリュンポスの神々」とはっきりと呼ばれるが、神々をこの聖なる山に最初に位置づけたのは、かならずしもホメロスというわけではない。なぜなら、私たちの手元に今あるかたちの『イリアス』と『オデュッセイア』は、アルカイック期（およそ前八世紀から前六世紀）までさかのぼるが、ギリシアの半島に人が定住したのはそのはるか以前だからである。言語学的根拠に基づけば、ギリシア人の祖先が話していたのは、ゲルマン語派やスラブ語派や他の語派と同様にサンスクリット語やラテン語とも関連する、伝統的に印欧語と呼ばれる言語だったと推測できる。印欧語を話す人々は中央アジアからやってきて、しだいにヨーロッパに定住し、印欧語族が広く共有していた神々に関する考え方を持ち込んだ。だから、たとえばギリシアの神ゼウスはサンスクリットの神ディヤウス・ピター〔父なるディヤウス〕と関連がある。どちらも天空を支配する同じ最高神に相当する。印欧語族のこの神がギリシアでは、オリュンポス山というそのあたりで最も高い目印となる山に定住したのは、意外なことではない。むしろ、それが正確にいつ起こったかをはっきりさせるほうが難しい。この問いに答えるには、印欧語族が移住してきた時代を決定し、ホメロス叙事詩の根源を探る必要がある——どちらもかなり異論の多い問題である。

ギリシアでは、ホメロスの時代よりも千年以上も前の前二〇〇〇年頃にすでに、すばらしい文明が栄えていた。ミュケナイやティリンスやピュロスに残る重要な遺跡がその証拠である。しかし前十二世紀に、この文明は突然崩壊した。その後の長い低迷期は、一般に「暗黒時代」として知られる。ギリシアに住む人々がふたたび栄え始めたのは、前八世紀になってからのことである。続く二百年間を特徴づけるのは、人口の急激な増加、都市国家（ポリス）の出現、神々を祀《まつ》る最初の神殿や偶像の建立、旅行や貿易の急増、新しい植民地の創設、書字法の再導入（この技術は暗黒時代のあいだに消滅していた）、そして叙事詩の驚くほどの普及であった。研究者たちの従来の考えでは、暗黒時代は印欧語族の諸部族がアジアから到来した時期と一致していた。ミュケナイ他の地域のみごとな考古学的遺跡は、この移住よりも前のものであってゼウスら印欧語族の神々とは無関係だと考えられていた。ミュケナイ文明の遺跡で発見されたたくさんの粘土板文書は、ギリシア語と関係のない言語、もしかすると初期エトルリア語を記録したものであろうと推測された。この説は一九五〇年代に、もののみごとに崩れた。マイケル・ヴェントリスと第二次世界大戦中は暗号の解読者だったジョン・チャドウィックが、線文字Bというミュケナイ出土粘土版の文字の解読に成功したのである。多くの人々が驚いたことに、二人はその粘土板がじつはギリシア語の初期の形態を記録していることを証明した[2]。それによって、暗黒時代のずっと以前から印欧語族の人々がギリシアに住んでいたことが明らかになり、この人たちは偶像を収める神殿こそ持たなかったものの、後代のギリシア人共同体と本質的に同じ神々を崇拝したことが示唆された。考古学者たちがかつて物的記録に基づいて算出した、印欧語族の移住年代は明らかに誤りだったのである。古典学者たちは、線文字Bの粘土版にギリシア語の詩のわずかな断片が見つかるのではないか、ひょっとするとオリュンポスの神界を叙述する初期のホメロス叙事詩がありはしないかと期待した。実際には、それらしきものは何も発見されなかった。朽ち果てることのない素材の上で、線文字Bはもっぱら事務的なリストや目録に使われていた。オリュンポス山も、神々の物語も登場しなかった。それでも、ミュケナイの役人たちが記したそっけない文書からでさえ、たとえば特定の神々に捧げた生け贄や他の奉納物の記録のおかげで、驚くべき事実が明らかになった。

たとえば、ピュロスとクレタ島から出土した粘土版には、ディオニュソスが前二〇〇〇年紀にすでに知られていたことがはっきりしている。この神はホメロスにはあまり出てこないし、後代のギリシアのテクストでは、退廃的な東方からギリシアに持ち込まれた新参者として表わされた——が、たしかに新顔ではなかった。ディオニュソスは、どれだけ長いあいだギリシアで実際に崇拝されたかに関係なく、つねに認識に窮する破壊的な「新しい」神と考えられたことが、今ではわかっている[3]。要するに、彼の若さと異国情緒は年齢の問題というより個性の問題なのである。ホメロスがディオニュソスをずっとオリュンポスに入れなかったのは、かつて考えられていたようにこの神のことをよく知らなかったからではなく、その性質を知りすぎるほど知っていたからである。ディオニュソスがいたら、飲み過ぎでオリュンポスでの宴会が台なしになっただろう。線文字B粘土版からは他にも驚くべきことが出てきた。

たとえば、アポロンはどうやらミュケナイ人に知られていなかったようなのだ。ある有名なギリシア研究家が「神々のなかでも最もギリシア的な神」と呼んだ、この美と中庸の典型の神は、じつはかなり後代になってからギリシアの神界に加わった神格で、印欧語族の神であったことを証明する明らかな証拠はなく、少なくとも一部は、セム族の流れを汲んでいた。(4) カナン人の神ラシャプは、その歴史の早い段階でアポロンと同一視されている。(5)

そのうえ、神々のミュケナイ時代の姿と後代のアルカイック期ギリシアの外観とは、いくつか異なる点がある——だが両者には、明らかなつながりもあったし、ホメロス叙事詩にはミュケナイ時代の古い宗教儀式を思わせるなごりもあった。たとえばポセイドンは、『オデュッセイア』ではペロポンネソス半島のピュロスで特別な崇拝を受けている。そしてまさにピュロスで、この神の崇拝に関する線文字B粘土版の大部分が発見されているのである。同様に、ヘラはホメロスでは「牛眼の」と呼ばれており、線文字B粘土版はヘラがミュケナイの崇拝者たちから牛の生け贄を、ゼウスに捧げられたよりもたくさん受けたことを示している。もしかすると初期ギリシア語話者たちは、犠牲に供された牛の目をのぞき込んで、そこにこの女神の影を見たのかもしれない。その印象がさまざまな儀礼的な詩の言語という明確な表現をとおして後世に伝えられ、「牛眼のヘラ」がホメロスの標準的な決まり文句になった。詩歌に見られるそんなつながりのほかにも、青銅器時代の文明とアルカイック期ギリシアの文明との連続性を示す、もっぱら実質的な一面もあった。それは建造物で、アルカイック期には、立派な砦の遺跡がミュケナイやピュロスでまだいくつも見られたし、何より重要なことに、かつてヒッタイト王国の保護領だったトルコ沿岸部の都市トロイアでも見られた。ギリシア人はこういった遺跡をめぐってさまざまな物語を紡ぎ出し、かつてそこで生き、死んだ偉大な英雄たちを思い描いた。トロイアの城壁のようにとりわけ強い印象を与える遺跡の場合には、神々が自ら築いたとさえ言われた。

アルカイック期のギリシア詩でとりわけ目立つ特色のひとつが、神々や英雄の物語をエーゲ海の風景のなかに、本当にくりかえし正確に配置していることである。まるで、アルカイック期の特徴である旅と交易がいきなり爆発的に増えるなかで、人々が神々についての話だけではなく、陸標や遺跡や航路についての話もやりとりしたいと思ったかのようだ。ホメロスは東エーゲ海全体を描き、『イリアス』第二歌の膨大な「船のカタログ」のくだりで何百もの地名をあげた。ヘシオドスは『神統記』で神々を、その誕生の経緯を明らかにしながら地図の上に配した。ヘシオドスによれば、ゼウスはクレタ島で成長し、アプロディテはキュプロス島近くで波のなかから誕生した。ギリシア人は神がした旅についての詩歌を聞くだけでなく、神々を敬うためにだんだんと自ら進んで旅に出るようになった。現存する古代の資料によると、最初のオリンピックは前七七六年に開催された。ギリシアの多くのポリスから、運動選手や踊り手、詩人、楽器演奏者たちが互いに競い合うためにオリュンピアという小さな村に集まった。この村の名はおそらくゼウスの居住地にちなむのであろう。競技はまさにゼウスのための見世物として催されたが、同時に熱狂的な群衆も集まった。それとほぼ同じころ、デルポイの神託所が活動を始め、神託を求めてやってくる旅人みなにアポロンの予言を伝えた。デルポイもまもなく、運動と詩歌の競技会を主催するようになる。父親がよそで享受している祝祭の機会をアポロンも楽しめるようにするためであった。ギリシア人は詩の調べに乗せ、帆船にも乗って、エーゲ海を縦横に動き、その景観を我がものとし、そこに神々を置いたのである。

　その過程を描くのは『ホメロス風讃歌』の一篇の「アポロン讃歌」という、女神レトが出産の場所を探す話を語るアルカイック期の美しい詩篇である。レトは九日間におよぶ放浪の旅と陣痛の末に、デロスという荒涼とした島で、シュロの木にしがみつきながらアルテミスとアポロンをついに産み落とす。その神聖なシュロの木の近くに聖壇が建てられ、崇拝者たちが奉納物や供え物を持って島を訪れるようになる。デロス島は妊娠中の女神に親切な行ないをした褒美として、岩がちな土地でありながら豊かになると告げられる。そして実際、古代のデロス島は津々浦々から巡礼者や崇拝者を引きつけた。この島はアポロン信仰の模範となった。「ホメロス風アポロン讃歌」はさらに続けて、この神は成長すると、「パルナッソス山の下に掛かる絶壁とその下の岩だらけの空き地」というまた別の恐ろしい場所まで旅をすると言う。アポロンはまさにそのデルポイで、ピュトンと呼ばれる蛇のような怪物を打ち負かし、自分の神殿をもうひとつ建設し、この神殿で、神託を伺いに来る人たちにそれを告げることにするのである。

この詩は続けて語る。アポロンはデルポイの荒涼とした聖地のために神官を必要とし、この問題をつらつら考えていたところ、はるか遠いクノッソスとピュロスのあいだを航行中の「葡萄酒色の暗い海を渡る速い船がいることに気づくようになる」。このクレタ人の船乗りたちを自分の神官にしようと決めたアポロンは、イルカに変身してその船に飛び込み、クレタの船乗りたちが自分をつかまえて海に投げ込もうとむなしく悪戦苦闘するあいだ、船をひどく揺さぶる。おびえた水夫たちは、本来の目的地のピュロスを過ぎ、さらに北のエリスも過ぎたところで、風に進路を東に変えられてコリントス湾内に導かれる。しまいに船は、現代のイテアに近いクリサで岸に乗り上げた。ここでアポロンは突如として閃光を浴びながら正体を顕すと、クレタの船乗りたちに向かって、交易をやめて海岸の上にそびえる山に登り、新たに創設されたアポロンの聖地を守るよう命じる。予想外の場所ではあろうが、巡礼者たちが絶えずお供えをするので暮らし向きはよかろうと、神は付け加える。

デルポイの聖地で任務についた本物の神官たちは、クレタ人の末裔であると実際に強く主張し、自分たちの暮らしが先祖代々の故郷から遠く離れているわけを、イルカのアポロンの話を語ることで説明したようだ。彼らの話は奇妙に感じるかもしれないが、この時代の精神をとらえている。アルカイック期には誰もが移動した。交易が栄え、新しい都市が建設され、共同体での崇拝が急激に拡大する経済社会の一部となった。「ホメロス風アポロン讃歌」は、クレタ人船員とアポロンとその母レトの旅の叙述でたくさんの場所の名前に触れることで、古代ギリシア世界のバーチャル旅行をさせてくれる（三四ページの地図参照）。現代の読者は古代の地名を突き止めるのに苦労してすぐにあきるだろうが、アルカイック期のギリシアの聴衆はわくわくしたに違いない。なにしろ故郷の町や風景が詩のなかに出てくるのだし、神の伝記のなかで自分たちがみな役割を演じていることを実感したからである。ギリシア語を話す人々が、自分たちは同類で同じ世界に住んでいるのだと認識し始めたのは、こうした物語をとおしてのことであった。ヘロドトスは前五世紀に、ギリシア人であるということは「血のつながりをもち言語を同じくし、神々を祀る場所も祭式も共通であるし、生活様式も同じであること」だと主張した(6)。デルポイのような汎ギリシア的な崇拝の中心地は、ギリシア人の「共通の慣習」の確立に役立つというまさにその理由から、きわめて重要であった。

場所と詩と宗教がつながっていたという古代ギリシア的な特質を、現代の観光客が感得する最も効果的な方法のひとつは、今でもデルポイを訪れることである。海から聖地に向かうのが最もよい。「ホメロス風アポロン讃歌」によればアポロンと彼の神官たちもそうしたし、古代の崇拝者たちも実際にそうやって到着したからだ。イテアに近い海岸から見るとこの古代の聖地は、パルナッソス山の暗い断崖を背に、大理石でできたちっぽけな白い点のように見える。登りは急で、きついが、田舎道をたどる人々はこの山をうねうねと登るにつれて十分報われる。デルポイまで上がると、眺めは壮観で、空気は清々しく澄みきっている。そこに居るだけですでに霊的な体験であり、それは今日でも変わらない。南は翠《すい》黛《たい》の山並みと、銀白色のオリーブ畑が海のように広がる開けた渓谷、その向こうに本物の紺碧の海が遠くで明るくきらめいている。北に目を転じると眺望は一変する。切り立った岩肌が観光客のすぐそばに

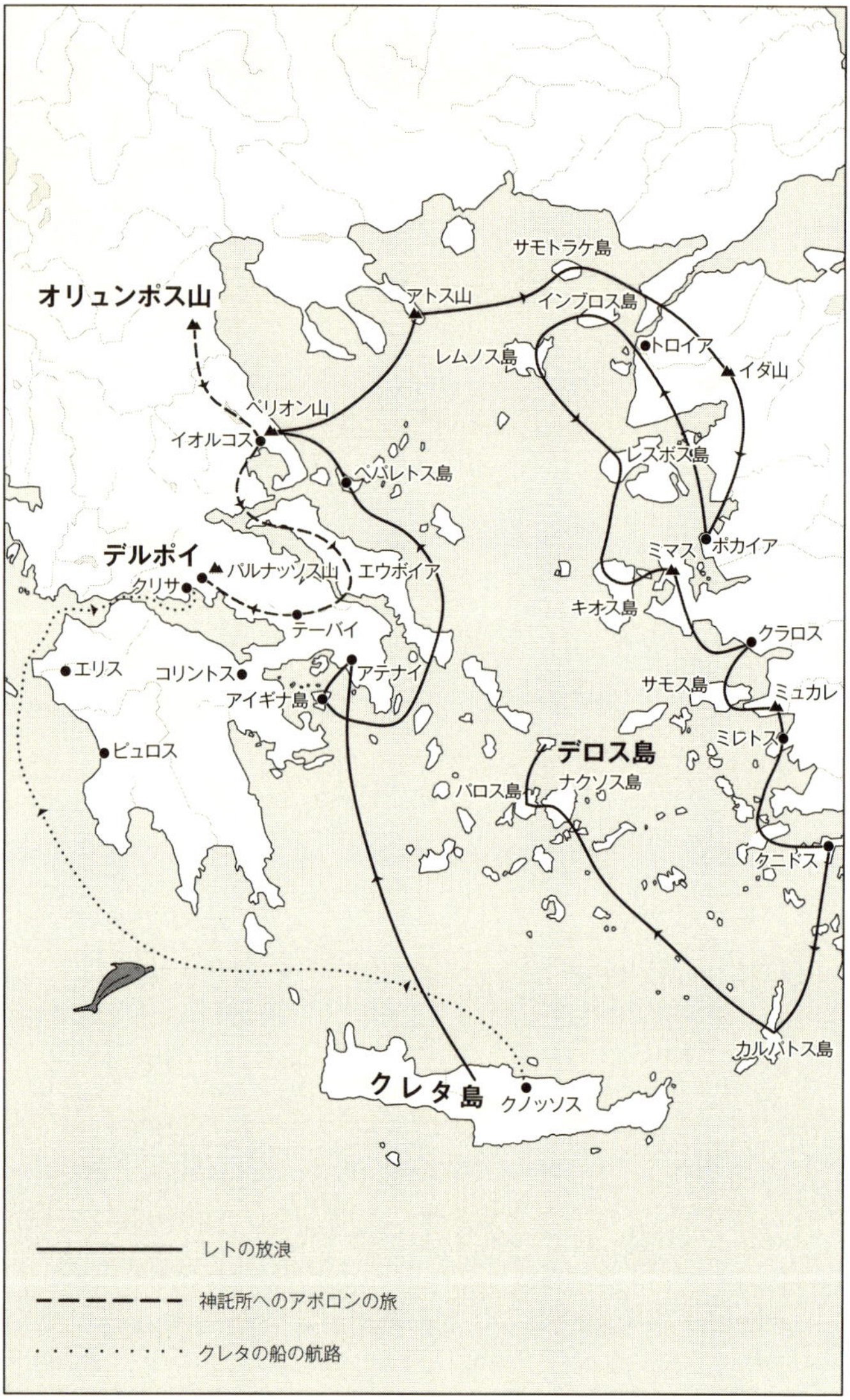
サモトラケ島
オリュンポス山
アトス山
インブロス島
トロイア
レムノス島
イダ山
ペリオン山
イオルコス
ペパレトス島
レスボス島
デルポイ
パルナッソス山
クリサ
エウボイア
ミマス
ポカイア
キオス島
テーバイ
クラロス
エリス
コリントス
アテナイ
サモス島
ミュカレ
アイギナ島
ミレトス
デロス島
ピュロス
ナクソス島
パロス島
クニドス
カルパトス島
クレタ島
クノッソス
レトの放浪
神託所へのアポロンの旅
クレタの船の航路

3. レトとアポロンの旅

迫り、その向こうにはパルナッソス山の双耳峰がそそり立っている。崖と険しい岩山は足を踏み込めそうにないのだが、まさにそこから「聖なる道」が始まる。すなわち、アポロンの聖域を通り抜け、この神の神託が伝えられた神殿まで通じているのだ。

この聖域の複合体は、険しい山腹に切り込んだ狭い段丘の上に作られていて、小さな空間を最大限に活用している。聖域内では、聖なる道は二度のヘアピンカーブをへて登っていく。精巧な建造物の遺跡が道の両脇に連なっているため、訪れた人々は次から次へと予期せぬ眺めに会う。古代には建物がまだ壊れておらず、聖域は見通しがきかなかったであろうから、当時はより意外さが大きかったに違いない。入口の周囲には、かつては台座の上に乗った等身大の彫像がたくさんあり、それらはギリシアのポリス同士のさまざまな戦い――たとえばスパルタに対するテゲアの勝利やアテナイに対するスパルタの勝利――を記念するものだった。平和的な活動を祝う彫像もわずかながらあった。たとえばコルフ島の人々は、マグロの大漁を感謝して巨大な青銅の雄牛の像を建てた。いくつもの像を過ぎて少し登ると、部屋くらいの大きさの小さな社《やしろ》、つまり「宝庫」が聖なる道の両側にいくつかある。それらは各ポリスがアポロンへの奉納物を収納するために建てたものである。一時は、三〇かそれ以上の宝庫が連なり、保存状態の最もよいものから察するに、みごとな建築だった。アテナイ人は一番よい区画に自分たちの宝庫を建てた。最初の急な曲がり角を曲がってすぐの、三角形の小さな高台である。宝庫は道路から斜め向きで、登ってくる人々みなに側面と前面の両方を誇示し、下りてくる人たちの目にもやはり壮観だった。その宝庫はすべてパロス島産の大理石で作られており、美しいフリーズが外側にぐるりと施されていた。アテナイ人はおそらく、シフノス島民がこの道のすぐ下に建てた手の込んだつくりの宝庫を上回ろうとしていたのだろうが、はたして首尾よくいっただろうか。というのもシフノス人の宝庫は、二体の美しい女性像がまるで柱のように屋根を支えており、これをしのぐものを作るのは難しい。数々の宝庫は、古代ギリシアの諸ポリスの競い合う姿勢を体現する一方、すべてのポリスと共同体がアポロンに敬意を表していることを示して、共通の目的意識をも明らかにした。ギリシアの諸ポリスが、可能なかぎりの財力を最高の職人の技量と素材に惜しみなく投じてデルポイに自国の宝庫を建てたのは、理にかなっていた。宝庫の建物は自国の信仰心と財力と偉業の宣伝であり、ギリシアのいたるところから──実際にはより遠方からも──アポロンの神託を求めて旅してくる、大勢の巡礼者や外交使節が目にしたからである。(7) 訪れた人々はアポロン神殿めざして聖なる道を登っていく際にはかならず、縮小版のギリシアをポリスからポリスへと通り過ぎていった。少なくともこの点では、現代の観光客が経験することもそれほど変わらない。つまりデルポイは宝庫が一か所にかたまっているので、ここを訪れると、古代ギリシア世界を今でも一望できるのである。

二つ目のヘアピンカーブののち、聖なる道は主神殿へと続く。その正面には、アポロンが初めてデルポイに到着した場面が彫られていた。この彫刻は「ホメロス風アポロン讃歌」で語られる話を思い起こさせ、聖域への巡礼者自身の旅の描写でもある。アポロンの旅は神官や崇拝者たちの旅と同じだった。人々が集まり到着する地となるこの神殿で、人々は重要な会話を行なった。アポロンはピュティアという敬うべき巫女が口にする言葉をとおして、訪れた人々からの問いに答えた。自分は子供の本当の父親だろうかという問題や子宝に恵まれない悩み（この二つはとくによくある質問だったようだ）から、戦争の勝敗のゆくえや新しい土地で入植が可能かという問いまで、巡礼者は自分の一番重要なことについて質問した。ピュティアによる回答は、権威は高いがかなりあいまいで、その後に手数料を取ってピュティアの発した言葉を解釈する別の神官が、そばに何人も控えていた。巡礼者はたいていアポロンから受けた神託について熟考し続け、故郷に帰ってからもさらに専門家に相談した。このように長々と相談や解釈をへた末に、アポロンのお告げはたいていヘクサメトロス〔六脚韻の韻律〕の詩行にまとめられた。そしてつねにお告げのとおりだったと判明した――たとえときには、お告げに関するできごとが実現してしまったあとで初めて、正しい解釈が現われたとしても。

デルポイでの一連の手続きは、現代の視点から見ると、まったく不可解に思われるかもしれない。なぜギリシア人がそんな苦労をして海を渡り、山を登ってまで、人を煙にまくような漠然とした答をもらいに行ったのかは、わかりにくい。だが思うに、デルポイ訪問は実際に具体的な援助を、少なくとも二つは与えたかもしれない。まず第一に、神託所は夏の短い期間しか相談を受けつけていなかった（アポロンは一年の残りの期間をヨーロッパのはるか北方で過ごすと考えられた）ので、この神にお伺いを立てたい人たちはたいてい待たなくてはいけなかった。重要なのは、待つことで状況の進みがゆっくりになり、人々には自分の決定をじっくり考える時間ができたことだ。ピュティアが実際に何を告げたとしても、大事な問題に時間をかけることは有益だったに違いない。人々はまた、デルポイ訪問に促されて、自分の困りごとを大局的に眺めるようになった。聖なる道を登っていき、あらゆる奉納物や宝庫を通り過ぎるあいだに、他にもたくさんの人々が世界中のあちこちの地域から、同じようにアポロンに援助を求めてやってきたのだと、人々は気づいたに違いない。訪問者は神殿にたどりつくと、「汝自身を知れ」という碑文の助言を受ける。彼らは、自分たち人間とアポロン神との違いをよく考えるよう促されるが、汝自身を知れというこの命令にかつて直面した他のすべての普通の人々と、自分たちがどれほどよく似ているかも考えさせられた。デルポイで神にお伺いを立てることは、時間と大局的なものの見方という二つの利点を授け、ギリシア人はすべて仲間だと示唆したのである。

神々それぞれの個性がギリシア人の集団記憶に埋め込まれたのは、デルポイのような汎ギリシア的祭儀の中心地でのことであった。デルポイを訪れた人々は同じ物語を耳にし、同じ詩を聴き、同じ彫像を見て、同じ体験をした。だからアポロンについて同じように感じ始めたのである。オリュンピアでも同様に、多くのさまざまなポリスから訪れた人々は、ゼウスに敬意を表して行なわれる同じ競技を見て、神のほうも、人間がオリュンピアという特別な礼拝の地に集まって競うさまを眺めていると感じた。アルカイック期には、神々も人間も楽しむひとつの娯楽として、宗教的な集いの場でギリシア神話が発達した。ギリシア神話は高度な想像の産物であったが、まさに実在する景色——オリュンポス山とそこに住む神々の支配する景色——に根ざしていたのである。

2　叙事詩の描くイメージ

ホメロスとヘシオドスには神々を目で見て叙述する特殊な能力があると考えられ、ヘロドトスによれば、「ギリシア人のために神の系譜をたて、神々の称号を定め、その権能を配分し、神々の姿を描いてみせてくれたのはこの二人」(8)の詩人なのであった。しかし、この仕事はけっして簡単ではなかった。たとえばヘシオドスは、『神統記』という神々の起源に関する偉大な詩篇の創作に着手したとき、どこから始めるべきか決めかねた。ムーサ〔詩歌や文芸の女神〕たちから始め彼女らに情報を求めなければならないことは、叙事詩人としてわかっていた。ただ、ゼウスとムネモシュネ〔「記憶」の女神〕の娘のムーサたちはかなり新しい神々だったし、彼が語りたかったのは、ムーサらの時代より前どころかゼウスの時代よりも前、万物の始まり以前の時についてだった。最終的に、いくつか見せかけのはじまりを置くことで妥協することにした。『神統記』はムーサたちへの礼儀正しい祈願で始まり、ヘシオドスはすぐにこう言い添える。ムーサたちはゼウスやヘラ、アテナ、アポロン、アルテミスらオリュンポスの神々について歌えるだけでなく、もっと前の神々についても、すなわち「奸知に長けたクロノス、／曙《エオス》に、偉大な太陽《ヘリオス》に、皓々たる月《セレネ》、／大地《ガイア》に、広大な大洋《オケアノス》に、黒い夜《ニユクス》(9)」についても歌える、と。時をさかのぼって神々の系譜をたどれるムーサらの能力を定めてから、ヘシオドスは改めて、自身が詩の女神たちに初めて会った顚末を語る。彼が言うには、ヘリコン山で羊の世話をしているところにムーサたちがやってきて、彼の仕事をずいぶんと見下し、すべての羊飼いを「情けない屑ども、胃袋でしかない者らよ」[10]と呼んだ。女神らは次にヘシオドスに新しい職業を勧め、さらにもう少し彼をからかって、自分たちは彼を詩人に変えることもできる、なぜなら真実をどのように歌うかを知っているからだ、しかしまた彼を欺《あざむ》くこともできる、なぜならまことしやかな偽りを歌う術《すべ》も知っているからだ、と言う。女神たちは結局は、神々についての「真実」をヘシオドスに語ろうと決める。そこで、三度目の始まりとして、ムーサらを称える讃歌で詩を再開することで、彼は女神たちに報いた。今回は、ムーサたちが遠く離れた「エレウテルの丘」という地で誕生したことを歌い、彼女たちがどのようにしてオリュンポス山に初めて登り、歌と踊りで父親を大いに喜ばせたかを明らかにした。その歌の内容は、「大地」が初めて「天」と交わった経緯、神々の系譜の始まり、そしてどのようにしてゼウス自身が誕生し、「大地」と「天」の息子たる父クロノスを倒したのち支配者になったかである。ひとつの歌のなかに精巧な複数の歌を含む、『神統記』のこの冒頭のくだりは、ヘシオドスの権威の基盤となった。ムーサたちが神々の起源をそもそもの始めから詳しく話せて、それをヘシオドスも語れたのは、彼がヘリコン山でこの女神たちに会っており、友だちだったからである。ムーサらは歌でゼウスを喜ばせた。そしてヘシオドスの詩も、この最高神を喜ばせるであろう――彼は女神たちの歌を声に出しているのだから。

こうしたすべての前置きのあと、『神統記』は本格的に万物の始源《アルケー》から始まる。[11]まず初めに、ヘシオドスの詩ではカオスから「大地」が現われる。カオスとはおそらく、「ぽっかり開いた虚空」を意味している。次に「大地」は「夜」と「昼」という双子のかたちで時間を生み、空間も生む。「天空」や「大洋」、「山々」、「峡谷」、「海」、「島」はすべて「大地」から生じる。「天空」はまもなく「大地」の恋人となるが、これが「天空」の破滅につながる。「天空」は嫉妬深い夫で——自分だけで子供を生み出せる「大地」の能力を腹立たしく思っている——憎しみに満ちた父親でもあり、成長したわが子が自分よりも強くなることを恐れている。そこで彼は子供らを「大地」の体内に押しこんで生まれ出るのを妨げようとする。「大地」はこれに対して報復をたくらむ。すなわちクロノスを、まだ自分の体内にいるうちに鎌で武装させ、「天空」が「大地」に近づいてきて「情交《まぐわい》を求めて大地《ガイア》の上にのしかか」[12]ると、クロノスが母の体内から出てきて父親を去勢するのである。「天空」の生殖器は海に落ちてキュプロス島に流れ着き、そこからアプロディテが生まれる（この誕生を描いた古代の描写については口絵6を参照）。

次にクロノスが父親に代わって全世界の支配者となり、たちまち同じように、わが子に陰謀をたくらみ始める。子供たちを生まれたとたんに食べることで成長させまいとするのだ。ここでは、『神統記』はかなりフロイト的に聞こえる（そして実際、フロイトは『神統記』に興味があった）。自分の腹に子らを閉じ込めておこうというクロノスの決意は、子宮羨望の注目すべき例として解釈できるのである。無理もないことだが、クロノスの妻レアは夫のふるまいに腹を立て、ついに子供を救う策略を考え出す。末子のゼウスを出産するとクレタ島に隠し、赤子のかわりに産衣にくるんだ石をクロノスに差し出すのである。クロノスはその石を吐き出し、石はデルポイの、アポロンがいつの日か神託所を建てるであろうまさにその場所に落ちる。アポロンの予言の場がどこになるかをある程度予言していたこの石は、デルポイですばらしい展示品となっている。それは「オンパロス〔ギリシア語で「へそ」〕」として知られ、大地の中心点を示すという。

この石は、デルポイでと同様『神統記』でも、クロノスの統治の終わりとゼウスの支配の始まりを象徴する。そしてまたもや権力継承の問題が持ち上がる。ゼウスはわが子が自分に取って代わることがないように、父と祖父の策略を組み合わせて、妊娠中の妻メティスを出産前に呑み込んでしまう。この手順は最終的にうまくいく。すなわちゼウスは娘のアテナだけを自分の頭から外に出す一方、父の跡を継ぐはずの双子の男児が陽の目を見ることはない。妻を呑み込んだことでゼウスは、女性の英知という資質、つまり父と祖父の二世代を欺いた機転を手に入れたのである（ギリシア語の普通名詞の「メティス」は「利口な考え」の意）。アテナは両性具有の英知の究極の象徴となる。父方と母方双方の資源、つまり権力と頭脳をかねそなえているからだ。だが彼女は子を産まない永遠の処女だから、父親の支配

4. クロノスはだまされてわが子ゼウスではなく石を呑み込まされ、最後にその石を吐き出した。石はデルポイに落ち、その地で「大地のへそ」を示すものと考えられた。この「オンパロス」こと「へそ」はヘレニズム時代にさかのぼり、へその緒で飾られている。現在はデルポイ考古学博物館所蔵。聖域で本物が置かれていた場所を示しているのは、ありふれた円錐形の石である。

にとって脅威ではない。今やゼウスはオリュンポスに入り、自ら解放した兄や姉たちを、最強のわが子らとともにそこに落ち着かせる。彼の成功の秘訣は、生存可能な継承者がいないことである。メティスとのあいだの息子はけっして頭から出さず、姉で二番目の妻のヘラとのひとり息子アレスは、乱暴で愚かすぎるため総意が得られない。一番できのよい息子アポロンは、庶子であるうえ、自分の役割は父の支配への挑戦ではなく支援だとわかっている。娘たちはといえばたいてい処女なので、強い孫息子を産んで彼に脅威を与えることなどありえない。ゼウスは、足に障がいのあるヘパイストスにアプロディテを嫁がせるという機転をきかせて、彼女を無力化する。このようにして、世代間闘争と宇宙規模での大変動の時代の末、オリュンポスの神々は安定した秩序に落ち着く。この秩序は時間が凍結しており、子供はずっと子供のまま、そしてゼウスは叙事詩の標準的な定型句を借りるなら、「神々と人間の父」のままである。権力継承が、そして最初の二世代を支配した神々を倒した強力な母子同盟関係のようなものが、地上の死すべき人間だけに問題として残っている。

ヘシオドスの起源神話は、奇妙で不穏な物語を生み出す。そして現代の読者にとって、この物語の最も不可解な側面のひとつは、神についての語りと家族の機能不全とを絶えずいったりきたりすることである。「天空」（つまりギリシア語のウラノス）は空であると同時に、暴力をふるう夫という性格型として認識できる。ヘシオドスの「大地」は明らかに実際の大地、つまり山や川や洞窟や谷のある大地のことだが、「大地母神」のガイアという女神でもあり、わが子を育てるためなら夫を去勢するのもいとわない擬人的神格である。現代の校訂者たちは、どこで「大地」の名を神格であることを示す大文字表記にし、どこでたんに事物のことを表わす用語として小文字のままにするかを決めるのに、四苦八苦している。古代ギリシア人にはこういう問題はなかった。文字のサイズが大文字しかなかったからだが、真の問題は印刷技術ではなく、概念なのだ。ヘシオドスは宇宙原理と、擬人化された神格と、物質としての現実の物を区別していないからである。彼の神々の力はまさに、さまざまな不安の混合物のなかにある。「大地」は物理的な大地だが、「胸広き」女神でもある。洞窟は洞窟だが、怪物と神々が養われる大地の子宮でもある。アテナに関する限りでは、擬人化された女神でもあり合理的な思考でもある。[13]

神々を理解する単一の正統的な方法は存在しない。そしてギリシア人の考えでは明らかに、神々に関しては、とりわけ遠くの人々の考えを考察することでつねに新しいことが発見できるのであった。ジェベル・アクラというシリア沿岸の峨々たる山の周辺には、ヘシオドスの『神統記』に非常によく似た物語が流布していた（四四ページの地図参照）。この巨大な峰の北側の山麓に住むヒッタイト人には、雷神タルフンタについてのさまざまな物語があった――父親が彼を食べようとしたが石で歯を折ってしまった顚末や、タルフンタが歯のない父親に取って代わった次第などである。タルフンタが権力を握るきっかけとなった石は、地元の信仰対象になっていた。一方で、ジェベル・アクラの南側の山麓に住むカナン人は雷神バアルを最高神として崇拝した。ギリシア人旅行者なら、自分たちの神ゼウスとヒッタイト人のタルフンタやセム人のバアルを簡単に同一視できただろう。「ホメロス風アポロン讃歌」が示すように、クレタ島とデルポイを結ぶ航路はいくつかあった。そして考古学的研究成果は、クレタがキュプロスと結ばれ、最終的にシリアの沿岸とも結ばれていたことを示唆する。数々の神話がこういう海上ルートによってたちまち伝わったことや、ジェベル・アクラ山の周囲に渦巻く物語群が『神統記』にこだましているのは驚くべきことではない。ヘシオドスは「冬は辛く、夏は堪えがたく、善き時とてない」[14]故郷アスクラ村のために偏狭で小さな神話を作ろうとしたのではなかった。彼の神々は普遍的な力であり、神々についてのさまざまな識見が方々から集められたのである。

実際、ホメロスもヘシオドスも、地方の儀礼や伝説や言い伝えへの言及を慎重に避け、代わりに、オリュンポスの神々の計算されたイメージを提供した。それは、万人の心に訴えかけるよう、あるいは少

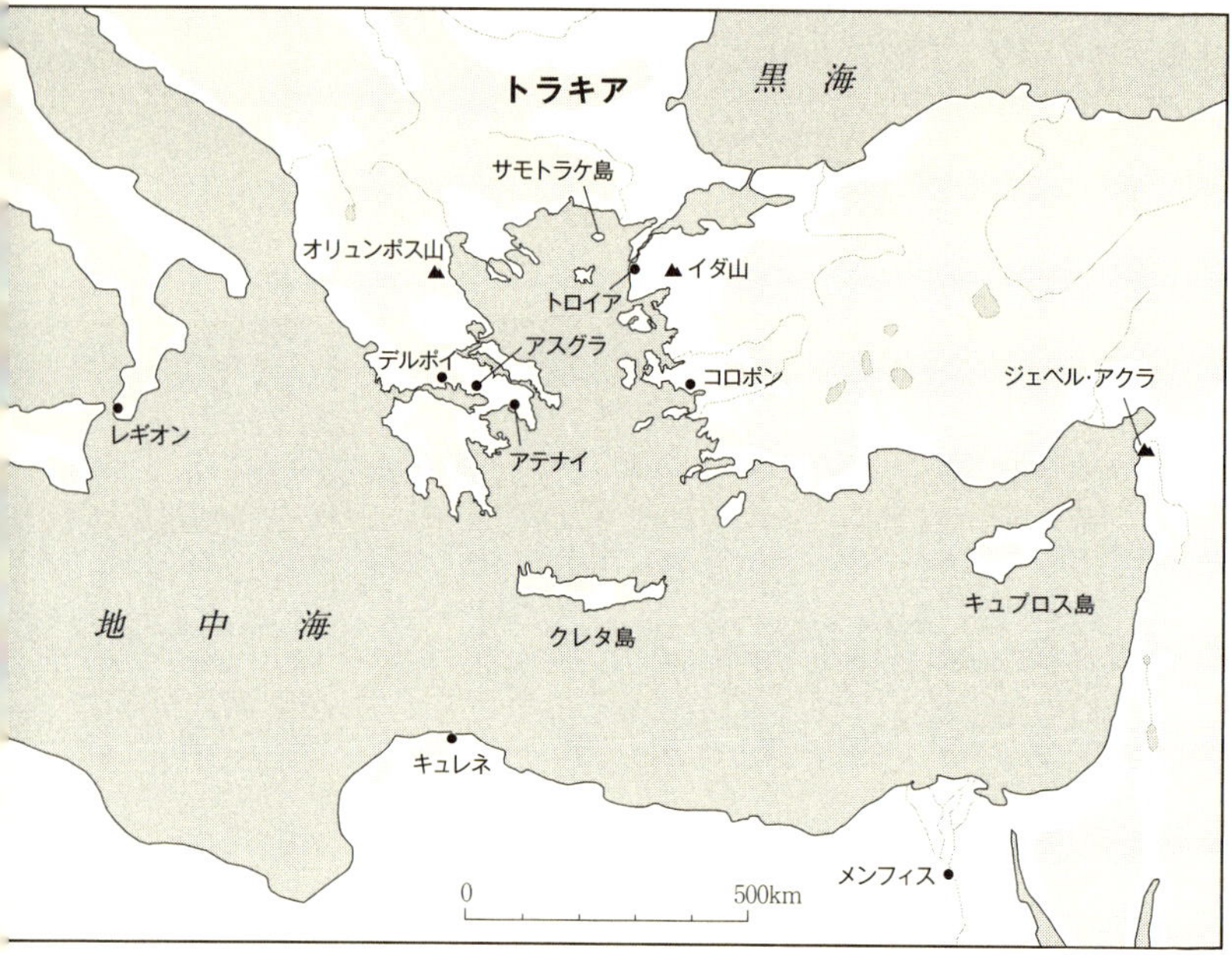

5. 東地中海

なくとも、（異なるいくつかのギリシア語方言を人工的に混ぜ合わせた）詩的言語が理解できるすべての人々の心に訴えかけるよう意図されたイメージであった。彼らの詩の成功のコツは単純だった。神々と関連する地域の儀礼との関係を描くのではなく、神々がオリュンポスでどんな関係にあるかを、すべてのギリシア語話者に露《あら》わにしたのである。そういう話題は、特定の共同体がどんな崇拝をしようと、広く関心を呼んだ。ギリシア人はホメロスとヘシオドスに耳を傾けるとき、オリュンポスの神々を盗み聞きし、のぞき見をしていたのであり、悪だくみや情事や喧嘩といった、神々自身が秘密にしておこうとしたものまで見つけていた。これらのイメージが大きな力を有したのは、それらが個々の神の性格を、つまり神々がどう考えどうふるまうかを、すべてのギリシア人に明らかにしたからであった。

オリュンポス山で最も恥ずべき情事はアレスと、ヘパイストスの妻アプロディテとの不倫関係である。この物語は、デモドコスという名の盲目の吟遊詩人によって『オデュッセイア』の作中で伝えられる名場面の主題である。オデュッセウスは陸と海でさんざん苦労した末にようやく第八歌で、あたたかくもてなしてくれるパイアケス人の国にたどり着き、盛大な宴会と礼儀にかなった歓待を受ける。その夕べの最大の呼び物は、醜男のヘパイストスがどのようにしてアプロディテをアレスともども寝床で捕まえたかを語る、デモドコスの物語である。ヘパイストスは鍛冶の神としての技を用いて、とても目が細かいため肉眼では見えないほどの、はなはだ精巧な鎖を作った。彼はその鎖で寝床を罠に変え、アレスとアプロディテを一緒に捕まえた。太陽神ヘリオスが裸のこのカップルを照らし出し、捕えられた恋人たちをすべての神々がしげしげと見た。恋人たちは神々の盛大な浮かれ騒ぎと屈辱の末にようやく解放された。アレスのほうは戦争好きなトラキア人を訪れ、アプロディテのほうは誕生の地キュプロス島へ去り、その地で優美の女神たちに湯浴みさせてもらい、元気を取り戻した[15]。オデュッセウスの回想談のなかで語られる物語の何より驚くべき点は、精巧な鎖を用いたヘパイストスのたくらみから裸のアレスとアプロディテの光景にいたるまで、盲目の楽人デモドコスが神々の私生活を見てきたように報告できることである。デモドコスの詩才は障がいの代償だとホメロスは言いきっている。「詩神《ムーサ》はこの楽人をこよなく愛し、善きことと悪しきことを合せて与えた。すなわち、その両眼の明を奪った代りに、甘美な歌を与えたのであった[16]」。この説明によれば詩歌は視覚の一形態であり、オデュッセウスがのちにデモドコスをほめるのは、この楽人が「さながらその場にあったかのよう」に、またその目で見たかのように、神々と英雄の偉業を歌えるからである[17]。デモドコスと同じようにホメロスも盲目だと考えられた。ギリシア人は、ホメロスの詩の神々しい力も恐るべき障がいの反映だと信じていたのだ。

ホメロスは超自然的な視覚のおかげで、神々がどこにいようと、何をしていようと見つけ出すことができた。これは『イリアス』の冒頭から、きわめて明白である。物語が始まると、神々はエチオピア人との宴会のためにオリュンポス山を離れており、アキレウスは、神々が祝賀会を終えてこの聖なる山に戻ってようやく苦情に耳を貸してくれるまで、十二日間待たなければならない。しかしアキレウスが待ち続けているあいだに神々が何をしているのか、ホメロスは見て説明することができる。そして、ゼウスがようやくアフリカでの宴会から戻ってきたときに起こることも。すなわち、アキレウスの妾になっている奴隷女をギリシア軍の総大将アガメムノンが横取りしたこと、そしてアキレウスが腹を立てて、尊大な指揮官に思い知らせてやろうと戦いから撤退したことを、アキレウスの母なる下級の女神テティスがゼウスに報告するのである。ゼウスは、アキレウスが戦いを拒否しているあいだトロイア軍を援助することに同意する。そうすればギリシア軍は甚大な損害を被り、アガメムノンは自分の過失を認めて償いをせざるをえなくなるであろう。

続く語りのなかでも、詩人は神々の考えや行動がつねにわかっていて、いつゼウスの気が散るか、その結果アキレウスの母親との約束を守れなくなるかを語ることすらできるのである。第十三歌で詩人は、ゼウスがイダ山〔トルコ北西部、トロイア付近の山〕の頂きで独り静かなひとときを楽しみつつ、眼下のトロイア平原で荒れ狂う戦争から、遠く離れたトラキア人や、もっと北方の人々にまなざしを転じるようすを語る。一方、その間にポセイドンは、サモトラケ島にある別の山頂から見張りを続け、ゼウスの気が散ったことに気づく。彼はこの機に即座に、目をかけているギリシア軍がトロイアを攻撃するのを援助しようとする。彼は、それまでいた見晴らしのよい場所から三歩で（一歩ごとに大地が揺れる）跳び下りると、海に飛び込み、海中の宮殿で武装し、その後をすばやく追う海の怪獣たちを従者にひきつれて現われる。海神はそれからトロイア平原でギリシア軍に加わり、ゼウスがなおもはるか北方を見ているあいだにギリシア軍を助ける。ヘラは、オリュンポス山の頂きにある見通しのきく自分自身の場所から、何が起ころうとしているかを見てとる。そして彼女もゼウスの意に反してギリシア軍を助けたいので、イダ山にいる夫を訪れて誘惑し、ポセイドンのためにもう少し時間稼ぎをすることにする。

ホメロスの視点を通して私たちは、ゼウスとポセイドンが向かいあう二つの山の頂きに座ってあいだに広がるトロイア平原を見つめ、その一方でヘラがオリュンポス山から見張っているのを見られるだけの、超自然的な視力を手に入れる。私たちは、神々の居場所を広大な風景のなかで正確に示したり、彼らの視線を何百マイルも遠くまで描いたりできる。ゼウスがトロイアの平原から目を離したとたんに他の神々がどのように活動し始めるかを、私たちは聞く。神々を描写するホメロスの能力をギリシア人が神聖なものとみなしたのも、不思議ではない。ホメロスは地中海東部のパノラマ全体を一望し、そのなかに神々を位置づけることができただけではない。トロイア戦争は遠い過去のことだったから、自分の時代よりずっと前に起こった事件を詳しく語ることまでできたのである。彼の詩には、たぐいなく真に迫った本当らしさがあり、ヘシオドスの記述と大筋で一致しているという事実によって、その権威は高まった。この二人の詩人は同じ叙事詩言語を共有し、神々についても全体として同じ理解を共有していた。二人の詩篇の矛盾点のほとんどは、たんに雰囲気の問題にすぎず、両者の詩の背景が異なるために生じたにすぎなかった。『神統記』はゼウスの支配にいたるまでの初期の宇宙的な闘争を叙述し、結果的に詩の雰囲気は荒々しく威嚇的であった。『イリアス』と『オデュッセイア』は、すでにゼウスが支配者としての地位を確立した時代に設定された。そのため神々同士の揉めごとはもはや気楽な、ときには茶番めいたものにさえ見えた。たとえば『イリアス』第二十一歌で神々自身が戦闘に入り、互いに対して陣容を整えるとき、神々の争いはゼウスを楽しませる余興のひとこまとして描かれる。ゼウスのほうは心地よい「オリュンポスの山襞の間に[18]」落ち着き、腰を据えてそれを眺めにかかる。彼は監督する立場にあり、神々がギリシア勢とトロイア勢のどちらに味方して戦うのを望もうと、あまり気にしない。彼は実際、人間同士の戦争を眺めたりオリュンピアでスポーツの催し物を眺めたりするのとほぼ同じように、この見世物を楽しみにしているのである。

ホメロスとヘシオドスの真に深刻な神学上の矛盾は、アプロディテの系譜という問題に関してのみだ。ヘシオドスによると、アプロディテは「天空」の去勢された生殖器から生まれ、破滅と発生という二つの原初的な力について語る物語となっている。対照的にホメロスでは、アプロディテは気難しい若い女神で、ゼウスとディオネの娘であった。ホメロスのアプロディテはもはや、ヘシオドスが語るような最高神ゼウスより古い世代ではなく、ゼウスの永続的な家父長的秩序のなかにすんなり組み込まれた。ギリシア人のなかには、アプロディテの系譜に関するホメロスとヘシオドスの不一致に悩む者もいた。周知のようにプラトンは、アプロディテという名の二柱の女神が存在しており、異なる二種類の愛に対応していると主張した。すなわち「天空」の娘である「ウラニア〔天界の〕・アプロディテ」は男同士の崇高な愛を守護し、「パンデモス〔世俗的〕・アプロディテ」のほうは普通のタイプの男女間の愛を司るというのである。しかし、影響力の大きいプラトンの理論の前にも、叙事詩の演者たちがアプロディテの祖先についての難題に気づき、ホメロスとヘシオドスの相違点を修復しようとした。彼らは両詩人を神々に関する権威として擁護するために、うわべを統一する必要性を感じたのである。

とりわけ一篇の詩が、ヘシオドスの神話を丹念に語り直すことから始めた。アプロディテに敬意を表する詩歌コンテストで実演するために作られた短い讃歌である。

吹きわたる西風《ゼフュロス》の湿り気帯びた力が、
やわらかな水泡《みなわ》に女神をそっと包んで、

高鳴り轟く海の波間をわたって、この地へ運び来た。
黄金の髪飾りしたホーラーたちが女神を喜び迎え、
神々のまといたもう衣装を着せ、不死なる頭《こうべ》には、
美しい、黄金造りの見事な細工した冠を載せ、
孔穿った耳たぶには、真鍮と高価な黄金の花形の飾りをつけた。
柔かなうなじと銀のごとく白く輝く胸を、黄金の首飾りで飾った。

この出だしは狡猾だった。男性はたぶん、女神より劣る人間の女性と向き合うさいに、寝室にこの女神を呼び出し、しばしば頭のなかでその衣服を脱がせた。この詩はそれよりは礼儀正しく、女神に衣を脱がせる代わりに衣を着せるのだが、それでも、着衣の過程で女神を頭のてっぺんからつま先までじろじろ眺めている。そんなヘシオドス風の始まりの後、語りは突如としてホメロスの方向にそれ、アプロディテが波間から現われたときには他の神々がすでに誕生してオリュンポスに集まっていることを暗示する。一体どうしてそんなことが起こりえたのか、詩はそれを語らなかった。もしかすると「天空」の生殖器がキュプロス島にたどり着くまでしばらく漂っているあいだに、ゼウスが生まれ、子持ちになり、オリュンポス山上に住みついたのかもしれない。ともかく、アプロディテが泡から現われたときには、他の神々は彼女を迎えられる状態になっていた。

かくて身体中すっかり飾り立てると、神々の居並ぶところへ連れていった。
神々は女神を御覧になると喜び迎えたまい、
手を差し延べられたが、どの神々も女神をば正妻となし、

己が家に伴いゆくことを庶幾《こいねが》われた、
菫色の花冠戴くキュテーラ女神の姿に驚嘆して。
さらば、生き生きと眼輝き、やさしく笑まう女神よ、
この競演で勝利を与えたまえ、
わが歌を麗わしきものとなしたまえ。
さてわたしは、あなたをも他の歌をも想い起し歌おう。(19)

この詩は、「天空」の切断された生殖器のことをはっきりとは語らなかった。またアプロディテを、オリュンポスで一番の醜男でのちに寝取られ男になる足の不自由なへパイストスに嫁がせるという、ゼウスの決定についても、巧みに口をつぐんでいた。こういうごたごたや醜さや複雑な事態はすべて、輝く女神をとりまく暗い枠組みとして、讃歌という制約の外側でいつまでも残っていた。

現代の読者は初期ギリシア詩歌の神々を、ばかげたでっち上げとして、あるいはしばしばそう呼ばれてきたように、「高尚な些事」として扱いがちだ。(20)叙事詩は基本的に創造したいものを何でも自由に創造できるのであって、詩篇同士の矛盾点はさして問題ではないと思っているからだ。ところがこの『ホメロス風アプロディテ讃歌』は、状況によっては矛盾点が非常に重要であり、機転が求められることを示している。この詩はアプロディテへの奉納品として創作されたので、女神についてさまざまな見解があるなかでも、女神を尊重する方向に舵を取らなければならなかった。叙事詩人たちは一般に神々に配慮していたのである。たとえ神々は道徳的に完璧だとほのめかしたことがないにせよ。実際たしかに、神々が無辜《むこ》の人々をじつにひどい目にあわせたことを思えば、そんな考えはばかばかしいものと映ったであろう。詩人の仕事はオリュンポスの神々を擁護することではなかったし、いずれにしろ神々は人間

からの擁護など必要としなかった。むしろ詩人のめざしたのは、人々が神々を理解し始めるように、神々や神々の言動のはっきりしたイメージを提供することであった。

叙事詩は疑う余地なく、ギリシア人の神々へのかかわり方に影響を与えた。たとえば、叙事詩で語られた神々の旅は実生活で聖域の運営に影響を及ぼした。すでに見たようにデルポイが夏にしか開いていなかったのは、アポロンがこの場所を訪れるのは夏のあいだだけだと詩人たちが言ったからだ。キリスト教神学の遍在する「神」と違って、ギリシアの神々は存在するか不在かのどちらかであり、離れた所にいるあいだ、神託は行なわれず、祈りは応えられないままだった。古代ギリシア語のアテオスという語は通常、同じつづりの英語のように「無神論者」という意味ではなく、しばしば神々が見捨てた人を表わしていた。

ある碑文がこれを裏づけている。エピダウロスにある、アポロンの息子で医術の神アスクレピオスの治癒の聖域で発見されたもので、神の旅がどのようにして現実の宗教的慣習を形成しえたかを示している。[21]この碑文は、「想像妊娠」の治癒を願ってこの神の神殿を訪れたソストラタという女性の体験を伝えている。彼女は、神癒療法〔癒しの神を夢に見ることで治癒するという古代ギリシアの治療法〕という儀礼的慣行に従った。すなわち、夢にアスクレピオスが訪れることを望んでその聖域で一晩眠り、神が見舞いに来てくれれば治ると期待したのである。あいにく、神癒療法ののちに目覚めると、前日よりもいっそう脱力感を覚えた。神が治してくれなかったので、親戚の者たちは、彼女を担架に乗せて運び去らなければならなかった。碑文が伝えるには、気を取り乱したこの一行は帰郷の途中で出会ったハンサムな若者から、その場ですぐにソストラタを診させてほしいという申し出を受けた。彼は腹部を切開し、洗面器二杯分の何かあるもの（碑文はこの部分で読解が困難になっている）を取り除いて切開部を縫い合わせることで、なんとか彼女を治療した。私たちは、この見知らぬ若者のしたことは有効な医療行為だと感じるかもしれない――そして実際にヒッポクラテスの著作からわかるように、医学へのこういった経験主義的な取り組みはこのできごとが起こった前四世紀頃に発展しつつあった――が、ソストラタは、人間の姿をとったアスクレピオス神自身に会ったと断定した。神はしばらくよその地にいて、自分の神殿に戻る旅の途中だったのだと。エピダウロスのこの碑文は、アスクレピオスに対する彼女の感謝の念を記録し、病気で苦しむ他の巡礼者たちに神の治癒力を広く知らせた。ソストラタの証言は明らかに、最終的な成功の記述のみならず、最初の失敗の記述も役立った。この神がつねにエピダウロスの聖域にいるわけでないのなら、巡礼者がみないつでも治療が受けられると期待できるわけではないことになる。神癒療法がうまくいかないときの説明として、巡礼者たちに戻ってくる気をおこさせるために――そしてひょっとすると、実践的な治癒が成功した事例も、結局のところは自分たちの守護神の御業だったことをほのめかすために――地元の神官たちはソストラタの話を利用できたことだろう。

神々についての物語、とくにヘシオドスとホメロスの叙事詩は、神々がどのようにして人々の生活に出入りするか、神々の変わりやすい気持ちと行動がどう万人の経験を形作るかを、みごとなまでに描写した。こういう話が今日もなお感動的であるのは、ひとつにはそれらが神々とは何かを、あるいは神々はどのようにして影響を及ぼすかを、「説明」しようとしないからだ。神々についての物語は、比喩と現実を混ぜ合わせながら、神々の神的な力は普通の人間にはけっして完全には理解できないことを示唆している。叙事詩の神々は、ときおり完全に擬人化されているようでいて、いきなり抽象的で神秘的になることもある。たとえば、ヘラは夫を誘惑しようとイダ山に赴くときには急がずに、現実の船乗り誰もがするように旅する。すなわちギリシアの東海岸を北上してトルコまで渡り、アジアの沿岸を南下して、外洋を避けて進むのである。ところがゼウスが目覚めて彼女をオリュンポスに追い払うときは、彼女の動きはまったく異なる。

その素早さは、人の心の動きのよう、
各地を広く旅した男が、その賢《さか》しい胸の内に、
「あそこへも行けたらよいが、またあそこへも」などと、さまざまに思いめぐらす、
その想いの如く目にも留まらぬ速さで、女神ヘレは懸命に空中を翔《か》け抜け、(22)……

オリュンポスの神々は人間のようでありながらも、人間のようではない。彼らは船乗りのように旅するが、瞬時にめぐる思考のようにすばやく動きもする。神々は私たちの世界の一員であるとともに、それを超越した存在でもある。初期の叙事詩人たちは神々と親密な仲であったし、彼らを目で見て、じかに話しかけることさえできた。だが叙事詩人たちが成し遂げた最もすばらしいことは、すっかり私たちの自家薬籠中のものになっている言葉と経験とイメージで、オリュンポスの神々を私たちに描いてみせたことであった。

3　批判的見解

ギリシアの叙事詩が聴衆を魅了し、数百年後も私たちに語りかけ続けているのは、神々が生き生きと叙述されているからである。たとえば『イリアス』を読むと、ポセイドンがサモトラケ島から大股で降りてきて「その不死なる足の下で、高い山も森もともに揺れ動いた(23)」その重々しい足取りが、ほとんど肌で感じられる。ホメロスはこれを、「大地を揺るがす神」というポセイドンの祭儀の名称からひらめき、力強い詩に変えた。古代の最も著名な女性詩人サッポーによる神々の描写も同じくらい忘れがた

い。たとえばひとりの少女への恋の苦しみと、アプロディテがもたらしうる愛の成就を描く。女神は雀たちの曳く車に乗ってオリュンポスから、サッポーを救いにくる。「おんみを導き誘《いざな》う／天翔けること迅《はや》いつがいの雀らは、その翼《はね》を／繁く搏《う》っては羽ばたかせ、かぐろい大地へと／高天《たかぞら》より中空《なかぞら》を分けて／たちまちに舞い来たった[24]」。今日でもなお、たとえ女神の車は見えなくとも、空を横切って飛んでいく雀の群れのなかにアプロディテが認められる。詩歌は細部描写をとおして効果を上げる。そしてオリュンポスの神々は、その外見が詩のなかでまさにこと細かく描写されていることで、私たちを今なお魅惑するのである。しかし、この詳しさの程度が問題になることもある。つまり、オリュンポスの神々は戦車に乗ったりサンダルを履いていたりと非常にギリシア的に見えるため、神々の普遍的資質が疑問視されることも十分にありうるのだ。神人同形説の芸術のせいで、この問題はいっそう明白になる。神々は本当に人間のように見えるのか？　もしそうであれば、どういう人たちか？　もし神々が全世界を支配していると考えられるなら、とくにギリシア人のように見えなければならないのはなぜか？　たとえば肌が黒かったり目が青かったりしないのだろうか？

　こういう疑問は現代的な問いのように聞こえるが、実際には前六世紀のものだ。ホメロスを最初に批評した人として知られるコロポンのクセノパネスは、神々についてこんな所見を述べた。

エチオピア人たちは〈自分たちの神々が〉平たい鼻で色が黒いと主張し、
トラキア人たちは自分たちの神々の目は青く髪が赤い〈と主張する〉。

彼はこれ見よがしに批判し、言葉を継いだ。

しかしもし牛や馬やライオンが手を持っていたとしたら
あるいは手によって絵をかき、人間たちと同じような作品をつくりえたとしたら、
馬たちは馬に似た神々の姿を　牛たちは牛に似た神々の姿を描き、
それぞれ自分たちの持つ姿と同じような
からだをつくることだろう。

クセノパネスは、トラキア人やエチオピア人が実際にどう考えていたかに関心があったわけではなく、ホメロスに登場するから彼らに言及したまでのことだった。すでに見たように、『イリアス』の冒頭でオリュンポスの神々はエチオピア人を訪れているところだと言われ、さらに後のほうで、ゼウスはイダ山からトラキア人を眺めていた。だから、こういう遠く離れた人々がゼウスについてどう思うかやゼウスが彼らと似ているかどうかを問うことは、理にかなっていた。クセノパネスは叙事詩の神々に対して、他にも異議を唱えた。

ホメロスとヘシオドスは人の世で破廉恥《はれんち》とされ
非難の的とされるあらんかぎりのことを　神々に行わせた――
盗むこと、姦通すること、互いにだまし合うこと。

クセノパネスの見解では、真の神格はまったく別物でなければならなかった。彼は、「神々と人間どものうちで最も偉大であり、その姿においても思惟においても死すべき者どもと少しも似ていない」唯一なる神が存在するに違いない、と主張した。こういう至高の存在者であれば、オリュンポスの神々の

ようにあちこち旅したりせずに、完全に静止したままであろう。

（神は）常に同じところにとどまっていて　少しも動かない。
あるときはここへあるときはかなたへと赴くことは彼にふさわしくないのだ。

（神は）労することなく　心の想いによってすべてを揺りうごかす。

クセノパネスは異なる神学的秩序だけでなく、人間の知の新しい基盤も提案した。神的な霊感やムーサが与えた真実をすべてしりぞけ、「人間は時とともに探究によってよりよきものを発見して行く」と主張したのである。[25]

こういう企てを行なったのは彼ひとりではなかった。彼の生まれたコロポンから遠くないミレトスで、他のギリシア思想家たち――タレス、アナクシメネス、アナクシマンドロス――も、過去から継承されたギリシア的な神観に左右されない、人間の知の基本を見直し始めた。彼らは詩歌と神話と祭儀が醸し出す複雑な雰囲気を切り離し、直接的な観察と論理的な思考によって、真相はどうかを立証しようとした。彼らは探究の焦点を「自然《ピュシス》」に絞り、第一原理や天体や事物の「秩序《コスモス》」に関心を寄せた。タレスとアナクシマンドロスとアナクシメネスは、宇宙の物質的原理を記述したいと思った。そして知られているように、アナクシマンドロスの考えでは神とは家族をなす神々のことではなく、物質から秩序を作り出す体系的精神のことであった。ヘラクレイトスもすぐ近くのエペソスの町で、ありふれたギリシア的な神の観念をしりぞけた。彼に言わせれば、神像に祈りを捧げる人々は時間を無駄にしているのであって、「家屋を相手にしゃべりかけているようなもの[26]」であった。彼にとって真の神格はまったくの別物、万物を導く統合的な単一原理であった。その原理は「ゼウスの名で呼ばれることを非とし、かつ是とする」(27)のであった。

タレス、アナクシメネス、アナクシマンドロス、ヘラクレイトス、クセノパネスは、今ではギリシア哲学の創始者として称賛されているが、生まれた環境はギリシア的というわけではまったくなかった。そしてその出身地が、彼らの考えを形作ったのだろう。クセノパネスの出身地コロポンはトルコ西部の沿岸部にあり、ギリシア人とリュディア人とカリア人とペルシア人が間近に接し、しばしば敵対もしたポリスだった。クセノパネスは、詩の言語と慣習がわからない人たちには、ホメロスとヘシオドスの詩歌は何の意味もないことを認識していたに違いない。だから彼は、真に普遍的で地上の万人に等しく関係する神を求めようと努めた。同じように入り混じった環境に住んでいたので、タレスとアナクシメネスとアナクシマンドロスとヘラクレイトスも、クセノパネスと同じく、ものごとを冷静によく考える人に訴えかける議論を提供しようとした。

これらの思想家たちはクセノパネスをのぞいて、みな散文を書いた。これ自体、神々について歌うというギリシア風の詩の方法から距離を置く、大胆で革新的な選択だった。クセノパネスはある意味、最も伝統的だった。韻文を書くことで詩歌を内側から批判したからである。彼がどんな神学的見解をいだいていたのかをはっきりさせるのは難しい。彼の作品はわずかな断片しか残っていないうえ、後代の著述家(しばしばキリスト教徒)たちの引用や言い換えのかたちでしか伝わっていないからだ。クセノパネスの作品の残りは、とくに一神教の擁護者たちが取り上げてきたものなので、クセノパネス自身のなかで至高神がどのくらい大きな役割を果したかはとらえにくい。現存する彼の最も長い詩は彼が、たとえば饗宴の前の適切な儀礼行為のような、ギリシア宗教の伝統的側面を実際に是認していたことを示している。手を洗って花冠をかぶり、葡萄酒を献酒として特別な器か地面に注ぐべきだ、というのだ。

ホメロスとヘシオドスへのこのこだわりは、クセノパネスがこの二人をオリュンポスの神々の権威と真剣に考えていたことを示す。この二人の詩人たちは、思考を研ぎ澄ます材料を彼に与え、何が重要であり何が修正を要するかについてのクセノパネスの見解を形作ったのである。ホメロスにはエチオピア人とトラキア人が登場する。そしてクセノパネスは、コロポンで出会ったであろう実在のリュディア人やカリア人についてではなく、ホメロスの中のエチオピア人とトラキア人について書いた。神の姦通と窃盗と欺瞞は、ホメロスにおいてもヘシオドスにおいても重要な主題だったが、クセノパネスは、神の持つ欠点のうちで、これらに一番いらだった。しかし彼は神人同形説と絵画や彫像における擬人表現に、より一般的な関心があった。馬や牛やライオンについての彼の思考実験は、結局、口承文学よりもイメージ形成を重視したのである。

クセノパネスは、ホメロスやヘシオドスと神人同形の芸術を批判することで、ギリシアの宗教文化のまさに核心を突いた。彼の異論は力強かったが、あらゆる反論と同様に、論敵を矮小化していた。実際にはギリシア人の神観は、彼の議論が示唆するよりも異国的なものと未知のものに対して順応性があった。ホメロスのヘラはギリシアの船乗りのように旅をするが、考えがひらめく速さでも動くことで、神々がつねに人間そっくりというわけではないことを示す[28]。芸術にも、クセノパネスが暗示した以上に大きい多様性と柔軟性があった。つまり神人同形の彫像は、ギリシア人が神々を表現する唯一の方法ではなかったのである。ギリシア人はより奇妙で古い儀礼の品も崇めており、そのなかには、ただの木の板にすぎないものもあった。たとえばイカロスの島〔イカリア島〕では、簡素な木片がアルテミス女神として崇められた。アテナイでも、しかも最も有名なギリシア人芸術家ペイディアスがパルテノン神殿のために黄金と象牙のすばらしいアテナ女神像を彫った後ですら、人々はすぐそばのエレクテイオン神殿に納められた古いほうの女神像を崇拝し続けた。この古いほうのアテナ像は、ほとんど何の変哲もないただのオリーブの木片だったようだが、この女神を称えるポリス主催の大祭典で奉納品の外衣を受け取るのは、昔ながらのこの木片のほうであって、ペイディアスの彫刻ではなかった。女性たちはこのオリーブの木切れの世話を焼き、洗って宝石で飾り、儀式用の外衣で包んだ。宝石や衣服で飾ったところで、その木切れはほとんど擬人化されなかったし、芸術作品と認められもしなかった。少なくとも後代のキリスト教徒の資料によると、このオリーブの木片れに人の手は加わっておらず、空からそのまま落ちてきたのだった。[29]

ギリシア人は、神々は元来、加工していない木片や石片のかたちをとって崇拝されたと思っていたし、偶像は比較的最近発達したもの、つまり木片や石片といった初期の儀礼の品々に人が手を加えて改善したものだと自覚していた。[30] 実際、彼らは神人同形説はとりわけギリシア的な神々の表象方法と見なし、まさにその理由から神人同形説に疑念をいだいた。前五世紀にはヘロドトスが、ホメロスとヘシオドスの神観はかなり最近のものにすぎず、エジプト人は神々についての知識の、はるかに古く権威のある伝統を有していると主張した。彼はペルシア人の宗教についてもこう論評した。

私の知る限り、ペルシア人の風習は次のようなものである。ペルシア人は偶像をはじめ神殿や祭壇を建てるという風習をもたず、むしろそういうことをする者を愚かだとする。思うにその理由は、ギリシア人のように神が人間と同じ性質のものであるとは彼らは考えなかったからである。ペルシア人は天空全体をゼウスと呼んでおり、高山に登ってゼウスに犠牲をささげて祭るのが彼らの風習である。また彼らは日、月、地、火、水、風を祭る。彼らが太古から祭るのは右のものだけであるが、後になってさらに「[アプロディテ]ウラニア」を祭ることも覚えた。アッシリア人やアラビア人からそれを学んだのである。なおアッシリア人はアプロディテのことをミュリッタ、アラビア人

はアリラト、ペルシア人はミトラとよんでいる。(31)

このあきれるような（そして相当不正確な）中東民族誌はヘロドトスの典型的なものだ。ここからは、神々が自由に歩き回り、さまざまな名前と外見を取ることがうかがえるが、もっと明確な主張もしている。像の崇拝や、神々が人間のようにふるまうという想像が、むしろ愚かしく思われることもあるのを、ヘロドトスは認めた。彼はここで、潜在的な異国の話し相手の考えを伝えているだけでなく、神人同形説に懐疑的なギリシアの古くからの伝統、かつてクセノパネスが明快に述べ、他にもかなりの人たちが取り上げてきた伝統も伝えていたのである。

クセノパネスの懐疑主義の威力はそれほど大きかったので、彼がまだ存命中の前六世紀にすでに、レギオンのテアゲネスが、擬人化と不道徳さの非難に対してホメロスの神々の擁護論を発表した。クセノパネスによる叙事詩の神々の批判にテアゲネスが答えていたというのは、一見、ありそうもないことに思われるかもしれない。この二人は直線距離にして六〇〇マイル〔一〇〇〇キロメートル弱〕以上（四四ページの地図参照）も離れて暮らしていたからである。けれどもどちらもホメロス叙事詩に精通していたうえ、彼ら自身の著作もたぶん叙事詩の道筋を通って、つまり、各地を巡るラプソドス〔ホメロス叙事詩のプロの暗誦者〕や公的な朗唱会、それが引き起こした神々の本質についての議論の形で伝わったのだろう。クセノパネスとテアゲネスの正確な関係がどのようなものであったにせよ、さまざまな考えが古代地中海を渡ってすばやく広まったことと、叙事詩の神々の本質が実際にアルカイック期の主要な関心事であったことは、明らかである。

テアゲネスの著作に関しては、クセノパネスの詩よりさらにわからないことが多い。彼の思想で残っているものはおもに、『イリアス』の中世写本に見られるスコリア〔古註〕と呼ばれる欄外註釈をとおして私たちに伝わった。現存する最も長い註釈は、この叙事詩の第二十歌と第二十一歌の神々の戦いに関係している。そこでは冒頭で、神々が互いに争うのは「不適切」だと思う読者がいることを認めつつ、続けてこう指摘する。そう思わない人々によれば、オリュンポスの神々は寓意的に、（正確には何を意味するにせよ）「使われている表現の語法にもとづく解釈[32]」を試みるべきであると。註釈はさらに、神々を物理的特性として叙述を続け、戦いを諸元素の対立として、たとえばポセイドン（水）はアポロン（火）と戦うものと解釈する。あるいは、オリュンポスの神々は心理的な特性を表わすものとも理解でき、つまりアテナ（思慮）はアレス（無思慮）と対立し、ヘルメス（理性）はレト（忘却）と争うとも言う。こうした解釈は初めて聞いたときにはやや中世風に聞こえるが、註釈は驚くほど麗々しい文言で終わる。「こうした弁明のやり方はじつに古くからあるもので、初めてホメロス論を書いたレギオンのテアゲネスに端を発するものである」。

いったいどれだけのことがこの主張から判断できるかはわかりづらい。この註釈を書いた人物にとって、テアゲネスは明らかにただの名前にすぎないからである。何百年にもわたって発達してきた、叙事詩を道徳的に解釈したい者たちにとって便利な解釈の、手頃な「最初の発明者」というだけのことなのだ。テアゲネスが実際に神々の戦いを、提示された詩行にきっちり沿って解釈したかどうかは疑わしい。たとえばアポロンと火はおそらく前六世紀以降に同一視されるようになった。他方、ギリシア思想の系譜におけるテアゲネスの位置を考えれば、彼が神々についてのこうした一般的な考え方を発達させていた確率は相当高い。テアゲネスのおよそ一世紀後にホメロス解釈に従事した人々が、オリュンポスの神々について本格的な寓意的解釈を提示したことがわかっている。それはまだ「寓意」と呼ばれていなかった（ヒュポノイアイ「下にある考え」という専門用語が用いられた）が、その実態は明らかに寓意であった。たとえばランプサコス出身のメトロドロスは、『ホメロスについて』という著作で、「ヘラもアテナもゼウスも、それらの神々のために土地を囲って神域を整える人びとが信じているようなものではなく、自然の根本原理であり、基本要素の秩序形態である」と論じている。[33] そして神々の名前を語呂合わせで物理現象と結びつけた解釈は、すでにホメロス叙事詩自体に登場するのだ。たとえば『イリアス』には、ヘラ〔Hērā、音の長短を正確に記すとヘーラー〕が肩入れするギリシア軍を守るために濃い霧《エーエラ》(ēera)をまき散らしたという個所がある。[34] テアゲネスがホメロスのこうした言葉遊びによる言外の意を引き出したのは、オリュンポスの神々が見かけどおりではないこと、そして結果として、不道徳性への非難が神々に当てはまらないことを示唆するためだった。結局のところ、濃い霧なら、人を欺くふるまいをしているとはとても非難できなかっただろう。

遠く隔たったクセノパネスとテアゲネスの会話は、論争の長い伝統の口火を切ったようだ。たとえば後一世紀の『ホメロスの寓意』という題の論文の冒頭は、こんな非常に明白な二者択一で始まる。「あらゆる点で彼〔ホメロス〕は、もし寓意を用いていないのであれば、不敬を犯しているのである」。[35] ここには、私たちの論じた二人の初期の批評家の影響が長く残っている。すなわち、クセノパネスの主張のように、ホメロスの神々は擬人化されているがゆえに道徳的に非難すべきなのか、それとも、テアゲネスの論のように、どうやら神々は見た目とは違うのか。叙事詩の神々は、クセノパネスの言葉を借りると[36]「虚構」で詩人の「創作」なのか、それとも神々には、おそらくテアゲネスが示唆した線に沿って私たち読者が解読すべき、もっと深い真実があるのか。意見のこういう食い違いは、二つの主要な遺産をもたらした。ひとつは、オリュンポスの神々についての柔軟な態度、神々の本質を進んで議論しようとする意欲で、これはオリュンポスの神々の歴史全体を特徴づけている。二番目の、ただし見のがせない遺産は持続的な関心だ。この関心は、人間の創造力と、詩人や芸術家が神々をどのように表わすことを選ぶか、そして翻って私たちが彼らの作品をどう解釈すべきかに向けられているのである。

第二部　対話——古典期アテナイ

前五世紀はじめの数十年でアテナイは民主政国家になり、結果として、じきにギリシアの他の多くのポリスが採用する新しい政治制度の先駆けとなった。一般成人男子が新たに自治能力に自信をつけたことは、オリュンポスの神々をめぐる広範な議論をかき立てた。貴族階級の支配者に助けてもらわなくても市民が自分の問題に対処できるなら、神々を、地上の万人に権勢をふるう気高い不死の貴族の一員として心に描くのは、もはやそれほど魅力的なことではなかった。ひょっとすると神々は結局、ただの虚構の産物にすぎず、人の心のなかの恐怖や希望を具体化したものだったのかもしれない。ひょっとするとアプロディテは情欲の別名にすぎないかもしれないし、ゼウスの雷電はじつは摩擦する原子によって生じたのかもしれない。

アテナイの人々はそんな思想を興味深いと思ったが、反面ひどく不安も感じた。前五世紀末頃にはそんな考えに反発して、これを主唱する哲学者たちに反感をいだくようになった。周知のようにソクラテスは、「ポリスが信じる神々を信仰せず、新しい神々を導入し、若者を堕落させた」罪で死刑を宣告された。ソクラテスの死刑執行に続く茫然とした困惑のなかで、アテナイの人々は自分たちの政治的参加と宗教的献身について新たに苦悶した。ソクラテスの考えの何が間違っていたのか？　そして神々についての真実は、もしもソクラテスがまさに生前提唱したような自由で率直な対話をとおしてではないとすれば、どうしたら確証されるのだろうか？

4　ギリシアの教育機関

オリュンポスの神々は、古典期（前五世紀と、前四世紀の大部分）の発展に深く関わっており、まず手始めに、ギリシアの数々の共同体を反ペルシアの旗印のもとに一致団結させるという重要な役割を果たした。前五世紀初頭に、現在のトルコ西海岸部のイオニア地方にあったギリシア系諸ポリスが、ペルシア人による支配に叛旗を翻し、アテナイも含めた他のギリシアのポリスは軍事的支援を提供した。ペルシアは即座に反応した。大王ダレイオス一世は、反抗したイオニアの諸ポリスを攻撃して打ち負かすと、今度はエーゲ海諸島の他のポリスに攻撃をしかけ、ついにはアテナイ人に思い知らせてやろうとギリシア本土に軍を上陸させた。ところがアテナイ人は、ほとんど勝ち目がなかったにもかかわらず、王の軍隊をマラトンの戦いで破ったのである。数年後、ダレイオスの子クセルクセスがさらに大きな攻撃をしかけてきたが、やはりアテナイ人は打ち負かした。スパルタの将軍レオニダスと三百人の兵士の英雄的な努力がペルシア軍の進軍をテルモピュライの隘路でなんとか足止めした末、アテナイ人がサラミスの海戦で撃退したのであった。前四七九年にギリシア同盟軍はついに、プラタイアの戦いでペルシア軍を決定的に潰走させた。アテナイはその後、ペルシアのさらなる攻撃に備えて、アポロンの庇護のもとにギリシアの諸ポリスと同盟を形成した。同盟の会合は岩多きデロス島で開かれ、共同の同盟資金もこの島で保管された。多くのさまざまなポリス出身のギリシア人は、かつてレトがアポロンとアルテミスを産んだ地としてこの島を知っていたが、今では同盟の拠点と見なした。共通の信仰の地は、侵略者に対するギリシアの抵抗の象徴に変わったのである。

ところがすぐに事態が複雑化し、アポロンはいつのまにか、ギリシア内部での長期にわたる権力闘争に巻き込まれていた。「デロス同盟」は防衛協定として出発したものだったのに、たちまちアテナイ人が他のギリシア人に対する支配を確立する手段に変わり始めた。「同盟諸国」から徴収した貢租は、パルテノン神殿の建築を含むアテナイのさまざまな事業計画に使われ、しかも同盟からの離脱は許されなかった。同盟を辞めようとしたあるポリスは、いつのまにか軍事占領されて城壁も破壊され、脱退論を主張した指導者は、アテナイの法廷で裁判にかけられた。この同盟の本性は、ペリクレスが同盟の共有資金をデロス島からアテナイに移したことでとりわけ明らかになった。アテナイで毎年開催されるディオニュソスを祭る祭典の際、同盟諸国はディオニュソス劇場で貢租を供覧させられた。アポロンとディオニュソスは神話と祭儀のうえで、それまでしばしばライバル同士であった。ここでデロス島からアテナイへ、つまりアポロンの領土からディオニュソスの祭典へ移転させられたことは、ギリシアの政治世界における勢力が根本的に動いたことを示していた[1]。ペルシア勢に対抗する防衛同盟がアテナイ帝国の基盤になったのであった。すべてのポリスがアテナイの優位に満足したわけではなく、ディオニュソスがこの優位の確立に果した役割についてもまさしく同様だった。ペイディアスはディオニュソスをパルテノン・フリーズの十二神に含めることで、この神のためにできる限りのことをしたが、オリュンポス神族の一員としての位置づけがあまねく容認されたわけではけっしてなかった。アポロンのほうは、アテナイのディオニュソス劇場で上演される劇のなかでかなり冷淡な扱いを受けなければならなかった——汎ギリシア的なアポロン崇拝の中心地デルポイがアテナイの大義に敵対したせいで、いっそう冷淡な扱いを受けたのである。

さまざまな神々の変わりゆく運勢は、古典期の不安定な政治を反映していた。しかし当時の論争は、神々同士の相対的地位の問題に限らず、人間の自己決定と自治に関わる神の力を抜本的に再評価することも含んでいた。民主政は、前五世紀初頭にアテナイ人が初めて発展させたものだったが、魅力的であることがわかり、その世紀の末までには、数百ものギリシア人ポリスが独自の民主政社会を設立していた（たしかに一部はアテナイの強制の下に設立したが、自国の支配者に反発する地元民が推進したものも存在した）。民主政と帝国は、アテナイにとっては容易に両立するものだったが、ギリシアの他のポリスにとっては、自己決定に必要なものを根付かせるのが難しかった。ポリスのなかには、アテナイによる支配に抵抗するものもあれば（とりわけスパルタ）、アテナイの味方をするものもあり、多くの場合は自国を支配するエリート層に敵対した。その結果は予想どおり、戦争の連続であった。しかし暴力のさなかにあっても、人類に対する新たな信頼が明らかになった。それは、人々がどう生きどう死ぬべきかを決める力を持っていることへの信頼だ。この時代精神をとらえてプロタゴラスは、「人間は万物の尺度である」と言った[2]。神々に最も根本的な影響を及ぼしたのはこういう態度であった。今では普通の人々が、あらゆる権力形態を疑問視する立場にあると感じた。もちろんすでに前六世紀に、クセノパネスや他の思想家たちが神々についての鋭い問いを発していたが、今度は神の力の及ぶ真の範囲を疑問視することが大衆現象になったのである。ディオニュソス劇場に座ったおよそ一万五〇〇〇人の聴衆が聞いたのはたとえば、「慣習」のほうが神々よりも強い、なぜならそもそも人々が最初に神々を信じるのは慣習のなせる業《わざ》だから、というものであった[3]。宗教儀式はあいかわらずきちんと行なわれ（結局のところ、男も女も慣習の心地よさがまだ必要だった）、その一方で神々についての疑問が急速に広まった。

すでに見たように、ランプサコスのメトロドロスの主張では、叙事詩の神々は普通の崇拝者が想像するようなものではなく、じつは寓意であって神域で起こることとは何の関係もない。プロタゴラスは人間は万物の尺度であると考え、神々についての意見はないと言い切った。「神々については、存在するとも存在しないとも、またいかなる姿形をしたものであるのかも、わたしは知りえない。それを知るには妨げとなることが多い――事柄が不明瞭であるうえに、人間の生命は短い――からである」[4]。『神々について』という彼の論文がこの衝撃的な冒頭からどう続いたかがわかればおもしろいだろうに、この論文は現存しない。サモス島のメリッソスはプロタゴラスに賛同して、神々が存在するかどうかをはっきりさせる方法はないと主張した[5]。そして詩人のシモニデスが、神とは何かを理解するのにあと一日だけ、さらに二日、さらにまた四日を要するとシチリア島で僭主に語ったのは、この頃のことだった[6]。

その一方、神々の名称と本性についての新しい理論を、プロディコスというケオス島出身の哲学者が提供した。彼の見解では、かつて世界の歴史の初めに、何であれ有益だと思ったものを原始人は神と呼んだのである、たとえば、太陽や月や水分（原始人はこれを「ポセイドン」と呼んだ）や、火（原始人はこれを「ヘパイストス」と呼んだ）のように。のちに何人かの男女が植物栽培のような新技術を教えながら各地を回り始め、伝授の成果もまた、それを教わった人々には神聖なものに思われた。つまり「デメテル」はじつは穀類を指す名称であり、「ディオニュソス」は葡萄酒を意味する、というのである[7]。何マイルも離れた北部の都市アブデラでは、デモクリトスが神々の起源に関する類似の考えを発展させた。しかし彼は、神々は感謝の念からではなく人の恐怖心から生じたと主張した。たとえば、落雷におびえた人々は怒っているゼウスを空想した[8]。デモクリトスは、雷光は神が作っているという考えをしりぞけ、原子――たえず結合と再結合を繰り返し、存在するすべてのものを作り出す微細な目に見えない物質の粒子――の摩擦によって引き起こされる物理現象だと主張した。そしてクラゾメナイのアナクサゴラスは、落下した隕石に興味を持ち、太陽神ヘリオスはじつは、「大きさはペロポンネソス半島を上回っている」赤々と燃える石塊であるという結論に達した[9]。

神々に関する新しい考えの数々は前五世紀のあいだに地中海を行き交い、人々が語り合うにつれて勢いを増した。思想家のなかには、（後代のキリスト教徒には非常にうれしいことに）単一の神聖な原理を強調する者もいれば、真に不可知論的な者もいた。そして少なくともひとり、メロス島のディアゴラスは、掛け値なしの無神論者という評判で知られている。ある逸話によるとディアゴラスは、難船を生き延びた人たちが奉納した感謝の品々を見て、海で溺死した人々も神々へ奉納できたなら、供物はもっと多かっただろうに、と言ったという(10)(無神論の評判ゆえに、彼の作った神への讃歌は、古代ではジョーク扱いされた)。しかしながら思想家たちは、個々の目的と見解の違いを越えて一貫した共通の特徴を持つ試みを行なっていた。みな、オリュンポス神族に関する伝統的な諸前提を疑問視し、宗教儀式をほとんど好まなかったのである。

それに比べれば、芸術家たちは伝統との結びつきが強かったようだ――それは、たんに彼らの職がしばしば神殿や宗教的な祭典と関係していたからだけではなく、神人同形の神々のおかげで、人間の姿形を探求するすばらしい機会が得られるからでもあった。芸術家たちは職務としきたりという制約内で作業しつつも実験を始めた。前五世紀初期に、アルカイック期の彫刻の厳格な構成は、もっと自然主義的な自由で流動的な人体表現に取って代わられ、生きて息をしている人間を連想させた。その結果、個々の神が誰なのかがずっとわかりやすくなり、今や人の特定の性格類型のように見えた。アルテミスは性的に成熟する一歩手前の若い娘となり、アポロンは美しい青年として、デメテルは松明を持つ悲しみに沈む母として、そしてディオニュソスは盃を手にした陽気な神として定められた。それ以前、アルカイック期の彫像は非常に謎めいていたため、背景となる状況があって初めて区別がつくものだった。たとえば男性像は、実際の外観に何ひとつ手がかりがなくても、アポロンの神殿にあればこの神の表徴だと推測されるだろう。ペイディアスがパルテノン・フリーズに彫った神々は、そんな硬直した形式主義を捨てて、個々の身体と特徴を持ち、生き生きと動いている感じを伝えた。それらは実のところ神学的な声明としてより、間違いなく人体の形を研究した成果として見ることができた。ペイディアスの偶像だけが、神との実際の遭遇である顕現の荘厳な感情をうまく表現しようと試みていた。たとえばパルテノン神殿の内部にあったペイディアス作のアテナ像は、高さがゆうに一二メートルあり、全体が黄金と象牙でおおわれていた。像の前には浅いプールがあり、外からの光を神像に反射させて目も眩むばかりの視覚的効果をもたらした。ペイディアスのアテナ像はたちまち新しい流行を作り出した。パルテノン神殿建設の数年後、オリュンピアは彼を招いて自国の神殿のために黄金と象牙の巨大なゼウス像を彫らせた。彼の作った、王座に坐す壮大なゼウス像は非常に写実的だったため、この彫られた神が立ち上がって屋根を外してしまえるのではと古代の参詣者たちは思ったのだった。(11)

これらの場合には並外れた大きさと輝かしさで、神々の像は普通の人間の像と区別がついたが、古典期の芸術が主眼を置いたのは、とりわけ人体の自然な印象を伝えることであった。そのせいで、宗教的観点からはいくつかの問題が生じた。神々が美しく生き生きとした、息をしている人間のように見えるのであれば、神々の神性とはいったい何だったのか？　初期の芸術家たちは神人同形説を当然のことと見なし、これについてあまり問いを発しなかったが、古典期になると、芸術家たちははっきりと神人同形的表現の問題を熟考し始めた。ひとつには、おそらく誰もが神人同形的表現に疑問を持ち始めていたからだ。たとえば、プラクシテレスはトカゲを殺そうとしているアポロンの像を作った。彼の彫刻は、アポロンがデルポイに到着したときにピュトンという恐ろしい怪物を殺した神話を思い起こさせるが、この場面はもはや少しも不吉ではなかった。恐ろしい怪物が小動物になったうえ、アポロン自身もこの生き物を矢で所在なげにいじめる物憂い青年だった。人間の表現と神の実体との関係はどうだったのか？　神話に出てくる怪物はどこにいったのか、そして私たちは神をどう解釈したのか？　新たに明確になった問題を示しているのは、人間のように見える神もさることながら、人を脅かさない動物だった。つまり、小さなトカゲが恐ろしい怪物を表わすこともあるとすれば、目的のない若々しいアポロンは何を表わしたのか？　プラクシテレスの作品は写実的だったが、超越論的な問いをも投げかけた。洗練されて気のきいた、そして人をひどく困惑させる印象を与えたのだった。

　プラクシテレスが「トカゲを殺すアポロン」を彫る前でさえ、芸術家たちは明らかに神々の本性について熟考し始めていた。前五世紀の中葉あたりから、ギリシアの陶器にはある新しい主題が目立つようになった。神の偶像の横に神自身を置くのである（たとえば口絵4参照）。偶像はたいていアルカイック様式だった――姿勢が固く、たいてい片足を前に踏み出し、首はぎこちなく、ゆるい襞《ひだ》と筋肉が左右対称に描かれた――のに対し、神のほうは新しい流れるような古典期の様式で描かれた。そうした陶器

6. プラクシテレス作「トカゲを殺すアポロン」のローマ時代の模刻、前350年頃。神は元来、手に矢を持ち、それで木の幹にいるトカゲをのんびりいじめながら、この動物を殺すことが楽しみとなる時を待っていた。もしこの無害な生き物が、周知のとおりアポロンがかつてデルポイで殺した恐ろしい怪物のピュトンを象徴しているのであれば、物憂い美しいアポロンのこの身体は何を表わすのであろうか？プラクシテレスの芸術は興味深い神学的な問題を投げかけた。

は芸術の発展も物語っている。すなわち、古典期の絵が「現実の」神を表わすのに比べると、アルカイック様式の像は型にはまった堅苦しいものに見え始めたのである。同時に、陶器自体の不完全さにも注意を引きつけた。その陶器を拾い上げる本物の神を思い浮かべると、神自身を描いた古典的様式の図柄すら本物らしさで劣るように見えかねないのだ。入れ子構造式のゲーム――神々を思い描く私たち人間の想像力の内なる陶器、その陶器の内なる像、その像の内なる神――は、芸術の限界について熟考を誘うものであった。神的なものは、誰であろうと何であろうと、どこか他の所にあり、それを表象しようとする人間の試みのかなたの、別の領域にあった。

神々をアルカイック様式の神像の隣に描く哲学的な陶器は、いくつもの異なる土地で生まれた。神々についての過激な理論も同様であった。新しい思想はあちこちで出現し、イタリア半島南部からイオニア地方沿岸部までのギリシア世界全体に、たちまち広まった。だが最もしっかりと定着したのはアテナイだった。このポリスには何か特別な、冷徹な率直さがあり、そのせいで神々に疑問を呈しやすかった。このポリスの人々は、率直でざっくばらんな討論を行なうことで難問が最もうまく解決されると信じた。また、一般市民が神の本質も含めたあらゆることに関して完全に結論を下せると主張した。すでに言及した過激な思想家たちの多く――メトロドロス、プロタゴラス、プロディコス、アナクサゴラス、ディアゴラスを含めて――が、前五世紀のあいだにアテナイに移り住んだのは、そこでなら自分の考えがうまく受け入れてもらえると考えたからだった。そして、彼らはその点で正しかった、少なくとも初めのうちは。

ペリクレスの有名な戦没者記念演説は、トゥキュディデスの『歴史』に残されているように、アテナイ人が自分自身について考えるのをどれほど好み、いかに自信満々で型破りだったかをすこぶる明瞭に語っている。

吾々が享受している政体は、……少数者ではなく、多数者によって治められているがゆえに名称においては民主制と呼ばれている。しかしながら、法律上では私的係争の面で全員に平等の権利が与えられているものの、評価に際しては各人が何事かに名声を博するに応じて優先的に公的栄誉［役職］を与えられるのであって、能力よりも階級によって評価されるのではない。また貧困のゆえに世に埋もれて、ポリスのために有益なことを為す能力がありながら、それを妨げられるということもない。しかも吾々は公的な政治活動の面で自由に行動しているが、日常私生活における相互間の猜疑心の面でも同様であって、隣人が気ままに振舞ったからとて立腹せず、また不機嫌な顔を見せて、実害はないにしても、見た眼に不快感を与えるようなことはしない。しかしながら、このように吾々は私的交際においては傷つけ合わないように生活しているけれども、公的生活では畏怖の念に基づき、誰よりも法律には違反しない。……吾々は質素と共に美を愛する。そして智を愛するけれども、柔弱にはならない。富は自慢のためよりも、むしろ行動のための機会として利用する。……これを要約して言えば、吾々のポリス全体がギリシアの教育機関であり……。(12)

ペリクレスが述べたのはもちろん、理想化されたイメージである。アテナイは「ギリシアの教育機関」だったかもしれないが、ギリシア中の知性豊かな人々がアテナイ市民を教育するために集まってきたことも同じく確かだ。「多数者」が権力を握っているというペリクレスの言葉も誤解を招くものだった。彼がここで実際に言おうとしたのは、アテナイの成人男子が権力を握っていたということである。総人口三五万人――これにはおそらく一〇万人もの奴隷が含まれた――のうち、市民として政治制度への参加資格ありと見なされたのは五万人から六万人にすぎなかった。とはいえ、これらの男性は本当に政治制度に関与し、しかも徹底した直接参加だった。現代では自分の代わりに支配する政治家を選挙で選ぶのに対して、ペリクレスの時代には、アテナイの大部分の公職者（とすべての裁判人）が市民全体からくじ引きで選ばれた。なぜなら、選挙は裕福な候補者に有利だと考えられたからである。開戦や増税の可否のような主要な決定事項は、全市民が出る民会で投票によって決められた。公職者たちは――くじ引きでの任命であれ選挙であれ――評議会と民会で、そしてときには法廷でも、この上なく厳しい監査に付された。そして法廷では、提出された訴訟について数千人の裁判人が瞬時に決定を下した。前四世紀には、貧困層が収入を失うことなく、民会に出席し公職に選出され、裁判人として奉仕できるように、アテナイ人は公的補償金の制度まで考案した。要するにアテナイ市民は、決定を下し自国を統治する自分たち自身の能力を信じきったのである。なかには、適切な機会と教育が与えられれば女性や奴隷でも統治できると提案する者までいた。

人間の自治への全幅の信頼の結果、少なくとも公の場では、神々を主流からはずすようになった。ペリクレス自身、葬送演説でオリュンポスの神々に一度も言及しなかった。戦死したアテナイ人は、神々の意志に従うために亡くなったのではなく、アテナイ人の意志を他のギリシア人に押しつけたかったがゆえに亡くなったのである。同様に、政治や法律に関する演説はめったに神々に訴えかけなかった。演説者たちは神々のかわりに「アテナイ市民」に話しかけ、同輩の市民を信頼して彼らに正邪の判断を委ねたのである。ペリクレスの演説を記録したトゥキュディデスは、民会と法廷の文化の影響を深く受けた。彼の『歴史』は神々にほとんど触れなかったし、神々が人間の諸事万端に影響を及ぼすと一度も示唆していない。実際トゥキュディデスは、神頼みや神の正義をあてにするのは政治的に甘いと言外ににおわせた。彼がこの点を最もはっきり述べたのは、アテナイとエーゲ海南部のメロス島との敵対関係について論じたときである。アテナイとスパルタにペロポンネソス戦争が起こった当初、メロス島の人々は中立の立場を維持すると主張したが、アテナイは、デロス同盟参加か滅亡かという厳しい選択を彼らに突きつけた。メロス島民は、自分たちは何も悪いことをしていないのだから神々が守ってくださるだろうと異議を唱えた。アテナイ人は、「強者は自らの力を行使し、弱者はそれに譲る、それが人の世の習いというものだ」[13]と返答した。そして彼らはメロス島を征服して成人男子全員を殺害し、他の全員を奴隷にした。トゥキュディデスはこのメロス島事件の叙述で一度も神々に触れなかった。神々は、神の正義を求めるメロス島民自身の空しい希望のなかで主役を演じたにすぎなかった。

神の定めた秩序を信頼していなければ、力が正義であるという結論に達するのはたやすいことだった。そしてまさにそれがアテナイ人の結論であった。少なくとも外交政策に関しては。ポリスの内部では事態はもっと複雑だった。ペリクレスはアテナイを自由な開かれた社会として描いた。そこでは、人々は私生活での行為に対して互いに「不機嫌な顔」をけっして見せず、法の前での平等の原則によって、建前上は正義が保証された。しかしここでもまた、彼の叙述は理想主義的であり、進んで欺こうとさえするものであった。考古学者たちは古代アテナイの地層に、何百枚もの呪詛板を見つけた。隣人や親戚、仕事仲間、恋心を寄せた相手、運動競技の競争相手や友だちを、神々が傷つける気になってくれるよう願って、人々はすこぶる強烈で詳細な呪いの言葉を安物の鉛の小片に刻んだ。ときにはこういった小板に、古代ギリシア版ブードゥー人形が添えられることもあった。この呪文の数が非常に多いことから判断すると、古典期アテナイでは人々はひっきりなしに互いに害を与えあおうとしていたように思われる。とくに、小板の多くは裁判沙汰に言及していた。訴訟当事者たちは、法の前に苦情を持ち出すだけでは明らかに足りないと感じていて、敵対者を打ち負かしてくださいとか、敵が法廷でしどろもどろになりますようにとか、あるいは敵が卒倒して裁判人の目の前で死ねばもっとよい、と神々に求めた。この種の要求は一般に、最も不吉な神格に呼びかけられた――冥府の支配者ハデスがとくに最も頻繁に登場した。だがオリュンポスの神々のなかにも呪詛板に登場する神がいて、その不吉な力を具体的に挙げる定型句もいっしょに記された。どうやらクトニオス・ヘルメスとクトニア・デメテルが、呪いに効き目のある神だったようだ〔クトニオスとクトニアは「地下の」の意〕。これらの神々は正式な訴訟手続きにはほとんど出てこなかったが、法廷で起こることに影響を及ぼせると人々は明らかに感じていた。法の前での平等の原理は、結局のところアテナイ人を十分に安心させたわけではなく、人間の裁判人も、必要な役割を果たすものと完全に信頼されていたわけではなかったのだ。

うわべは自由で合理的で平等主義だったが、アテナイは干渉好きで悪意に満ちた芯を隠していた。アテナイ人は人間の自治能力を主張したが、同時に、互いに傷つけ合うために神々の魔術的な力に協力を求めた。完全に民主的な原理に従って行動すること、人々は自治と適正な相互判断ができるのだと信じることは、簡単ではなかった。まさに不完全で不公正なこともあるがゆえに、神々が必要とされたのだ。アテナイは「ギリシアの教育機関」であるとペリクレスは主張した。けれどもこのポリスは、――お互いにうまくやっていく方法についても、神々についても――簡単な授業をしなかった。

5　追放と死

前四二七年、アテナイにレオンティノイのゴルギアスが登場すると、人々は注目した。堂々たる体軀もさることながら、彼の話し方には驚くべきものがあった。リズム感と均整美と韻があり、単語の並べ方話し方だけで、言葉のより深い意味が露《あら》わになる感じがした。彼は、シチリア半島東部にある故郷のポリス、レオンティノイに軍事的援助を提供するよう、難なくアテナイ人を説得した。実際、アテナイ人はまるで魔法にかかったように彼の言葉に耳を傾けた。そしてアテナイも、ゴルギアスに魔法をかけた。彼は英雄として故郷に凱旋したが、レオンティノイの情勢にはもはや関心がなかった。可能なかぎり早くアテナイに戻ると、修辞学を教え始める。いくらでも好きなだけ授業料が取れると、彼にはわかっていた。アテナイ人は彼のような話し方をしたくてたまらなかったからである。今日でもなお、私たちは彼の声や言い回しを聞くことができる――アテナイの演劇の脚本のなかにも、トゥキュディデスの『歴史』のなかにも、アテナイの政治演説や哲学的対話篇のなかにも。彼の教えはそれほど深く根付いたのだった。控えめなたちではまったくなかったゴルギアスは、やがて非常に裕福になると、全身を金箔でおおった自身の彫像を依頼し、デルポイに陳列した。

アテナイでは前五世紀の最後の数十年間に、道徳的・宗教的な不安感がしだいに募っていったが、その一因となったのは外国からやってきた何人かの知識人で、ゴルギアスもそのひとりだった。彼は神と人間についてのさまざまな考え方を混ぜ合わせて多くの混乱を招き、世に不安感を引き起こした。ゴルギアスは、人前で演説ができるよう弟子を訓練する際に、アテナイの法の細目（おそらく彼はそれを知りもしなかっただろう）よりむしろ、ギリシア人全員が共有する詩歌と神話に頼った。その結果、伝統的な神観が法に準じた新たな吟味にさらされることになった。たとえば彼は、ある修辞学的離れ業によって、この世で最も酷評された女性を擁護し始めた。トロイアのヘレネである。彼は、ヘレネが夫を捨ててパリスとともに海を渡り、トロイア戦争を引き起こしたのは確かだと認めたが、結局のところ、アプロディテの影響を受けてしたことである、というのだ。そしてゴルギアスがおなじみの母音押韻の文体で指摘したように、「神の欲するところを人間の思慮が阻むこと」などできなかった[14]。ヘレネはなぜ非難よりも同情を集めるべきか、その理由をゴルギアスはさらに付け加える。たとえば、パリスは魅力的な言葉で彼女を誘惑した、と彼は示唆した。「言葉は強大なる支配者であり、その姿は微小で目に見えず、神妙のはたらきをする。恐怖を消し、苦痛を除き、喜びをつくりだし、憐憫《れんびん》の情を高める[15]」。

こういう議論を用いて、ゴルギアスはヘレネと運命をともにした。もし彼自身の、目には見えないが強力な創造物たる演説でなんとかうまく説得できれば、ヘレネは無罪の判決を下されないはずがなかった。

ゴルギアスの議論には、人をわくわくさせる背徳的なところがあった。実在の女性がヘレネのようにふるまってもかまわないとは、古代世界では誰も思わなかった。そしてゴルギアスは、自分の提案のまさにその理不尽さを大いに楽しんだ。「私は……ヘレネにとっては頌歌《しょうか》となり、私自身には無聊《ぶりょう》の慰みとなるものを書こうとしたのである」[16]という言葉で、彼は自分の芸当を締めくくった。したがって、ゴルギアスとヘレネは結局、運命をともにしたわけではなかったのだ。ヘレネは恥知らずな女性のままであるのに対して、彼のほうはたんに楽しんでいた——あるいは、楽しんでいたと主張した。正確なところゴルギアスがどう考え、そして正確には何を教えていたかは、依然としてはっきりしない。周知のように、彼は『非存在について、あるいは自然について』という題の論文のなかで、何物も存在しないと論じた。たとえ何かが存在するにせよ私たちはそれを知ることができず、実際に知っていても他者に伝えることはできない。これもまた、ただの楽しみのひとつだったのか、それとも言葉を現実から解放することをめざしたまじめな議論だったのか？　今日に至るまで、ゴルギアスを哲学者として真剣に受け取る人もいれば、たかだか印象的な道化師にすぎないとして切り捨てる人もいる。アテナイではゴルギアスの主張は、厳粛かつ滑稽な効果をあげるのに使われたが、何より真に有益だと見なされた。何についてであれ賛成もしくは反対する意見の述べ方を教える、修辞学訓練という一大業界全体がたちまち出現した。道徳的提言には正しいものもあれば、誤っているものもある——正誤は特定の文脈で説得的に聞こえるかどうかにかかっていた。

この伝統を踏襲した『両論』という作品が、古典期アテナイから伝わっている。特定の問題を形式的に両面から論じた作品である。たとえばそのうち「美と醜について」は、単純な立場（「姦通はつねに恥ずべきことである」）から始まって文化相対主義に転じる。スパルタ人とアテナイ人とトラキア人とエジプト人では、姦通についての考えが異なるので、状況によっては姦通はまったく問題ないことだという結論を出さなければならないという。この論文は最後に詩を攻撃する。すなわち、道徳的判断となると詩人たちの権威を引証するわけにいかないのは、「その詩人たちは慰みに詩作しているのであって、真実をめざしているわけではない」からだというのである。[17]

こういう風潮のなかで、ホメロスの叙事詩は疑わしいものになった。アプロディテが姦通を強要したのだからヘレネは無罪だと論じたとき、ゴルギアスがお手本にしたのは、老女に扮したこの女神が、城壁からヘレネをひき離しすぐに寝室に戻るよう命じた、『イリアス』第三歌の一節であった。[18] このとき、ヘレネは女神を痛烈に非難し、パリスの床に入るのを拒否して自分の立場を保とうとしたが、アプロディテの強い力に打ち負かされたのだった。ヘレネとアプロディテがホメロスの詩のなかで交わしたこの会話は、古代においてすら困惑を生んだようだ。ヘレネは自身の性的欲求に話しかけていたのだろうか？　それとも彼女は本当に、自分の行動を物理的にコントロールできなかったのか？　ホメロスの主張では、アプロディテは実際にヘレネの身体を城壁から移動させ、彼女の意に反してパリスの寝所に降ろした。だがホメロスのこの説明は妥当だろうか？　ゴルギアスの散文による再話では、ホメロスの説明はとうていありえないものに聞こえ始めた。すなわちホメロスの説明は一片の不道徳な詭弁であって、神の力を詩的に探究したものではなかったのである。

劇作家エウリピデスは『トロイアの女たち』という悲劇でヘレネに対する訴訟を舞台化することによって、ゴルギアスを模倣した。この作品はトロイア戦争直後の希望のない時期に設定されている。灰の山と化したトロイアの町を背景に、奴隷にされるトロイアの女性たちは、新しいギリシア人の主人に割り当てられるのを待っている。この廃虚のまっただなかに、ヘレネが入念に着飾って登場する。十年間好き放題したあげく、トロイアの女性たちを悲惨な運命のなかに置き去りにして、最初の夫メネラオスと元の生活を再開するつもりでいるのだ。彼女は、ギリシア人もトロイア人も自分に憤慨する理由があると承知しているので、理路整然たる自己弁護の演説をする。トロイア戦争は自分のせいではなかった、神々が企てた計画である、というのだ。メネラオスはこれに賛成する心づもりでいる――とはいえ、ヘレネの美しさをひと目見さえすれば是が非でもその気になるのだから、賛成するのは後になってからのことだ。実際、メネラオスの関心といえば、最後に会って以来、彼女の体重が増えたかどうかだけなのだ。トロイアの女性たちはヘレネにとって、元夫よりも手ごわい聴衆である。「女神アプロディテは人間にとってあらゆる愚行の代名詞[19]」と、トロイアの元女王ヘカベは声を張り上げる。もちろん、ヘカベは正しい。だが、ひどく間違ってもいる。アプロディテはたんにヘレネの個人的な性的欲望ではなかったし、トロイア戦争はたんにひとりの美女のせいだけではなかったのだ。実際、この戦争にはもっともらしい説明がなかった。そしてオリュンポスの神々は、歴史が信じがたいものになったとき、つまり人々が説明のつきそうにないふるまいをしたときに、現われる傾向があった。

ゴルギアスとエウリピデスのせいで、アテナイ人は神々について、そして人間の行動および責任と神々の関係について、真剣に考えざるをえなくなった。ホメロスでは神と人間の双方ができごとを引き起こし、両者ともに行動した。ところが今や法廷で選択する必要があった。ヘレネは誤った行動を選択した廉《かど》で有罪なのか、そうではないのか。そしてもし有罪だとすれば――意に反してパリスの寝所に引きずり込まれたのではなかったとすれば――、アプロディテの力が疑問視された。これは新しいことだった。人々は神々の力を主張する論法の基準を、かつては文脈に応じて適用したものだった。現実の法廷では、「神々が私にそうさせた」という宣言はまったく通用しないのに対し、神々の力は詩歌では現実味があり、たとえば、人々が誤りだと知りつつもある行動をとる理由を説明した。神々についてのこういうさまざまな考えは、今では互いに激しくぶつかりあい、対立するようになった。

この衝突は、とりわけアテナイの舞台上で起こった。それはひとつにはおそらく、演劇が宗教的な制度であると同時に政治的な制度でもあったためである。アテナイの悲劇と喜劇は、ディオニュソスを称えて年に一度のこの神の祝祭で上演されたが、ポリスの重要行事でもあった。ディオニュソア祭に出席したいのに仕事が休めない貧困層の市民のために、政治奉仕や裁判人奉仕と同様に国庫からの補助金支給まで導入された時期もあった。明らかに、芝居を見に行くことが裁判人としての奉仕や民会への参加と同じくらい重要と見なされたのである。ただし、劇はわかりやすい政治的課題を伝えたわけでも、明確な宗教的信条を主張したわけでもない。劇が提供したのは、興味深くて人を引きつけるが解釈の難しいものであった。劇の政治的な価値は、もしかすると、人々に考えさせ慎重さを会得させたことにあったのかもしれない。

エウリピデスの劇はアテナイ人を、神々に関する解決困難な問題に直面させた。そしてそれは『トロイアの女たち』でだけではなかった。彼の悲劇はしばしば伝統的な神話で始まり、それをくつがえして完膚なきまでに打ち砕く形で終わった。たとえば『ヘラクレス』は、よく知られている有名な話が基になっている。すなわちヘラは、ゼウスと人間の女性アルクメネとの密通に嫉妬して、二人から生まれた息子ヘラクレスに狂気を与え、妻子を殺すよう仕向けた。ここで物語は予想外の展開を見せる。狂気がひとたび静まると、エウリピデス劇のヘラクレスは自問する。どうしてヘラは自分にわが子を殺させるほど残酷になれるのか、そして誰がこんな女神を崇拝したいと思うだろうか、と。彼は続けて言う、神々が性交渉の相手を持ち、嫉妬に悩み、欲求不満から人間に八つ当たりするという考えそのものがナンセンスだと。「神というものは神としてまっとうでありさえすれば／何も必要としないのだ。そんなのは詩人どものいい加減な作り話だ」[20]。この劇のパラドックスは、当然のことながら、ヘラクレスがそういった考えを表明することで、自分自身の存在に疑問を投げかけている点である。劇の登場人物である彼自身が「詩人どものいい加減な作り話」の産物なのだ。もっと具体的に言うと、彼はゼウスと人間の女性の息子だから、あらゆる登場人物のなかでよりによって彼が、神々が性的欲望を体験するという観念に疑問をいだくのは、皮肉なことだった。エウリピデスはこのパラドックスを劇そのもののなかで解決していない。『ヘラクレス』のひとつの解釈方法は、ヘラの残酷さと自分の祖先を疑った時点でヘラクレスはじつはまだ気が狂っていたというものである。だがもし彼が狂っていなくて、真の神性は何も必要としないという主張が正しいとすれば、とたんになぜアテナイ人がディオニュソス劇場に集まって神を称える祭典を祝うかがわからなくなる。

そうした考えは、アテナイ人のポリスに衝撃を与えた。ひとりの喜劇作家は、花冠やその他の宗教関連用品を売る人たちがみんな店を畳んだのは、「あの男〔エウリピデス〕が、いろいろな悲劇のなかで詩を作り／神々は存在しない、そう男どもを説得してしま」ったせいだと主張した[21]。この辛辣な言葉を額面どおりに受けとる必要はない。実際には、人々は崇拝を続け、祝祭と犠牲はアテナイの伝統的な暦を守り続けた。あい変わらず神官は任命され、奉納物が捧げられ、花冠もおそらく編まれて売られた。エウリピデス自身も、神々についてどんなに不埒なことを劇中の登場人物に言わせせようとも、ディオニュソスの祭典のために劇を書き続けた。しかし、微妙な心の平静はすでに壊れていた。神々に対するさまざまな考え方は、新しい憂慮すべきかたちで混交しつつあった。神話についてのまるで法律のような議論が、オリュンポスの神々についての人々の考え方を変えた。また逆に、神々を侮辱したという理由で、著名な知識人たちが実際に裁判にかけられだしたのである。不敬罪での公判は、アテナイ人が自分たちの神々についてますます不安を感じつつあったことの、明らかな兆しであった。

太陽神を石の塊と見なしたアナクサゴラスが、最初にあおりを食ったひとりだった。彼は前四三〇年代のある時期に不敬の廉で起訴され、アテナイから追放されたようで、ランプサコス(現在のトルコ)に移って残りの人生を過ごした。その死後、地元民は彼を称えて、「知性と真理」に捧げる祭壇を築いたが、アテナイ人よりも自分たちのほうが見識があるときっと感じたことだろう。興味深いことに、アナクサゴラスは不敬罪に加えて親ペルシア主義の廉でも告発されている。この非難はアナクサゴラスの出自と関係があったかもしれない。彼の故郷クラゾメナイは、ギリシア系ポリスではあるが、ペルシア戦争のあいだ、他のギリシア人に逆らってペルシア側についたのだった。しかしアナクサゴラスはそれまで何年もアテナイに住んでいたし、ペルシア人はとっくのとうに、直近の脅威よりむしろ非現実的な脅威になっていた。したがって彼の「親ペルシア主義」は国際政治の問題というよりは、神々についての理論の問題だったかもしれないし、星辰への関心が東方の天文学の伝統に近すぎると見なされたのかもしれない。さらに、アナクサゴラスの公判が国際政治より国内政治がらみだったことは、そのタイミングから露呈した。ペリクレスの親しい友人であったアナクサゴラスへの攻撃は、ペリクレスが権力の絶頂にあったちょうどそのときに、この政治家の信用を失墜させることをもくろんでいたのかもしれない。とはいえこの種の政治的動機は、純粋な宗教的不安がなかったことを意味しない。むしろ逆に、友人の不敬を示唆するとペリクレスの評判を効果的に落とせるのなら、神々はアナクサゴラスに(じつは友人ペリクレスにも)怒るかもしれないと、アテナイ人は心配した。

次は無神論者のディアゴラスの番だった。彼が不敬の廉で告発されたのは前四一五年、アテナイ人がメロス島に侵入して成人男性全員を殺害した翌年である。ディアゴラス自身は、それまですでに何年間もアテナイで平和に暮らしていたのだが、アテナイの人々は突如として彼を攻撃して、自分たち自身の道徳的・宗教的混乱を露呈した。皮肉なことにディアゴラスには、その時までに神々の存在を疑うだけの十分な理由があった。かつてメロス島民は、神々がアテナイ軍から自分たちを守ってくれると信じたあげく壊滅した。今、ディアゴラスも死刑に直面しているが、今度は神々を信頼し「なかった」からなのだ。彼の裁判の詳細は、ムバッシル・イブン・ファーティクという中世アラブの学者の著作で伝わっている。この学者は古代の詳しい記述を入手したに違いない。というのも、アテナイ人がディアゴラスの首にかけた賞金の正確な額を記しているからである。[22] ディアゴラスは判決が出るまでぐずぐずしたりなどせず、裁判すら行なわれないうちにさっさとコリントスに逃亡し、そこで余生を過ごしたのだった。

アナクサゴラスやディアゴラスのような、厄介な異邦人の思想家を隔離や追放できるうちは、ポリスもポリスと神々との関係も順調だと、アテナイ人はたやすく安心できた。しかし、前三九九年にソクラテスが不敬罪で告発されると、その裁判はポリス全体を震撼させた。彼は著名な市民であったし、アテナイ生まれだった。知を求め、貧しく、戦闘では勇敢で、アテナイ民主政の重要な価値観を体現していた。たしかに彼は積極的に政治に関与したわけではなかったし、よい人生や正義、愛、その他多くのテーマについてひっきりなしに質問しては、人々をたいていいら立たせた。これらのテーマは、彼が取り組んだ後にはよけいに難しく思われがちだった。しかも、アテナイ人は言論の自由を誇っていて、ソクラテスがしたことといえば、話をしただけだった。彼がなぜ死刑に処されたかという問題に、アテナイ人は必死で答えを見つけようとした。そして今日に至るまで謎のままである。

彼の裁判の詳細は再現が難しい。とはいえ、「ポリスが信じる神々を信じず、新しい神々を導入し、若者たちを堕落させた」[23] という嫌疑で告発されたことはたしかだ。ソクラテスがどの神々を尊敬しなかったかは史料に記されていないが、伝統的な告訴の要因を考えると、おもにオリュンポスの神々が問題だったと考えてまず間違いなさそうだ。オリュンポス神族はアテナイで毎年行なわれるさまざまな祝祭の中心を占め、ポリスの最も重要な数々の記念建造物に登場した。そしてポリスの一番大切なパナテナイア祭という祭典で、定期的演目の名誉を唯一与えられたホメロス叙事詩でも、重要な役割を演じた。ソクラテスが導入したとされる「新しい神々」に関しては、真相はよくわかっていない。彼の主張によると、どうやら「何か神的なもの」がつねに彼に話しかけ、ある行動をするよう促した。たとえば政治への積極的参加を彼に禁じたのは、この種の神の命令だった。したがって、ソクラテスがどんな新しい神々（あるいはおそらく神性の観念）を擁護したにしろ、神々は民主政の手順への参加を思いとどまらせたのである。ソクラテスの宗教は、民主政下の善良な市民の義務に対抗していると思われた。そしてそんな事実だけでも法廷で不利に働いたに違いない。

くじ引きで選ばれた五〇〇人のアテナイ人男性から成る裁判人団は、ぎりぎりの僅差で彼を有罪にした。厳密に言うと、この評決が下されたからといって、かならずしもソクラテスの処刑につながったわけではない。というのは彼の裁判は「査定裁判」の範疇に入るもので、これにはさまざまな度合いの有罪がありうると国家が認めていたからである。その手順は単純だった。被告人が有罪とされた場合、告発者からの刑罰の提案に対して被告人がより軽微な刑罰を提案し、裁判人団はこのどちらかを選ぶ。ソクラテスは罰金ですませることもできたが、この訴訟手続き全体をあざけることに決め、残りの一生分の昼食を公費支給によって無料で賄ってもらうことを罰として要求した。そこで告発者の提案が有効になり、死刑と決まったのである。

プラトンの主張によると、ソクラテスは判決の後でさえ、アテナイから簡単に逃亡して亡命できたはずだったが、ポリスの法に従うことを選んだ。少なくともプラトンの描写では、ソクラテスは善良なアテナイ人であり、去るつもりはなかった。戦闘で敵と直面しても断固として譲らなかったのとまったく同じように、評決に直面しても意見を変えようとしなかったのである。こうして、親しい仲間や弟子たちに囲まれながら、七十歳のソクラテスは毒人参《どくにんじん》を飲んで亡くなった。何が起こったかを、のちに完全に理解できた者はいなかった。ソクラテスの死の直後には、彼に関する多くの言説が公表された。プラトンとクセノポンの作品しか残っていないが、他にも互いに議論しあってこの事件の意味を理解しようとした著述家が何十人もいたことがわかっている。

現代の歴史学者たちは、ソクラテスは捏造された罪状に基づいて審理されたのであり、真の動機は宗教的というよりも政治的なものだったと示唆する。だが実際のところ、政治と宗教を区別するのは難しい。アテナイ人は自国の民主政を案じて、神々が敵に回りつつあると感じた。敗北に終わったスパルタとの長い戦争、人口の少なくとも四分の一が亡くなった腸チフスの大流行〔戦争中に流行した疫病が腸チフスだったかどうかは実際には不明〕、そして前四一一年と前四〇四年に起こった二つの過酷な寡頭政治のクーデターが前五世紀後半に続き、痛烈な挫折を味わっていた。トゥキュディデスは戦争と伝染病とそれに伴う道徳上の結果について、断固とした評価を示した。「崇高と思われる目的のために苦難の道を歩むことには、誰も熱意を示さなくなった。それに到達する前に生命を失っているかも知れぬと考えたからである」[24]。まさにこの叙述どおりのアテナイ人も何人かいた。たとえば、容姿や馬、富、過剰な飲酒、そしてソクラテスとの断続的な情事で有名なアルキビアデスだ。彼はペロポンネソス戦争中にスパルタに寝返り、次にペルシアに寝返り、その後は前四一一年の民主政打倒の陰謀に加わった。そして、前四〇四年に権力を掌握した三〇人の僭主のひとりクリティアスもいる。同時代の証人リュシアスの言によると、彼は「ポリスの粛清」に着手した[25]。何百人もが毒人参による死刑を宣告されたうえ、もっと多くの人々が寡頭政治期間中に亡命を余儀なくされた。クリティアスもまた、かつてはソクラテスの親しい友人だったのである。

前四〇三／二年にようやく民主政が回復され、そのわずか三年後にソクラテスは裁判にかけられた。

彼は、その当時最も非難された貴族や民主政の過激な反対者たちを愛したり教えたりしたから標的にされた、と一般に推測されている。ただし、宗教的侮辱行為も理由に含まれていたかもしれない。とりわけアルキビアデスは、十五年くらい前から公然と宗教を侮っていたことでよく知られていた。飲み過ぎて酔ったときには、エレウシスでデメテルの儀式の神聖を汚したこともあったし、ヘルマイ——勃起したペニスを誇示する柱状の胴体の上にヘルメス神の頭部がのったもの（口絵3参照）——を傷つけたこともあった。ヘルマイは、トーテム信仰の表象にまで起源がさかのぼる崇拝対象で、土地の所有を示す目印になり、アテナイと周辺の地方では、十字路や畑の境界や家の入口に置かれた。アルキビアデスは大胆にも、そういったヘルマイの生殖器を切り取ったのだった。神の秩序を示す先祖伝来のしるし、町の景色に溶け込んでいた神聖な象徴のヘルマイよりも、自分のほうが力があると考えたのである。震えあがったアテナイ人はアルキビアデスを裁判にかけ、神聖冒瀆の廉で有罪にした。

アルキビアデスや他の貴族との交友関係を考え合わせたところで、ソクラテスが不敬の廉で裁判にかけられた理由がヘルマイの問題だけだったはずはない。ソクラテスが告訴されたときにはどのみち、クリティアスもアルキビアデスもすでに亡くなっていたし、アテナイ人には過去を水に流したがるところがあった。前四〇三／二年に民主政治が回復されると、この年以前に収容された政治犯の審理が恩赦で禁止された。ソクラテスを有罪にしたアテナイ人たちが心配していたのはひょっとすると、彼が数十年前に愛した派手な寡頭政治の執政者たちつまりアルキビアデスとクリティアスよりも、そのころ彼に追随していた者たちだったのかもしれない。前五世紀末には、犬儒派（「犬のように生きる人々」の意）がしだいに注目を集めつつあり、彼らもソクラテスを師と公言していた。彼らはこれ見よがしに市民社会を無視して、公衆の面前で自慰行為をし、通りで排便し、自分は市民だという考えに従わなかった。宗教の伝統的形態を軽蔑し、自然に従って動物のように生きることを主張した。前三九九年に裁判人としてソクラテスに死刑を宣告した良家の父親たちは、自分の息子も犬儒派になってしまうのを心配したのかもしれない。言い換えると、裁判人たちはおそらく、まさに起訴が重点を置いた、宗教・ポリスの安全・次世代を案じていたのだ。

オリュンポスの神々はあらゆる伝統的人物と同様に、安心感と慰めを与えた。けっして完璧な手とは言えないが、この神々を操る方法があった。ほしいものを与えられれば、お返しに彼らは贈物をくれるだろう。詩歌と舞踏が好きだったのである。動物の生け贄や献酒、奉納物、祭典、運動競技会、美しいアテナイが難しい危機的状況にあるときにはとくに、神々との伝統的な取引は十分な是認と支持を受けなければならなかった。神々は存在しないとか、人間がどうふるまうかに関心がないとか、あるいはもっと悪いことには、通常の市民の義務を遂行するのを「何か神的なもの」が邪魔をするとほのめかしたりするのは、無分別なことだった。戦争と伝染病と二度の寡頭政治勢力のクーデターを生き延びたアテナイ人は、疲れていた。彼らは平和と安定を求めた。つまり、よい政治と伝統的な宗教の慰めを必要としたのである。さらに重要なことに、この二つが両立すると信じる必要があった。彼らの民主政は実際、神々に対抗するものではなかったのである。

6　空想的な作りごと

前三九九年のソクラテスの死後、新たな脅威がオリュンポスの神々を待ち受けていた。プラトンが神々に対する総攻撃を開始したのである。ひとつにはおそらく、神々に関する伝統的な考えが彼の師の死に関与していたからだろう。数十年後には、プラトン自身の弟子のアリストテレスがオリュンポスの神々を空想的な作りごとと見なした。この二人の哲学者は、前六世紀にクセノパネスが行なったホメロスとヘシオドスへの批判をも含めた、先駆者たちの著作をふまえていた。しかし彼らは先人の仕事を――議論の深さでも、彼らの遺産が及ぼした影響でも――はるかに凌駕した。神々は今や、複雑な哲学体系のなかに位置づけられ、神聖な真理と人間の創造力の両面に関して定義された。プラトンとアリストテレスは、オリュンポスの神々のその後の歴史を根本的に形づくった。もっとも、彼らの議論は当初は、普通のギリシア人の神々の扱い方にほとんど影響を及ぼさなかった。

古典期アテナイの人々は、神々があらゆる種類の空想的な詩歌や眉唾物の話に登場することをもちろん知っていたが、そういう話は神格についての基本的な真実を明らかにするとも考えていた。詩人や芸術家はたとえば、ヘルメスが生まれたばかりの赤ん坊のときにアポロンの牛を盗んだと言った。そして、盗みを働いたり泥棒から守ってもらう段になると、実際に、祈りを捧げて御利益のある神はヘルメスであったから、詩人や芸術家の説明には明らかに一理あった。そしてどのようにアルテミスが自分を結婚させせないでと父ゼウスに頼んだかを詩人が描くと、これまたもっともらしく聞こえた。結婚式を挙げるとなればアルテミスを注意深く扱わなければならないことを、人々は実生活から知っていた。女の子はたいてい十四、五歳くらいで結婚し、婚礼の前にアルテミスに敬意を表わす儀式を行なった。普通は花嫁よりずっと年上だった新郎もそのとき、結婚生活の始めに新婦が女の子らしい大騒ぎを起こさないことを願って、この女神に特別な捧げ物をしたようだ。

プラトンとアリストテレスが世の優勢な意識を変えられなかったひとつの理由は、神々に対して厳密に文学的な取り組み方をしたことにあった。とくにプラトンは、もっぱら詩人たちの言葉に注目し、神話がどのようにして崇拝者たちの行為や感情から力を得るかを考慮しなかった。彼に関する限り、感情は意味がなかった。真実が大事であって、いったん真実が明らかになれば、調教師がライオンを統制するがごとく知性は感情を手なずけるだろう。もしくは、彼はそう思い込んだ。アリストテレスはもっと感情を重んじたが、それでもやはり、宗教的な信念や行為における感情の重要性を考慮するよりも、詩論の一部として感情を厳密に論じた。この二人の哲学者はこうした理知的な研究方法のせいで、世間一般の人々から遠ざかり、存命中に及ぼした影響も限られていた。オリュンポスの神々は虚構だという彼らの議論が広く世に受け入れられたのは、歴史の流れのなかで——キリスト教のせいで宗教的経験と異教文学に亀裂が生じた後——にすぎなかった。

ソクラテスが処刑されると、プラトンの非難の矛先は民衆による支配と、以前から民主政の手続きを愚弄して正気と思えない評決に従ったソクラテス自身にも向けられた。プラトンはその後の生涯を費やして、ソクラテスの死の数十年前に設定した対話篇を執筆し、師がアテナイの街角でさまざまな人々とたぶん交わしたであろう会話を再現した。彼の対話篇がどの程度まで歴史上のソクラテスを描き、どの程度までプラトン自身の考えを伝える経路になっているかを知るすべはないが、プラトンはいくつかのきわめて重大な点で——哲学だけではなく、人生の選択でも——師とは異なっていたようだ。たとえば言い伝えによると、プラトンはソクラテスの死後アテナイを去り、哲学者の英知に耳を傾けそれに従って統治するつもりのある支配者を探し求めて、はるかシチリア島やエジプトまで旅をしたようだ。アテナイに戻ると、故郷のポリスやその政治体制、詩歌、世に広く知れわたっている神観を非難し続けた。プラトンは、人々に囲まれながら街角で人々と議論を交わして生きるのではなく、独立した学校を設立し、そのアカデメイアは彼の死後、何百年間も栄えた。

プラトンの著作では、民主政はさまざまな声の非常に不愉快な不協和音であり、はびこる欲と欲のぶつかり合いである。彼の主著『国家』は民主政ポリスを、堕落が進んだ段階にある人間の魂の相似形として示している。民主的人間は自分の本能に従い、行き当たりばったりの快楽を享受し、気の向くままに考えや職を変え、知者による統治を含むあらゆる形態の権威を嫌う。そして詩歌とは結局、この堕落した生き物を補う完璧な補完物であることがわかる。詩は、人間の下等な衝動に訴えかけ、人を感情的で自分勝手で凶暴になるように仕向けるのである。プラトンは詩歌が提供する、娯楽と神学的洞察の混淆物に――より正確に言うと、詩人たちが十分な尊崇の念を払わずに神々を扱うことに――とりわけ異議を唱える。『国家』における詩歌への攻撃は実際、明らかにオリュンポスの神々の描写に集中しているのである。

神々に関して誤った堕落した風説を広めるホメロスとヘシオドスの詩篇は、自分の理想とする国に居場所がないことを、プラトンは明らかにしている。彼の弁によると、たとえばクロノスが自分の父親を去勢した顚末や、その後ゼウスがクロノスに取って代わった経緯を描くヘシオドスの描写は、危険な嘘である。彼の見解では、この話は暴力や暴動を招くものだ――そして市民は自分の欲望よりも公益をつねに優先させるべきだから、ヘシオドスの破壊的な『神統記』から市民を守るべきである[26]。プラトンに言わせれば、ホメロス叙事詩も同様に危険だった。たとえば、ヘラがゼウスを誘惑する話は好色を奨励するだけでなく、あからさまに不敬でもある。至高神が性行為に心を迷わされることなどありえないし、自分の寝室に戻りもせずイダ山のその場でヘラを犯しそうになるなどとんでもない[27]。アレスとアプロディテが寝床で罠にかけられる話も、同じくらいばかげている。プラトンがとくに反対するのは、話の最後の滑稽な結末部分である。神々は恋仲のこの二柱がヘパイストスの鎖の罠に裸のままかかっているのを眺めて笑うが、神々をそのようなものとして描くべきではないと彼は書いている。「ひとかどの立派な人間が笑いに打ち負かされるのを詩に描く人がいれば、それを受け入れてはならないし、まして神々となれば、なおさらのことだ[28]」。要するにプラトンにとって、神々は笑いごとではなく、自身を笑い物にするなどもってのほかだった。

プラトンは笑いと同様に、恐怖にも異議を唱える。神々がそんな強力な感情を引き起こすはずがない。彼の考えでは、詩人と同じくらい母親にも責任がある。

母親たちも、こうした人々の言うことを信じこんで、何か神々がいろいろと多くの異人の姿をして夜な夜な徘徊《はいかい》しているといったような、間違った物語を語り聞かせることによって、子供たちをこわがらせてはならない。神々を冒瀆《ぼうとく》しないために、同時にまた、子供たちを臆病者としないためにね。(29)

プラトンの詩歌攻撃の核心にあるのは、ソクラテス裁判のきっかけになったのとまったく同じ関心事、すなわち神々・ポリス・次世代である。ホメロスとヘシオドスが神々を描き、非合理なふるまいを助長するようなやり方をしたために、彼はこの二人を倦むことなく非難し続ける。実際、現代のある批評家が言うように、詩歌に対する彼の猛攻撃は、「伝統的なギリシアの多神教の全面的な拒否(30)」に等しい。

プラトンがその代わりに何を提案しているかが、多くの大部な学術書の主題となっている。実際、何世紀にもわたって、それが神学研究の唯一の主題であった。キリスト教徒のあいだでは、そしてのちにはイスラム教徒のあいだでも、「神」について考えることはプラトンについて詳述することにほかならなかった。そのせいで、神性についてのプラトン自身の見解と、プラトンの見解についての後代の理解とのあいだに明確な一線を引くことが、今日ではきわめて難しくなっている。つまり、プラトンとプラトン主義は区別が難しい。しかし少なくともオリュンポスの神々の歴史に関する限り、主要な点はかなり単純だと思われる。オリュンポスの神々についてのプラトンの見解が有力なのは、神性の真の本質に関する広範な議論の一部だからである。プラトンによれば、神性の真の本質は単一、完全なる善、不変、永遠である。プラトンの学説はキリスト教的に、そしていかにもイスラム教的に聞こえるかもしれないが、そのルーツは古典期アテナイにある。オリュンポスの神々は存在しないとか、神々とはこういうものだと人々が考えているのとは違うとか、至高の権力者は単一にして神聖、より高尚な知的存在者であるといったふうに、多くのさまざまな見解がこのポリスを通りぬけていった。真剣に語る者もいれば、ふざけて語る者もいた。状況に応じて考えを変える者もいれば、賛成論と反対論をいかようにも展開できるさまを誇示するために、わざわざ考えを変える者さえいた。プラトンはそんな混乱状態、二枚舌のすべてを嫌悪した。修辞学教師たちを嫌い、自分の意見を相手に理解させるために詩人に助けを求める彼らのやり方も嫌った。彼は見かけと状況に基づく議論が大嫌いだった。彼が求めたのは真理、揺らぐことのない不変の真理であった。

　プラトンにとって最も根本的な実体は、感覚によって知覚される世界ではなく、非物質的で抽象的で、知性で把握されるイデア——「神」のイデアのように単一で完璧なイデア——であった。プラトンによれば、物質的な実在はイデアを模倣し、詩歌は実在を模倣したのだから、詩歌は真実から二度、引き離されている。これが、プラトンが詩人に対して用いた議論のひとつであった。しかし彼の「ミメシス（模倣）」理論は、神々を文学に描かれたものとしてとくにうまく処理したわけではなかった。たとえば、ホメロスのアポロンが「何の」模倣かはわかりにくい。『イリアス』の冒頭でアポロンは「夜の闇の如くに」峰をくだったのに、いきなり身をかがめ、狙いをつけて矢を放つ[31]。アテナは『オデュッセイア』の冒頭で、テレマコスに話しかけるために異国から来た訪問者の姿を取っておきながら、「鳥の如く上方へ飛び立った[32]」。神話の怪物たちも似たような問題を引き起こした。怪物はオリュンポスの神々と密接なつながりがあったし、実際にしばしば神々の先祖か末裔であった。ケンタウロスやセイレンやミノタウロス、そして多頭のテュポンのような怪物たちは、実体を模倣しているのだろうか？ もしそうだとすれば、模倣がうまくいかなかったのだ。

神々と怪物が自分の文学理論にさほどうまくあてはまるわけではないことを、プラトン自身が認めていた。対話篇の一篇でプラトンは、この話題についてソクラテスとパイドロスという名の青年が交わしたとされる会話を伝える。二人で散歩していた折に青年は、風の神ボレアスはかつて本当に少女を略奪したのか、とソクラテスに質問した。するとソクラテスはこう答えた、神話はたぶん実体の想像力に富んだ模倣と見なせる。もしかすると昔、一陣の風がある少女を崖から突き落としたのを、その子はボレアスに誘拐されたのだと人々は説明したのかもしれない。しかし、ソクラテスは明らかにこの論法に満足していない。「パイドロス、ぼくの考えを言うと、こういった説明の仕方は、たしかに面白いにはちがいないだろうけれど、ただ、よほど才知にたけて労をいとわぬ人でなければやれないことだし、それに、こんなことをする人は、あまり仕合せでもないと思うよ。なぜかというと、ほかでもないが、その人はつぎにヒポケンタウロスの姿を納得の行く形に修正しなければならないことになるし、さらにおつぎはキマイラの姿を、ということになる。さらにはまた、これと似たようなゴルゴンやペガソスたちの群、そしてまだほかにも不可思議な、妖怪めいたやからどもが大挙して押しよせてくるのだ。もし誰かがこれらの怪物たちのことをそのまま信じないで、その一つ一つをもっともらしい理くつに合うように、こじつけようとしてみたまえ！　さぞかしその人は、なにか強引な知恵をふりしぼらなければならないために、たくさんの暇を必要とすることだろう[33]」。

問題は、人々がどのようにして神話上の怪物を思いついたかを解き明かすことにあるのではなかった。怪物の構成要素はだいたい突きとめやすい。つまりケンタウロスは半身が馬で、半身は人間だし、キマイラは、少なくともホメロスの有益な説明によると、頭がライオン、尻尾が蛇、胴体が山羊だった[34]。ゴルゴンは髪が蛇の女、ペガソスは有翼の馬だ。しかし怪物たちはなぜ、そして何のために、こん

7. テュポンのような合成型の神話的怪物はプラトンの模倣理論に疑義を投げかけた。構成する各要素はたいてい、それとわかる（たとえば古代の陶器から取られたこの図柄ではテュポンは蛇の足と鳥の羽を誇示している）が、合成された全体は現実をそのまま模倣しているわけではなかった。

なふうに組み合わされたのか？　構成要素だけでは作り方の説明にはならないし、怪物の描写はいずれにせよ、詩によって、像によって、さまざまだった。

怪物についてはもちろん、伝統的な説明があった。ゼウスの統治の前のカオスの時代に生じたか、あるいは神々の不釣り合いな性交の結果だというものである。たとえばアポロンに殺された怪物ピュトンは、「大地」女神から生まれ、ペガソスはゴルゴン三姉妹のひとりメドゥサと海神ポセイドンのあいだに生まれた息子であった。そしてプラトンは、知的エリート層に流布していた神々と怪物に関する合理主義的な説明――ソクラテスが『パイドロス』でからかう、かなり歯切れの悪い類の説明――も熟知していた。パライパトスという人の書いた便覧を見ると、こういうことを真面目に論じるとどんな感じに映るかがわかる。この便覧はいくつかの神話の簡潔な要約を含み、各話のあとには「信じられない話だ」という言葉と、その話の退屈な異伝が続く。ベレロポンはキマイラと呼ばれる怪物を殺したのではなく、リュキアにあるキマイラ山で一緒に住んでいた一匹の蛇と一頭のライオンを殺したというのだ。同様に、オデュッセウスはスキュッラという名の怪物を見たことなどなかったどころか、犬のような怪物じみた絵が描かれた、スキュッラ号という船に乗った海賊団に襲われたのである。

プラトンのソクラテスは、こういう諸伝承のあいだを慎重に、かつ魅惑的に立ち回る。そしてある話形を受け入れるのでもなく、かといって自身の説明も提案しようとしない。それどころか、彼は質問全体を回避するのである。

だがこのぼくには、とてもそんなことに使う暇はないのだよ。なぜかというと、君、それはこういうわけなのだ。ぼくは、あのデルポイの社の銘が命じている、われみずからを知るということがいまだにできないでいる。それならば、この肝心の事柄についてまだ無知でありながら、自分に関係のないさまざまのことについて考えをめぐらすのは笑止千万ではないかと、こうぼくには思われるのだ。だからこそぼくは、そうしたことにかかずらうことをきっぱりと止め、それについては一般に認められているところをそのまま信じることにして、いま言ったように、そういう事柄にではなく、ぼく自身に対して考察を向けるのだ、——はたして自分は、テュポンよりもさらに複雑怪奇でさらに傲慢狂暴な一匹のけだものなのか、それとも、もっと隠和で単純な生きものであって、いくらかでも神に似たところのある、テュポンとは反対の性質を生まれつき分け与えられているのか、とね[35]」。

ソクラテスは怪物の話をする「暇はとてもない」と主張するが、最後にはテュポンに対する自分自身の解釈を示し、この生き物はソクラテス自身の魂のイメージとして、もっと正確に言えば、魂の最も獣的な部分のイメージとして、寓意的に表わされる。この神話的怪物は比喩表現になる。神的なものを唯一共有する知性によって飼い馴らされるべき、魂の一部分を表わすのである。プラトンは明らかに、詩的創作物がすべて悪いわけではなく、哲学的著作を生き生きとしたものにするのに使える作り話もあると考えている。

プラトンはしばしば、自分の論点を説明するために、伝統的な話を作り直して翻案する。たとえば『パイドロス』の別の個所で彼は魂を、二頭の有翼の馬を御する馭者になぞらえる——ペガソスの背にまたがって天に昇ろうとし、傲慢さゆえに罰せられたベレロポンの物語をモデルにしたイメージである。この恐ろしい神話もプラトンの手にかかると精神を高揚させる物語に変わり、二頭の有翼馬のうち一頭は暴れ馬で御者を大地に引きずりおろそうとするが、もう一方の良馬は、めざす場所である天へと魂を引き上げると説明される。魂は旅のあいだに、「宴会に出て飲み食いしているさいちゅうの」十二神を見る機会がある。ホメロス叙事詩のさまざまな場面を反映する光景である。だが『パイドロス』の神々は、あまりにも誤りを犯しやすいホメロスの神々と違って、善良で忠実だ。魂は神々が嫉妬を感じることなく、イデアというさらに高度な領域を切望してもいることを見いだす。「神々は最高天のほうに急上昇しながら、飲み食いする」(36)のである。ホメロスでは神々の娯楽であったものが、プラトンでは天への上昇の場面になるのである。

したがって、詩歌についてプラトンが問題にしているのは、詩人たちが実体から遠く離れたところにいること——模倣を模倣していること——だけでなく、そのことに何の責任感もないことなのだ。彼は『国家』を含めた多くの著作で、伝統的詩歌は有益な哲学的神話に取って代わられるべきだと主張する。この文化革命の試みは広い範囲にわたっている。たとえば音楽では、一定の音階しか許可すべきでない。心に安らぎを呼び覚ます音階か、戦争で心を奮い立たせる音階である。感傷的な曲や蠱惑的な曲、もの悲しい曲は一切禁止すべきだ。同様に詩人は、勇敢で穏やかで謙虚な人物だけを描くべきである。「病気や恋愛や酩酊や不運」の、つまりまさに神々が広く人間に与えた、すぐれた文学を生み出す災いの描写はご法度であった。

プラトンの規定ほど、詩歌の神々のイメージとかけ離れたものはないだろう。たとえばエウリピデスは、断片だけが残っている劇でベレロポンの物語を翻案しているが、私たちの魂を高揚させるよりむしろ気を滅入らせるものになっている。話のすじは単純だ。ベレロポンは、悪人が栄える一方で敬虔な人たちがどうしようもなく苦しんでいることに気づく。彼は神々の存在を疑い始め、神々が実在するのか、人間の正義を望んでいるのかを確かめようと、ペガソスに飛び乗ってオリュンポスまで飛んでいき、最後は狂気と破滅への転落に終わる。エウリピデスの劇は表面上、ばかげている。『ヘラクレス』でもそうだったが、彼は神話的な登場人物を、逆説的に、自分自身の神話の真実を疑う者として描く（神々が存在しない可能性を調べるために、ベレロポンがポセイドンを父に持つ有翼馬を用いたせいで、矛盾が露呈する）。この神話の扱い方以上に特筆すべきなのが、エウリピデスの劇にわかりやすい教訓が欠けていることである。ベレロポンの本来の物語は、傲慢がもたらす危険への警告であり、この英雄は人間の限界を克服しようとして神々から罰を受ける。プラトンの語り直しはこの神話を、道徳的願望と神の知性を表現する希望にあふれた寓意に変える。だがエウリピデスでは、ベレロポンの物語は洞察を一切もたらさない。英雄は善良な人々の苦しみを目にして、知識と正義を求めて有翼馬に乗って探求に出発し、次にどういうわけか落下するのだ。

プラトンとエウリピデスを調和させるのは無理なようだが、この二人が同席できる余地を、その幅広い洞察力のうちにどうにか見いだした人物がひとりいた。アリストテレスは、プラトンと同様に、神々の伝統的な描写は信じがたいと考えた。しかし師とは違って、詩歌はそれでも感情面でも知性面でも有益であり、それは哲学者をも含め万人に当てはまると論じた。アリストテレスは詩人たちを改心させせようとも、新しい哲学理論を説明するために詩歌を翻案すべきだと提案もしなかった。それどころか、詩歌は種類ごとに特定の機能を有すると主張したのだった。彼は『詩学』で、悲劇の目的は「あわれみとおそれを通じて、そのような感情の浄化（カタルシス）を達成する」[37]ことであると論じる。アリストテレスによると、エウリピデスの劇を見に行った聴衆は、ベレロポンに共感し、人間の苦悩に対する彼の憐憫を経験し、神々は存在しないとか正義を気にかけないかもしれないという彼の恐れを経験する。そして帰宅し、平和な生活を再開するのである。詩歌は、感情を解放することでのみならず、日常生活から離れ劇場という自己完結した環境で人間の条件一般を考えることでもまた、役に立つのである。アリストテレスは、詩歌は歴史以上に哲学的で、精神へのより広い展望を切り開くのだと強調する。詩歌は「すでに起こったことを語ることではなく、起こりうることを、すなわち、ありそうな仕方で、あるいは必然的な仕方で起こる可能性のあること」[38]を語るのである。

この詩歌観は、プラトンが詩歌をたんに模倣の模倣にすぎないとしてしりぞけたのに比べると、はるかに寛大である。それでも、プラトンの場合と同様に、アリストテレスの文学理論もオリュンポスの神々の扱いには大いに苦慮している。とりわけ叙事詩における神々の描写が、蓋然性にも必然性にも束縛されていないように見えるからである。アリストテレスはこの問題への解答を模索して、「詩作の技術における正しさ」は政治学や芸術のような他の分野における正しさと同じではない、と断言する。[39]個々の試みは、試みそのものの目的に従って判断する必要がある――そして、もし詩歌の目的が情動効果であるならば、それを達成するために詩人は神々を、とうてい本当とは思えないやり方で描こうが、どんなことをしてもよいのだ。ホメロス叙事詩の信じがたさは、「驚き」の追求から生じたものとして、正当と見なされる。[40]だから、普通の人間に見えたアテナが次には鳥の姿に変わって飛び去ることができるし、ポセイドンは山から三歩で降りて地震を起こすことができる。実際、そんなぞくぞくする感じは叙事詩独特のものである（劇は叙事詩に太刀打ちできず、劇では神々は舞台上の規則に縛られている。「機械仕掛けの神《デウス・エクス・マキナ》」ですら、不格好なからくり装置からぶら下がっているひとりの俳優にすぎない）。要するにホメロスの神々は、文学にしかできないことを明らかにする。すなわち想像上の人物となり、後世の詩人や作家にとって、なくてはならない範例になるのである。

アリストテレスの弟子たちは師の理論を、系統的なファイリング・システムによって忠実に整理した。このシステムではきちんと箱にラベルが貼られ、現実性には「真実」というラベルが、事実に基づく真実の記録には「歴史」というラベルが、もっともらしいものには「虚構」というラベルが、そして最後に、神話と想像力には「神話・空想」というラベルがついていた。アリストテレスの理論では、オリュンポスの神々はこの最後の範疇に属した。神々は、（トゥキュディデスが確立した）まともな歴史書でも、実生活を模したもっともらしい小説でも、主役ではなかったのである。神々は空想上のものであった。古代には、こういう類の主張はかなり論争的に聞こえた。プラトンは詩歌における神々の描写法を非難したとき、たんに文学批評への関心でしたのではなかった。神格の通俗的観念を解体したかったのである。アリストテレスは、文学の神々とは情動効果を有するという理由によってのみ許される空想の飛躍であると述べたとき、文学と人生のつながりに関わる、情動効果の源泉を認識していなかった。人々は、儀礼の経験と結びついているがゆえに叙事詩の神々に納得するのだ。哲学上の数々の差異は、オリュンポスの神々を扱う際には役に立たなかった。カテゴリーとラベルがたえず混合されたからである。皮肉なことにこの点に関しては、アリストテレスの最も有名な弟子が最悪の反則者のひとりになる。真実と虚構と歴史と神話のすべてが、アレクサンドロス大王の偉業のなかに収束した。そしてオリュンポスの神々は、彼が創造した新しい世界で繁栄し、自らの経験範囲を広げ、さらに新しい個性と力を獲得することになる。

第三部　旅——ヘレニズム期のエジプト

ドナウ川からインダス川まで、ヒマラヤ山脈からサハラ砂漠まで、アレクサンドロス大王はたった十年あまり（前三三四―前三二三年）で巨大な帝国を獲得した。故郷から離れれば離れるほど、彼は慣れ親しんだ神々について、そしてどうしたら神々の偉業をまねてさらにしのぐことができるかについて考え続けた。ディオニュソスのいた所を見つけて、もっと遠くまで旅をしたかった。そしてヘラクレス以上の偉業を達成しようと決意した。アレクサンドロスは新しい土地を征服すると、たちまち自身への見方を改め、オリュンポスの神々もともに変化した。彼が自分は神だと考え始めたように――これはある程度は、ファラオと呼ばれる君主たちを生き神と見なしたエジプトを征服したせいだ――、神々のほうも彼の人間としての経験に近づいたように感じ始めた。オリュンポス神族についての支配的な観念には、バビロニアの神観も影響を及ぼした。アレクサンドロス大王の通った後には、ギリシア神話と東方の星の伝承が混じりあって占星術が盛んになり、オリュンポスの神々はこの時期に惑星と体系的に同一視された。

こういったあらゆる変化の渦中で、ギリシア文化の起源を調査し保存しなければならないと感じた人々がいた。下エジプトのアレクサンドリアの図書館では、学匠詩人たちが初期ギリシアの祭儀に関する情報を収集し、ホメロスとヘシオドスの詩篇の校訂や、高度に学究的な独自の詩形態を抽出し始めた。このヘレニズム文化は、アレクサンドロス大王が征服した土地全体に広まった。そういうわけで、たんに祭儀や生け贄や実演によってのみならず、読書によってもオリュンポスの神々について知ることができるようになった。

7　ディオニュソスよりも遠くへ

前三二六年、アレクサンドロス大王は現在のパンジャーブ地方東部にあるヒュダスペス河畔で、インド人の支配者ポロスを破った。戦いののち、大王は対岸から東へ広がる地帯をゆっくり調査した。そこは美しく地味が肥えていてすばらしいと彼には思われた。たくさんの象がいるのも目についた。それまでに征服した土地のどこで見たよりも多かった。アレクサンドロスは、川を渡って征服を続け、ガンジス川めざしてインドの奥へ進んでいきたいという、強い欲望に駆られた。しかし彼の軍の考えは違っていた。軍は過酷な行軍にも、休みなく続く交戦にも、気の滅入るモンスーンの雨にも、悪性の病気にも、望郷の念にも、未知なるものへの膨れあがっていく恐怖心にも耐えてきた。だから帰途につきたかったのだ。アレクサンドロスは自軍の反抗的な意見に憤激した。毅然とした演説をすると、そのまま陣幕に引きこもった。三日ほどのちに出てきた彼は、思いがけない命令を下した。部下たちは川を渡らずに、ヒュダスペス川の西岸にオリュンポス十二神の祭壇を建設することになったのである。その後、軍は南下と長い行軍を始めることになった。まずインダス川沿いに、次いでバビロンをめざして西進し、最終的にまだまだ遠いが、はるか故郷マケドニアまで戻ることになった（一〇四ページの地図参照）。

アレクサンドロスがヒュダスペス川の向こうへ乗り出すことはついになかった。そして古代の資料によると、それが彼の最初の「敗北」であり、彼の意志が妨害されたのはこの時が初めてだった。そこで止まったのは反乱に直面したためだが、あるいはひょっとすると別の思惑も心にあったのかもしれない。明らかにどこかで引き返さなくてはならなかったし、ヒュダスペス川は帝国のすばらしい自然の境

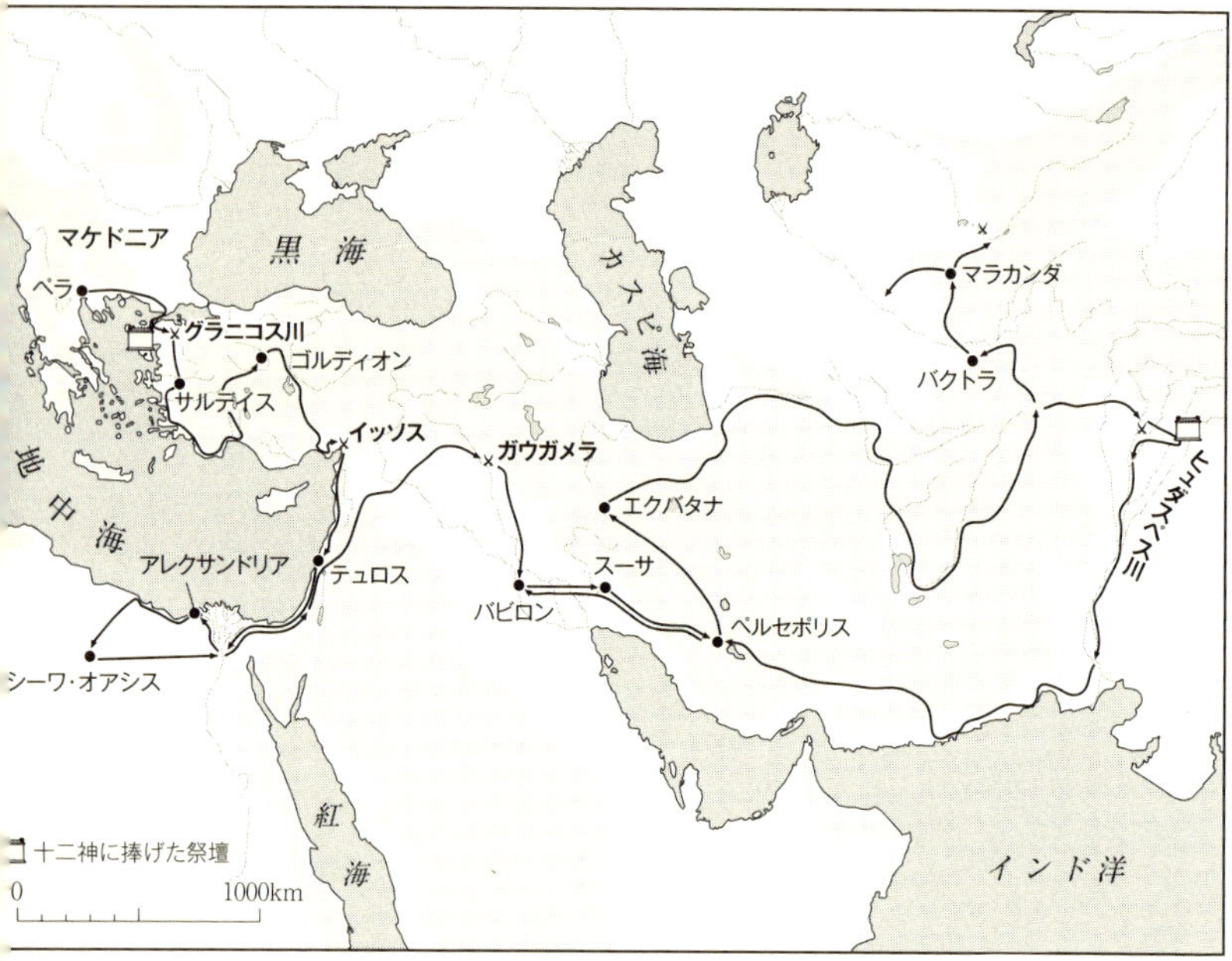

8. アレクサンドロスの旅：ヘレスポントスとヒュダスペス川のオリュンポス十二神への祭壇は、彼のアジア遠征の限界点を示した。

界となった。この川は彼の戦役の完璧な象徴でもあった。ペルシア人打倒に着手したアレクサンドロスは、今や、ペルシアがかつて占領した土地の東の端まで達したのだった。ペルシア人も最大版図はこの川に達している。とはいえ、アレクサンドロスに負けるまでに、その地域の支配をすでに失ってはいたが。アレクサンドロスの正確な動機が何であれ、どの資料もある些細な点で一致している。彼が帰途につく前に最後にしたのが、オリュンポスの十二神への祭壇の建設だったことである[1]。

　アレクサンドロスの意思表示は、戦役の始まりとそっくりだった。彼はギリシアからアジアへ渡ったことを記念するために、ヘレスポントス〔エーゲ海とマルマラ海を結ぶダーダネルス海峡〕で、同じように十二神に祭壇を奉納していた。戦役の始めと終わりはこれら二つの記念碑的な建造物にはさまれているのだった。祭壇はアレクサンドロスを、とくに「ギリシア人の」アジア征服者として示した。なぜなら十二神の殿堂を崇拝する人々こそがギリシア人だったからである。[2] ヒュダスペス川のほとりの祭壇は、遠征のあいだ中ずっと援助してくれた神々への感謝と称賛を示す、彼なりの方法——輝く緑の平原と多くの人の住む村のあるインド亜大陸の美しい眺めを、オリュンポス神族に楽しんでもらおうという——と見なすことができる。しかし、アレクサンドロスがオリュンポスの神々に及ぼした大きな影響は、地理上の地平を押し広げるだけにとどまらなかった。彼は、とりわけ、神々と非常に近い関係を築くことで、神々の個性も変えた。すなわち神々は彼にとって、他人行儀な神格というよりは、身内で競争相手でもあったのだ。そこで、神々に何が起こったかを理解するには、一歩下がってアレクサンドロスの人生を考察し、マケドニア王国での彼自身の最初の足取りから始める必要がある。

　アレクサンドロスは前三五六年七月に、ギリシアの北にありギリシア語を話すマケドニア王国の首都ペラで生まれた。母は北部ギリシアのモロッソイ族の王女オリュンピアス、父はマケドニア王ピリッポス二世であった。王はアレクサンドロスにできる限り最高のギリシア風の教育を施し、この少年の師傅《しふ》としてアリストテレスを雇いもした。息子の教育の他の最も重要な側面もじきじきに監督し、幼いアレクサンドロスを人生のごく初期から権力の行使に関与させた。たとえばビュザンティオンに対する軍事行動に出かけた際には、十六歳の息子に王国全体の責任を任せている（もっとも、有能な助言者たちを周囲に配置したが）。アレクサンドロスはトラキアへの遠征に乗り出す機会も与えられ、その折に軍事植民地を築いた。また、ピリッポスがカイロネイアの戦いでギリシア連合軍を打ち破ったときには、十八歳の若さで騎兵隊の左翼を指揮した。だが、この親密な父子関係は、ピリッポスがオリュンピアスを離縁し、アレクサンドロスともどもモロッソイ人のもとに送り返したことで、突然終わった。ピリッポスはオリュンピアスの後釜に別のマケドニア女性を娶った。新妻はすぐに懐妊し、結局、一女一男を産んだ。並外れて野心の強いアレクサンドロスは、自分の未来の王位を一撃で否定できる父を憎んだに違いない。それでも、如才ない人々の仲裁で、ピリッポスとオリュンピアスはともかくも和解し、アレクサンドロスと母は、追放から一年も経たないうちにマケドニアに戻った。それでも関係は依然としてぎくしゃくしていた。

野心的な妻と息子が戻ってきたため、ピリッポスは自分の優位と支配力を発揮する必要を感じたようだ。たとえばアレクサンドロスの妹の結婚式では、オリュンポス神族の十二体の像の隣に自分の彫像を展示し、自分も神々の数のうちに入っているとほのめかした。とはいえ皮肉なことに、その結婚式で最大の見ものになったのは、彼の死すべき人間の性《さが》であった。アイガイ〔マケドニア王国の古都。現ヴェルギナ〕の劇場で催された婚礼披露宴の最中、彼は白昼に刺殺されたのである。オリュンピアスとアレクサンドロスがこの暗殺の背後にいた可能性は十分ある。アレクサンドロスは、父親暗殺の手はずをつけたにしろ、つけなかったにしろ、ピリッポスに対する陰謀を企んだことがあったとされたことを根拠に、マケドニア貴族階級の多くを粛清する機会ととらえ、潜在的な敵をとりのぞいた。しかるのち、はるばるドナウ川まで北征し、背後を固めてからギリシアへ南下した。

ピリッポスはカイロネイアの戦いで勝利したのち、その地域でマケドニアにとって非常に有利な形で外交関係を結んでいた。前四〇四年に解散されたデロス同盟にならって、ギリシアの諸ポリス間との同盟関係を促進したのである。新しい同盟のほうは、表向きはペルシア人に対抗する新しい協定だったが、実際には、ギリシアとアジアでマケドニア帝国が飛躍するための跳躍台として意図された。ピリッポスには、弁論家のイソクラテスというアテナイ人の助言者がおり、彼が王に歴史上の前例に基づく有益な視点を授けたに違いない。この二人が友好関係にあったことはアテナイで大論争を引きおこした。とりわけデモステネスは、マケドニア王を援助者ではなく征服者と見なし、ピリッポスとのどんな形の協力関係にも反対するよう強く論じた。しかしアテナイ人は、議論や侮辱的言動を交わしあいながらも、もはや自分たちに影響力がないという単純な一事が呑み込めていなかった。権力はとっくによそに移ってしまっていたのである。

アレクサンドロスは父の死後、対ペルシア同盟の総司令官として後を継いだが、テーバイが抵抗した。アレクサンドロスの反応は結局、彼の典型的なやり方となった。テーバイを完全に破壊して男性住民をみな殺しにし、女性と子供を全員奴隷として売り払ったのである。古代の資料によると、彼は同時に詩歌と神々を称える好機を利用したのであり、その地の神官たちとテーバイ最高の詩人ピンダロスの子孫の命だけは助け、ピンダロスの家だけを焼かずに残したと伝えられる。これが事実に基づく正確な話であろうとなかろうと（住民の根絶は古代には労働集約的であった）、アレクサンドロスの名声について重要なことがここからわかる。彼は残酷だったが、多芸多才でもあったのだ。大量虐殺に手を染めると同時に、神を敬い詩を愛しているふりもできた。こうしてお膝元の問題を解決したのち、アレクサンドロスはギリシアとマケドニア人の分遣隊を率いてヘレスポントスを渡り、ペルシア領に入る。彼は戦いの個人的理由を示した。父の暗殺の背後にいるペルシア人に仇討しなければならない、と主張したのである。(3) 同時に、ピリッポスと同じく自分の作戦を、ギリシア人の神殿を冒瀆した廉でペルシア人を罰する報復戦争として示した。アレクサンドロスが一連の軍事行動の開始にあたって築いた十二神への祭壇は、多くの点で正式な宣戦布告だったのである。

前三三四年にトルコのグラニコス川付近での決戦で勝利すると、アレクサンドロスはアテナ女神への奉納物として、ペルシア人の甲冑と武器類をアテナイに送った。この贈物には「ピリッポスの子アレクサンドロスおよびラケダイモン人をのぞくギリシア人たち、アジアなる夷狄より獲得せしもの」(4)という刻文が添えられた。これが何の象徴かは明らかだ。ペルシア人がアテナイのアクロポリスに火を放った前四八〇年から百五十年後のいま、アレクサンドロスがペルシア人から略奪した品々をパルテノン神殿に納めるべく送ったのである。ラケダイモン人つまりスパルタ人は、アレクサンドロスの遠征に参加しなかったために警告を受けた。一方アレクサンドロスは、自身をギリシア人とその神々の偉大な復讐者として提示したが、別の立場でも行動し始めた。ペルシアの州都サルデイスの支配を固めると、そこから南下を続け、シリアとレバントの大部分を手中におさめた。テュロスが反抗すると、アレクサンドロスの名高い反応がまたもや恐怖を引きおこした。都市は占領され成人男子全員が磔刑にされ、女性と子供は奴隷として売られた。ガザでも同様に男を全員斬り殺し、残りの住民をすべて奴隷にしたと伝えられる。エルサレムでは、彼の評判がもう知れわたっていたので、これまでとは違う出迎えを受けた。人々はただちに城門を開き、「ダニエル書」に到来が預言された「神」の選びたもうた救世主が、ついに現われたらしいと言ったのである。アレクサンドロスはこの歓待が気に入り、エルサレムを攻撃せずに南に転進してエジプトに入った。そこでもまた、ペルシアの支配からの解放者として歓迎された。

エジプト人最後のファラオであるネクタネボ二世は、前三四二年に首都メンフィスを放棄して、ペルシア人に王国を譲渡していた。アレクサンドロスはそのわずか十年後に到着し、古都メンフィスに向けてナイル川を船で上っていくにつれて、救世主として歓迎を受けた。すぐに王宮に落ち着いたが、メンフィスの神官たちが彼を新しいファラオとして認めた可能性がある。本当に認めたとすれば、エジプト人はアレクサンドロスを神と見なすようになったのであろう。その地の神話によると、太陽神アメンは各ファラオの妻を訪ねて、王国の新しい支配者の子種を授けた。したがってファラオは全員が神であった。これがどこまでアレクサンドロスに説明されたかはわからないが、彼はこの頃、自分のアイデンティティについて真剣に考え始め、ピリッポスの息子と見なすだけでは飽き足りなくなっていたようだ。桁外れの成功を説明し正当化するのに役立つ、もっとすぐれた父親が必要だったのである。

メンフィスの支配を固めたのち、アレクサンドロスは船でナイル川を下り、デルタ地帯を調査した。アレクサンドロスの遠征に関して最も信頼できる古代の典拠であるアッリアノスによると、アレクサンドロスはデルタ地帯の西端に気に入った場所を見つけた。「その場所は、町を建設するのにもってこいの適地であって、そこに建設された町は将来、きっと繁栄におもむくだろうと思われた。そして実際この事業を起こそうという願望が彼をとらえたのである。彼は自分でも、市場《アゴラ》は町のどのあたりに設けるべきか、神殿はいくつ程、それもどんな神神のための神殿を建立すべきか――そのうちにはギリシアの神神にささげられるのもいくつかあったし、エジプトのイシス女神を祀る神殿もあった――、それにまた町をぐるりと囲むことになる周壁は、どのあたりに築いたらよいかなど、新しい町のためにみずから設計の図面を引くなどしたのである[5]」。当のこの都市はアレクサンドリアと命名されることになり、遠からず地中海の文化的中心地になる。

この頃までのアレクサンドロスの前進の特徴は、残忍さと迅速さと先見の明がきわめて効果的に組み合わさっていたことだった。彼の行動はすべて、自ら設定した軍事的・政治的目標を達成するためにみごとに調整されていた。ところが、アレクサンドリアの基礎を築いた直後の彼の行動は、それまでに比べると奇妙な、そして私の考えでは興味深いものだった。少人数の同行者を選び、駱駝《らくだ》で西に向かい、しかるのち南下してリビア砂漠に入り、シーワ・オアシスのアメン神の神託所をめざしたのである。サハラ砂漠を越える旅は困難だった。岩塩の採れる平原と何百マイルもの岩石と砂が交互に現われた。水もすべて運ばなければならなかった。頻繁に起こる砂あらしで景色が一変することもあれば、あまりの暑さに、夜間、月光のもとでしか旅を進められないこともあった。アレクサンドロスの一行はその旅を乗り切ったものの、ぎりぎりのことだった。嵐に遭ったために四日間を無駄にし、あやうく水が尽きるところだったのだ。アレクサンドロスの旅についての古代の数々の記述は、どこまでも広がる砂塵や恐怖心、いたるところを這いまわる蛇の、生き生きとした印象を伝える。カラスについての言及もあり、こちらはより期待の持てるしるしだった。鳥はオアシスへの道を知っているからである。アレクサンドロスの道案内人たちは、たぶんカラスの飛ぶ後を追いかけていったのであろう。

古代世界では、アメン神の神託に非常に厚い信頼が寄せられていた。エジプト人とリュビア人はこの神託を尊んだ。アフリカに移住したギリシア人は、アメン――ギリシア人の呼び方ではアンモン――の神託はまさにデルポイにおけるアポロンの神託ほど信頼できるといううわさを広めたうえさらに、「アンモン」はたんにゼウスの別名にすぎないと宣言した。アレクサンドロスが帝位要求権を高めるためにこの神託を利用しようと決めたのは、驚くべきことではないかもしれない。さらに興味深いのは、生命を危険にさらしてまで自らシーワに足を運ぶと決意したことである。歴代のファラオの通例どおりに、神託を伺うために代理の使節団を派遣することもできたが、彼は明らかに個人的な使命を負っており、我が手でそれを支配したかったのだ。

助言を求める巡礼者たちはシーワに到着すると、たいていは、考えられる二つの可能性を具体的に記して神託所に質問を提出した。二つの可能性をそれぞれ陶片に書き、聖なる中庭に少し離して置いた。次に、神官たちは金色の船のなかでアメン神の像を高々と持ち上げ、いつのまにか、船自体の重みと明らかな衝撃によっていずれか片方に傾く。神の「うなずきとしるし」は、二つの陶片の一方に書かれた答えを示すのだ。要人が訪れた場合には、公開の儀式の代わりに、小さな至聖所にいる神官に個人的に訊ねられたようだ。すると神官が外に出て船のなかのアメン神の動きを観察し、答えを持ち帰る。アレクサンドロスはおそらくこの非公開の手続きに頼ったことだろう。というのは、彼は相談ののち、当初は神託の結果に満足しているとしか言わなかったからだ。人々は当然、シーワで何が起こったか憶測し、あるうわさが繰り返されるようになった。アメン神はアレクサンドロスが正真正銘のわが子だと認めたというのである。

このうわさはエジプト人にとっては、もちろん大いにうなずけるものだったろう。どのファラオもみなアメンの息子だったからである。だがエジプト人以外の人々には、アレクサンドロスの父親が神だという示唆はばかげたものに思われた。ギリシアの英雄のなかには親が神であることを誇る者ももちろんいたが、神々が人間と自由に交わる時代は過ぎ去って久しく、ヘラクレスやアキレウスははるか遠い昔の英雄だった。ギリシアとマケドニアの貴族の一族はときに、先祖は神だと主張したが、ゼウスがこっそり自分の家に入り込んできて、ただちに自分の妻を妊娠させた可能性など容認できなかったであろう。アレクサンドロスは生命の基本的事実について少し頭がおかしいといううわさが広まり始めた。諺にいう愚か者のマルギテスのように彼は両親がどうやって自分を作ったかも知らない、とギリシア人は遠回しに言った[6]。

アレクサンドロスの神性の問題は、宿敵であるペルシア人の大王ダレイオス三世が大敗を喫すると、さらに多くの議論を引き起こした。アレクサンドロスは、現在のイラクにあるガウガメラの戦いで彼を打ち負かした。ペルシア王は山を越えて逃亡し、アレクサンドロスは帝国の主要な王宮のあるバビロン、スーサ、ペルセポリス、パサルガダエに進んだ。バビロンは抵抗を示さず、アレクサンドロスを新しい支配者として迎え入れた[7]。アレクサンドロスはバビロンからスーサまで進軍すると、ペルシア帝国の祭儀のための都ペルセポリスに侵入した。この時点でギリシア人からなる軍を解散させ、最も信頼できる腹心のマケドニア人の軍人だけを伴って進んだ。偶然にも、彼がみずからペルシア王を殺す必要はなくなった。ダレイオス自身の血縁者でバクトリアの太守であるベッソスが片づけてくれたのである。

アレクサンドロスは即座にこの暗殺を、彼だけが知っているやり方で利用した。マケドニア王ピリッポスが殺された際、アレクサンドロスはそれにかこつけてマケドニアの貴族階級を粛清し、次にペルシア人を攻撃した。今度は、ペルシアの大義を引き受けて大王の仇を討つつもりだと宣言する。ダレイオス三世の葬儀を荘厳に執り行ない、とりわけベッソスをすみやかに処刑することで、反抗的な太守たちにはっきりと警告を与えた。アレクサンドロスはこのとき、大王ダレイオス三世の忠実な、神に任じられた後継者としてふるまった。しかしながら、アレクサンドロスが考えと言葉遣いを一変させたため、さまざまな支障が生じ、とくにマケドニア人からなる軍に説明しなければならないときには厄介なことになった。それまでペルシア王相手に戦ってきたのに、気がつくといきなりその死を悼むことになったのだから、みな仰天したのだ。彼らは、宗教に関する不平不満を大声で述べることで怒りをあらわにした。ペルシア人は敬意を表わす行為のひとつとして、伝統的に大王の前で跪拝《きはい》の礼を行なった。しかしマケドニア人はこの儀礼を崇拝の行為として再解釈し、アレクサンドロスに対してするのを拒んだ。兵士たちは、アレクサンドロスの従軍歴史家でアリストテレスの姪の子にあたるカッリステネスに導かれて、自分たちの考えとしてはアレクサンドロスは神ではないと表明した。

アレクサンドロス大王にとっては、昔からの敵との和解よりも、新しい敵を倒すほうが簡単だった。そういうわけで前三二七年に、最も印象的な異文化への戦役となるものに出発した。目的はインドのガンダーラ地域の制圧だった。アレクサンドロスは故郷からどんどん遠くに進軍するにつれて、これから征服しようとしているさまざまな民族や土地をひとつに結びつける神話について考えた。アレクサンドロスの心にとくにあったのがディオニュソス神だった。この神はなじみ深い神であるし、母オリュンピアスのお気に入りでもあり、東方生まれであることも知られていた。アフガニスタン、パキスタン、パンジャーブと進んでいくにつれて、アレクサンドロスと兵士たちは、ディオニュソス自身の旅のしるしが見られるという期待でふくらみ、実際にそれを見つけもした。たとえばアフガニスタンの山のなかでは、いくつかの埋葬用の石の山が蔦《つた》ですっぽりおおわれているのを見て、この石の山は支配領域を示すために神自身が領地に建てた境界石だと、アレクサンドロスは自信満々で断言した。(8) それに巻きついている蔦は、周知のように、ディオニュソスにとって神聖な植物だ。アレクサンドロスと随行者らは、神が通ったと思われる行程をはっきりさせるために、蔦がどこに生えているかを注意深く書き留めた。ディオニュソスの蔦を見つけたおかげで、まったく未知だった風景と状況がなじみ深いものに変わった。実際、アレクサンドロスと軍勢は遠くに進めば進むほど、なじみ深い神々にますます熱心に注目したようだ。パンジャーブに入ると、蔦がクナール川の東の丘陵の木々をすっぽりとおおっていることに気づき、調査のために部隊が派遣された。丘を登ったところに、彼らは地上の自然の楽園を見いだした。陽光が燦々と降り注ぐ広々とした谷間に、ギンバイカや黄楊《つげ》、月桂樹、薔薇が咲いていた。その地の人々が地元のおもな都市を「ニュサ」とか何とかそんなふうに呼んでいるのを聞くと、喜びは興奮に変わった。「ニュサ」はディオニュソスにとって大事な言葉で、神話のある話形によると、これはディオニュソスの誕生地もしくは乳母の名前だったのである。ともかくつながりは明らかだ！　間違いなくディオニュソスの足跡をたどっているのだ。アレクサンドロスはこの発見を祝うために、犠牲を捧げて宴会を開いた。兵士らは蔦の冠をかぶり、神を称えて歌い踊った。(9)

ディオニュソスはアレクサンドロスにとって、たんに神としてだけではなく、カリスマ的な模範としても、さらに競争相手としても有益であった。アッリアノスはそれをこう記した。

〔兵士たちの〕こういった話はどれもこれも、それを聞くアレクサンドロスの気持に添うものだった。彼としてはディオニュソスの遍歴について伝えられる話も、信ずべきものと思われたし、ニュサの町がディオニュソスの創建になったことも、そのとおりに信じたかった。そう考えれば、彼自身すでにディオニュソスが到達したところまでやってきたことになり、しかもディオニュソスよりいっそう遠くまで進むことにもなるからだ。彼はまた自分がディオニュソスと功業を張り合って、もっと先へ進もうとすれば、マケドニア人たちとしても自分と艱難辛苦を共にすることに、よもやいやとは言うまいとも考えたのである(10)。

アレクサンドロスには、行動のための役割の手本となる人物がもうひとりいた。ゼウスと人間の女性の息子ヘラクレスである。たくさんの旅と戦いの末に本当にオリュンポスに昇った英雄だ。その物語がアレクサンドロスの心に訴えかけないはずがなかった。ディオニュソスのときと同じく、彼は地方の物語や風景のなかに、ヘラクレスの旅の確証を見つけた。アレクサンドロスはヘラクレスと、やはりライオンの皮を身につけていたクリシュナ神を同一視するようになったが、それには、インド人ガイドらがひと役買ったのかもしれない。理由はともかく、彼はヘラクレスがヒマラヤ山脈の低いほうのある山の頂上まで登ったと思いこみ、自分も同じことをしようと試みた。現地の戦士たちがその山頂を押さえていたが、この事実を知ると、彼の目的意識はいや増すばかりだったようだ。古代の資料によると、アレクサンドロスはその山に北側から接近し、深い渓谷を石で埋めて登れるようにし、山腹から切り出した樅《もみ》の木で橋を作り、最後はロープで体を引き揚げて頂上にたどり着いた。着いてみると、現地の戦士たちはすでに南の斜面を下って撤退中だった(11)。山の頂きで、アレクサンドロスはアテナに生け贄を捧げた。かつてヘラクレスをすべての難業において助け、アレクサンドロス自身の成功の背後にもたしかにいた女神である。アレクサンドロスがヒュダスペス川に着いて状況判断をしたのは、この快挙の直後のことだった。残念ながら帰郷の時であったが、オリュンポスの神々からの援助に彼は感謝を忘れないだ

9. 前3世紀初頭、アレクサンドロスの後継者のひとりリュシマコスが、神なる父アンモンの牡羊の角をつけたアレクサンドロスの頭部を描いた美しい硬貨を発行した。裏面にはアテナ女神の像が描かれている。

ろう。

アレクサンドロスの遠征と征服の正確な詳細を再現するのは難しい。私が述べた説明は大部分、後二世紀に書かれたアッリアノスの『アレクサンドロス大王東方遠征記』と『インド誌』に基づいている。アッリアノスは先行するアレクサンドロスの数々の功績の目撃証言を自在に用いたが、かならずしも目撃証言に従ったわけでもなければ理解していたわけでもなかった。どのみち、実地証人たち自身がかなり混乱していた。アレクサンドロスの戦役に同行した者たちは、自分たちがどこにいるか、正確なところ何が起こったかについて、つねに確信があったわけではなかったからである。歴史学者たちは、古代ギリシアのアレクサンドロスの数々の征服のさまざまな報告がどのくらい信用できるものか、長いあいだ論争してきた。それでもなお、ペルシア人やバビロニア人やエジプト人やユダヤ人の情報源を活用して、おおまかな線で一貫した話が明らかになることもあり得る。考古学の記録も有益だ。たとえば、直近の後継者のひとりが発行した硬貨は、アレクサンドロスをゼウス・アンモンの雄羊の角のついた姿で描くことで、アレクサンドロスと神なる父との、家族としての類似性を強く主張している。

その硬貨を見ると、アレクサンドロス自身の姿勢がひと目でわかる。すなわち、自分を謙虚な崇拝者として神々に示すのではなく、神々の数のうちに座を占めることを正々堂々と主張したのである。この姿勢の結果は、後継者たちがアレクサンドロスの創造した世界に取り組むにつれて、徐々に現われてくるだろう。アレクサンドロス自身には、自分の主張の意味を十分に明らかにする時間はほとんどなかった。三十二歳で人生の幕を閉じることになるからである。

8 死せる神々と聖なる惑星

アレクサンドロスがインド遠征からバビロンに戻ってくると、彼の支配下でますます無視されているように感じ始めていたギリシア人は、彼の注意をギリシアの諸問題に向けようと使節団を数度送った。アレクサンドロスが神として扱われることを期待しているのがすでにわかっていたので、使節団はしかるべく行動した。

この間にギリシアからも使節団が訪れてきたがこの使節たちは、みずからも冠着用に威儀を正したうえ、アレクサンドロスの前に進み出ると、神を讃えて遣わされた使節さながら、彼に黄金の冠をたてまつったのだった。(12)

アッリアノスのこの場面の叙述には棘《とげ》がある。ギリシア人は、アレクサンドロスが「あたかも神であるかのように」王冠をかぶせたのである。だがもちろん、彼は神ではなかった。なにしろ、アッリアノスがわざわざ付け加えたように、その後まもなく亡くなったからである。ギリシア人によれば神々は、真の神々なら死ななかった。定義からして「不死（a-thanatoi）」なのだから〔神々はギリシア語で、「死すべき者」を表わす thanatoi に否定の接頭辞 a- がつく〕。アッリアノスは、使節団がアレクサンドロスの崇拝において明らかに範疇上の誤りを犯したと示唆しているのだ。

とはいえ彼の記述は、ギリシア使節団が自らの行為をどのように自己弁護したかがよくわかる詳細を提供している（たとえ彼の満足のいくものでなかったにせよ）。すなわち、使節団はアレクサンドロスを一般的な神としてではなく、より厳密に言うと、神の偶像として扱ったのである。ギリシア人はたいてい、神像に儀式用の外衣を着せて飾りつける行為を崇拝活動に含めており、使節団はまさにこれをアレクサンドロスに対して行なったのだと思われる。ギリシア人の偶像の扱い方には見せかけの要素があり、偶像は神聖であって神聖でないという両面性をギリシア人は見抜いていた。そして、アレクサンドロスについてもそれは同じことだった。ギリシア芸術のイリュージョニズム〔物質世界を幻覚と見なす立場〕的な写実主義への傾向のおかげで、使節団は自分たちのしている行為の意味を理解したに違いない。前述のように、オリュンピアのゼウス坐像はあまりにも実物そっくりなので、人々は、像が突然立ち上がって、収蔵している神殿の屋根をはずしてしまうかもしれないと想像した。同様に、キオス島のアルテミスの偶像は、参拝者がやって来たときと去るときとでは表情が違ったと言われた[13]。古代ギリシア語で「像」を言い表わす一般的な語は zōon「生き物」であった。バビロンに来た使節団の目には、アレクサンドロスはことのほか説得力のある zōon「像／生き物」のように見えたに違いない――たとえ長もちしなかったにせよ。

数々の征服と神だという主張の後だけに、アレクサンドロスの夭折は衝撃であった。思いがけなくも彼はバビロンで病気にかかった。状況からして、多くの者が毒殺を疑った。後代のある論説は、マケドニアの摂政アンティパトロスの息子カッサンドロスを暗殺者として非難した。真相ははっきりしないが、わかっているのは、カッサンドロスがアレクサンドロスの死の直前にバビロンに到着したこと、そしてアレクサンドロスが敵意もあらわに彼に接したことである。カッサンドロスはたしかにのちに、アレクサンドロスの妻ロクサネとまだ赤子の息子アレクサンドロス四世を殺害し、前三一七年に軍を率いて自分に立ち向かったアレクサンドロスの母オリュンピアスも同様に殺害した。アレクサンドロスが本当に殺害されたにせよ、そうでないにせよ、彼の死は中断となった。葬儀の直後には、アレクサンドロスの「最後の計画」を含む真偽の疑わしい日記がいくつも発表された。アッリアノスはそれらについて、いかにも彼らしい懐疑的な感想を述べている。

私自身としてはアレクサンドロスが、いったいどんな構想をいだいていたのか、確実なところは提示できないし、といって私なりに想像をたくましくしてみる気持もない。ただ私は次のことだけは、はっきり断言してよいと思う。それはアレクサンドロスの目ざしたところが、決して並みの卑小なものではなかったということ、たとえヨーロッパをアジアに併せようと、ブレッタノイ人の島嶼〔ブリテン諸島〕をヨーロッパに加えようと、彼は自分がそれまでに征服獲得したものだけで能事終われりとばかり、そこに腰を落ちつけてしまうことはせず、つねに未知の土地をさらに遠くへと求めてやまなかったということだ。[14]

アッリアノスの展望はローマ人の北ヨーロッパでの征服に先んじるものだが、アレクサンドロスの直近の後継者たちはこれとは別の、しばしば相容れない考えを持っていた。ほどなく、とてつもない権力闘争が配下の将軍や総督、妻たち、親戚縁者、遠方の臣下たちのあいだで勃発した。そしてついに、彼の帝国は争いの絶えない、いくつかの別々の王国に分裂した。

権力を握ろうと思わなかった人々には、――神々について、死すべき人間について、そしてアレクサンドロスの功績の結果として自分たちに起こったことについて――もっと考える時間があった。彼らは想像や執筆に時間を割き、アレクサンドロスの相続をめぐって死ぬまで戦った多くの人々よりも、結果としてより大きな影響を及ぼした。アレクサンドロスに刺激を受けたテクストや言い伝え、イメージ、思想をすべて調査するわけにはいかないが、最も有力な二つの作品からこれがよくわかる。それはエウヘメロスの『神聖な記録』と、これ以上に人気を博した『アレクサンドロス・ロマンス』である。後者はアレクサンドロスの生涯の空想的な話で、たくさんのさまざまな版が出回った。

ギリシア人紀行作家エウヘメロスについてはほとんど知られていないが、注目すべきは、『神聖な記録』の始まりだ。カッサンドロス、つまりアレクサンドロス殺害の廉で非難されたマケドニアの支配者への献辞で始まっているのだ。エウヘメロスはこの書物で、自分はカッサンドロスから多くの重要な任務を与えられて海外に派遣され、ある旅でアラビアから船出しインド洋で小さな群島を発見した、と主張する。『神聖な記録』は、発見されたことになっているこの群島を詳しく述べている。エウヘメロスが言うには、群島の中心となる島はパンカイアと呼ばれ、人々は島の首都で「自治を行なって王をもたず、理想的に公平に暮らしている(15)。人々は毎年三名の長官を選出し、長官たちは死罪以外のすべての訴訟を統轄するが、死罪のことは土地の祭司に進んで委ねる。近くの島からは大量の乳香と香料がとれ、群島からの唯一の輸入品となっている。乳香と香料は非常に大量に売られるため、「人の住む世界全体で神々を尊崇するのに充分」なほどなのだ。パンカイアは美しいところで、「平野の向こうには高くそびえる木々の森があり、夏は大勢の人々が好んでそこで時を過ごす。森では数えきれないほどさまざまな形や色の鳥が巣を作り、さえずりで人々を喜ばせる」。この地上の楽園の中央には巨大なゼウス神殿があり、そこには「きわめて注目すべき神々の像がある。それらは技術において卓越しており、その荘重さのゆえに人々の賛嘆の的となっている」。

エウヘメロスは神殿の内部で、象形文字で書かれた碑文を発見する。これこそ「聖なる記録」であり、神々の真の本質を明かす――ゼウス自身がこの碑文を建てた、と告げるのである。そしてゼウスは不死なる神ではなく、クレタ島の人間の王だったことが判明する。ゼウスは友人のベロス（バビロニア人の最高神バアルのことだが、この話のなかでは人間の王）を訪ねて東方に旅をした折に、パンカイアまで船でやってきた。彼は、人類に大いに益をなした祖父の「天空」に、この美しい島で敬意を捧げることにしたのだった。この碑文には、ゼウスの祖父は生涯を捧げて「天空の神々を供儀によって尊崇した最初の人」であったと書かれている。実際、ゼウスの祖父が「天空」というあだ名で呼ばれたのは、それほどすぐれた天文学者だったからである。この碑文には、他にもおなじみのたくさんの人物――ヘラ、ポセイドン、ヘスティア、デメテル、アテナ、ヘルメス、アポロン、アルテミス――の誕生と死が記録されている。しかし、彼らもただの普通の人間であり、人類への恩恵ゆえにパンカイアで称賛された、と私たちは告げられる。王なるゼウスは碑文を建立したのちクレタ島に戻り、ついにその地で亡くなって埋葬された、とエウヘメロスは言う。

古代も現代も、多くの読者はエウヘメロスを無神論者と評する。オリュンポスの神々を人間にまで組織的に格下げしているからである。しかし、正確にはそうではない。というのは、この物語には実際に不死なる神々が存在するからで、それは天体、つまりゼウスの祖父が大いに好んで動きを測定した恒星と惑星である。エウヘメロスは、空の太陽や月や星や風、そして何であれ、これらのものと類似の本性を持つ永遠で不滅の神々と、その他の神々、つまり、人間への恩恵ゆえに不死の名誉と名声を得た地上の神々を、はっきりと区別している。

『神聖な記録』は、ギリシアと近東とエジプトの神話の魅力的な混淆物である。その論調と目的を正確に判断しがたいのは、この書が短い引用文や要約や言い換えでしか残っていないからだ。しかし地上の神々と天上の神々を分けて考えることは、王とは不死ではない神だという考えのように、古代エジプト宗教では重要だった。『神聖な記録』の他のいくつかの細部も、同じようにエジプトの影響を示している。パンカイア自体、象形文字や記念碑的建造物や巨大な彫像とあいまって、かなりエジプト的に見える。それでもエウヘメロスの著作は、明確にギリシア的な問いや問題に取り組んでいる。彼はプラトンやアリストテレスのように、神々は善良でなければならない、無慈悲であってはならないと主張する。太古の人々は有益だと思ったものを何でも神と呼んだと考えたプロディコスと同様に、神格化に向かう基本的衝動は感謝の念であるとエウヘメロスは示唆する。太陽神ヘリオスは赤々と燃える石だと言ったアナクサゴラスのように、エウヘメロスも神々は星辰だと主張する。これらすべての一致点の向こうには、アレクサンドロス大王のどちらかというと不快な影が『神聖な記録』の背後に潜んでいる。アレクサンドロスの神なる父アンモンは、エウヘメロスの物語では悪役なのである。善良なゼウスと同一視されるどころか、アンモンはここでは破壊的な登場人物で、とりわけポリスを徹底的に破壊する傾向がある。アレクサンドロスがテーバイを破壊したのちにエウヘメロスの後援者カッサンドロスが再建したことは、おそらく偶然ではないだろう。もっと一般的に言うと、エウヘメロスの目から見てアレクサンドロスは恩恵を施す人物だったはずがない。パンカイアの島には、王はそもそも必要ない。彼が心から敬服した人々は、天文学者や芸術家や哲学者――つまり征服者ではなく文化英雄であった。

すばらしい花々や木々でさえずる色鮮やかな鳥にもかかわらず、エウヘメロスの『神聖な記録』には真摯な目的がある。トマス・モアの『ユートピア』と同様に、事態がどういう状態で、どうしたらよくなるかについて、この書は広範で想像力に富んだ省察を奨励する。十分に遠くまで進んでいく心づもりなら、自分たちのやり方をよく知り、変革せよ、ということなのである。『神聖な記録』は、権力の座にある者たちに向けた明確なメッセージを含んでいる。すなわち王は神のように崇拝されてもよい、ただしそれは、王が人間の利益にかなう行動をとるときだけ、ということだ。同様に、ヘレニズム期（アレクサンドロスの死から世界的大国としてのローマの出現までの時期）の他の多くの著述家たちも、アレクサンドロス大王の後継者らの教育をめざした。たとえば歴史家のアブデラのヘカタイオスは、エジプトの新しい支配者を啓発したいと望んで、主としてプラトンに基づいてエジプトの理想像を提案した。彼がとりわけ明確な考えをいだいていたのは、王はどう生きるべきか（質素な食習慣、定刻に就寝すること）について、そしてどんな召使いをかかえるべきかについてであり、最も尊敬を集める神官の息子で王本人よりも聡明で教養があり、進んで率直に語る者を召しかかえるべきであった[16]。ヘカタイオスや仲間の著述家たちが、アレクサンドロスに続いて王にして神となる者たちのためにだけではなく、自分たち自身のためにも新しい役割を作り上げようと意図していたのがよくわかる。

この新しい権力観は、オリュンポスの神々自身についての考えや表現方法にも影響を及ぼした。アレクサンドロスが神性を主張したことや、オリュンポスの神々を死すべき存在として語ったエウヘメロスのような著述家たちの影響を受けて、ヘレニズム期の芸術家たちはしだいに、人間のような成長の段階を持つ存在として神々を示し始めた。神々は身体が年をとるようになり、今では盛りの年頃に描かれるのではなく、老けていたり、とても幼く見えたりするようになった（たとえば、口絵5参照）。

アレクサンドロスの神性への反応のすべてが、エウヘメロスの『神聖な記録』やヘカタイオスの『エジプト誌』のように高潔な（あるいは利己的な）ものだったわけではない。とくに、人気の高い物語のひとつはアレクサンドロスの神性を物笑いの種にしつつも、彼が本当にエジプトのファラオの真の後継者だと主張した。この物語はアレクサンドロスのエジプト遠征直後の頃に生じ、その着想源になったのは、アメン神にまつわるエジプトの艶話の長い伝統であった。たとえばルクソールの神殿の壁には、王の愛妾ムテムウィアがどのようにしてアメンホテプ三世（前一三八八頃―一三五〇頃）を身籠ったかを示す絵が描かれ、絵の周りに刻まれたテクストはアメンの手腕を詳しくこう語った。

神は彼女が宮殿の一番奥の部屋で眠っているのを見つけた。女は神々しい芳香に気づいて目覚め、神なる王のほうに向いた。彼はただちに女のところまで進んでいき、欲望をくすぐられた。彼は女が神の完璧さを見て喜ぶように、女の前に来ると神々しい姿を見てもよいと言った。神の愛は女の体のなかに入った[17]。

アレクサンドロス自身の受胎にまつわる数多くの物語は、こういった類の艶話にインスピレーションを受けてヘレニズム期に生じた。とはいえ、疑り深いギリシア人が細部について詳しく話せば話すほど、細部はますますばかばかしいものになったのではあるが。『アレクサンドロス・ロマンス』（ヘレニズム期に始まり、古代から中世にかけて補足と書き換えがなされたテクスト）のなかで、ファラオのネクタネボはすぐれた魔術師・占星術師として描かれている。彼は自国の防衛に艦隊を必要としない、と語る。敵軍が海からやってくるたびに、彼は水盤に水をいっぱいに張って小さな蠟製の船を何隻か入れ、水中に沈める。するとエジプトに押し寄せた本物の船も、かならず同じ運命をたどるのである。ところがある日、ネクタネボがどうがんばっても蠟の船は浮いたままで沈まない。彼はすぐに予兆の深刻さを理解する。「呪術に精通した人間であり、自分の神々と意思を通じることにもなれていたので、エジプトの王国の最後の時が近づいたことを神々から教えられたのであった[18]」。そこで、彼はすみやかに国を去ることに決め、大量の黄金を服の下に隠してマケドニアに逃亡する。その地で魔術師・占星術師として開業し、たちまち地元民のあいだで名声を確立する。実際、彼は非常に有名になったので王妃オリュンピアス自ら、夫のピリッポス二世との問題を相談しにくる。王のために息子を産んでいないので離縁されるかもしれないと、王妃は恐れているのである。

ネクタネボは美しい王妃をひと目見て、自分をも含めた誰にとっても好都合な一計を案じる。彼は占星図で運勢を占って、こう告げる。オリュンピアスはピリッポスの出征中に神と寝る、そして息子を産み、ピリッポスが原因で彼女が身に受けた嫌なことはすべてその子が仕返しをしてくれるであろう、と。オリュンピアスは、どの神の子を身籠るのか、神はどんな姿形を取るのかと尋ねる。するとネクタネボは、問題の神はリビアのアンモンで、じつのところ中年男にしか見えないが、額に角が生えている、と答える。次に、神への対応でオリュンピアスの手助けをするために王宮に居を定めることを申し出る。

ネクタネボは王妃に、一匹の蛇が彼女の寝室に入るが、それが召使いを部屋から下がらせて自身が神を迎えるしたくをする合図になると告げる。彼女は服を脱いでベッドに入り、神が寝室に入ってくるところを直接見ないように、顔を隠しておかなければならない。指定された夜、オリュンピアスは当然、蛇を見て、ベッドに潜り込み、顔を隠した。ネクタネボはそのあいだに一対の角を額に取りつけ蛇の扮装をして、放したばかりの本物の蛇に続いて彼女の寝室へ歩む。王妃はもちろん、恋人をちらっと盗み見るが、不安の種は何もない。神は予想していたのと「ちょうど同じ神と思われたからである」。翌朝、ネクタネボが王妃を訪ねてきて、夜に何が起こったかを尋ねると、彼女は「昨夜のことがどうして、そなたに知られないでいるのか不思議ですよ。あの神はもう一度わたしのところへ訪ねてくるでしょうか。神はとってもやさしかったのですから」と答える。ピリッポスが出征で不在のあいだ、ネクタネボは「王妃の望むときはいつでも」彼女を訪れる。彼は、ピリッポスがたとえどんな疑いをいだこうとも、オリュンピアスの懐妊を自分のしたこととして帰還後すぐに受け入れるように、この王にも十分に奇策を弄する。

出産の日になり、オリュンピアスは分娩台につく。ネクタネボはすぐ横に立っていつでも手助けできる構えをとる。星の動きを測って、子供がいつ生まれれば最も幸先がよくなるかを計算する。いきみたい衝動に逆らい、ゆっくり時間をかけるようにと、彼は慎重な助産師のように何度もオリュンピアスに告げる。そして、いくつかの不運な惑星がちょうど天空を横切っているところだと付け加える。

つぎの星座のもとでも、お妃よ、ご自分にうち勝ってください。すなわち、誕生星はかに座となっています。クロノス［土星］が、二人の子供の陰謀によって自分の陽物を穂先まで切り取られ、これを海の支配者ポセイドンと地下の神プルトンに向けて、……ゼウスの天の支配の座へ……。もしもいま、子を生むならば、生まれた子は将来のない去勢された者となりましょう。

オリュンピアスはなんとか、かろうじて分娩を遅らせる。さらにたくさんの惑星が天空を横切るが、ネクタネボはそれでも赤ん坊の将来の運勢に満足しない。アレス（つまり火星）を見て、もう少しだけ出産を引き延ばすよう、オリュンピアスに言う。

この神は乗馬を愛す戦士ではありますが、ヘリオス［太陽神］によって、不義のベッドのうえで武具も着けず裸体のままのところを皆の目に供したのです。だから、このときに生まれた者は皆から嘲笑を受ける身となりましょう。

オリュンピアスはいきみたい衝動にさらに逆らう。ヘルメスの通過が終わるのも待って（「もし生まれるなら、ご自分の子供は……博識ではあるが、争いごとを好むとんでもない心の持ち主となりましょう！」）、ついにようやくゼウスが空に現われ、水瓶座と魚座のあいだで、角の生えたアンモン神の特性を帯びる準備が整う。オリュンピアスはついに赤子を出産する。すると「稲妻が光り、大地が揺れ、全宇宙が振動」する。ゼウス・アンモンが、生まれたばかりの王を承認したのである。

『アレクサンドロス・ロマンス』は、オリュンポスの神々の歴史上、じつに驚くべき発展のひとつを証明している。アレクサンドロス大王が登場した結果、星をめぐる近東の言い伝えとギリシア神話を結びつけた新しいかたちの占星術が現われたのである。ギリシア人は以前からオリュンポスの神々を天空と関連づけていたが、惑星と神の整然とした組み合わせはエジプトとバビロニアからの影響の結果だ。こうして惑星はオリュンポスの神々にちなんで名づけられ、じつのところ、英語ではラテン語での名称が今日まで惑星に用いられている。女神アプロディテは最も明るく輝く惑星（金星、ヴィーナス）と同一視された。ゼウスは一番大きい惑星（木星、ジュピター）と、ヘルメスは最も速い星（水星、マーキュリー）とされ、アレスは火星（マーズ）と同一視されたが、この惑星は赤く見えるため、かっとなりやすく好戦的に見えたのである。惑星と神の組み合わせはこのように、ギリシア神話と近東神話とエジプト神話と天文学的事実の組み合わせに由来する。占星術はたちまち、神話的ないくつかの言い伝えを特定の惑星の観察結果や予言と結びつける非常に複雑な体系になった。たとえば、金星と火星が軌道上で最接近すると、占星術師たちはアプロディテとアレスの悪名高い情事を思い起こし、密通に警戒するよう依頼人に警告した。

新聞紙上に発表される予想が、オリュンピアスに告げたネクタネボの熱狂的な言葉よりも曖昧模糊としたものであれ、現代の星占いは今なお同じ原理で動いている。彼は少なくとも、自分の発言の理論的根拠を説明した。ヘシオドスからわかるように、クロノスは「天空」を去勢したので、この占星家は「生まれた子は……去勢された者になりましょう！」と告げたのである。ホメロスによれば、アレスはアプロディテとの情事のさなかに裸のまま捕まえられた、そこでネクタネボは「皆から嘲笑を受ける身となりましょう！」と警告した。ヘルメスが天空に出現したことが、赤ん坊のアレクサンドロスが論争好きな衒学者になるおそれを示すというのは一見、奇妙に思われる。というのは、ギリシアの神ヘルメスはかなり快活ないたずら好きだからである。しかし惑星の水星には、エジプトの学者たちを守護する神トートの特徴もある。そして学者たちは今日でも、いささか衒学的で議論好きなことがある。

『アレクサンドロス・ロマンス』は、アレクサンドロスの受胎と誕生を述べたのち、他の多くの前兆や冒険を物語る。アレクサンドロスは旅の途中で、奇妙な野獣や不思議な木や石、結局のところ鯨だと判明する動く島、セイレン、ケンタウロス、インドのバラモンたち（人を啓発する会話を交わす相手）に遭遇する。鷲の運ぶ籠に乗って天に昇ろうとまで試みたり、原始的な釣鐘型潜水器で海の深さを調べたりもする。現代まで伝わる『アレクサンドロス・ロマンス』のさまざまな版は、ヨーロッパ全土とアフリカ北部沿岸からはるばる中央アジアと南アジアまで、膨大な伝承が広がったことを証明している。時代や土地ごとに異なるアレクサンドロスがいるのだ。ヘブライの伝承は彼を預言者に変え、ヨーロッパ中世は彼を騎士らしい騎士として描き、ペルシア人にとって彼は角の生えた大魔王――あるいは他の著述家によれば大王ダレイオスの実子――である。現代ギリシアの民間伝承では、人魚たちの父で嵐を支配するロミオシニを表わす。アレクサンドロスが籠に乗って天に向かう旅は、イングランドのウェルズ大聖堂とグロスター大聖堂で彫刻として登場する。

これらすべての物語の出発点には、古代ギリシア・エジプト版の『アレクサンドロス・ロマンス』があり、アレクサンドロスの神性がその関心の中心にある。実際、『アレクサンドロス・ロマンス』もエウヘメロスの『神聖な記録』も、どちらもそれぞれ独自のしかたで支配者を神に変え、また逆に、神を支配者に変える。『神聖な記録』では、ゼウスと他のオリュンポスの神々が、人類に恩恵を施す死すべき人間に変えられる。『アレクサンドロス・ロマンス』では、偽物の角をつけた中年のファラオがマケドニアの王妃と性的関係をもつことで、神の聖なる顕現が滑稽なお祭り騒ぎになる。いずれの作品も、神々の地上での特権を人間が奪っても真の永遠の神々が存在しなくなるわけではなく、神々とは結局のところ、惑星であることが判明する。『アレクサンドロス・ロマンス』におけるアレクサンドロスの誕生を統轄すると、ユピテル〔木星〕—アメン—ゼウスはやはり天上の神であって、天から雷の喝采を送ってこの男児の誕生を正式に認める。だが地上では全体としてどうだったかと言うと、ネクタネボが神としての任務をオリュンピアスの寝床でやる気満々、成功もするのだ。

9　アレクサンドリアを拠点として

アレクサンドロスの通過によって作られた異文化間交流のなかで、人々と神々は徹底的に混ぜ合わせられた。ソポクレスの悲劇がペルシアの都市スーサで読まれ、エウリピデスが中央アジアの芸術家たちに着想を与えた。バビロニアの天文学がギリシア人とマケドニア人の運勢を決め、一方でアショーカ王の勅令が明らかにしているように、仏教の教えが前三世紀にエジプトの都市アレクサンドリアに伝わった。イメージは言葉の壁を越えて地元の物語と自由に再結合できたので、物語よりもいっそう早く伝わった。たとえばパキスタン北部のガンダーラにある荘厳な仏陀の彫像群は、ギリシアの神々の自然主義的な石像やテラコッタ像からある程度、刺激を受けた。ダライ・ラマは近年、まさに宗教の壁を越え

10. アカンサスの葉に坐す仏陀を描いたギリシア式柱頭。後四世紀の第3四半世紀のもの。アレクサンドロス大王の通った後には、ヘレニズム芸術の自然主義的な起動力と啓蒙に対する仏教の関心とを結びつけた、新しい芸術形態がガンダーラ（北パキスタンと東アフガニスタン）で発達した。

た遺産の共有意識を促すために、これを引き合いに出した。ダライ・ラマが言ったように、古代の彫像群は「仏陀の目ざしたもの」について語ると同時に、擬人化されたオリュンポスの神々が最もよく表わす「西洋の人文主義」についても語るのである[19]。

ギリシアの神々はやがてガンダーラも越え、とりわけシルクロード沿いに進んでいくことになる。たとえば中国のキジル石窟では、後四世紀から七世紀のあいだに芸術家たちが、風の神々と太陽神がアレクサンドロスのように戦車に乗って旅をする姿を描いた。ヘレニズム期の神々の像は中世までに日本に達し、有翼の風神たちがとりわけ熱心に受け入れられた。風神は日本古来の登場人物として再解釈されたが、膨らんだ頰と黒い巻き毛となだらかに垂れるギリシア風の外衣はそのままで、十七世紀から十九世紀には琳派の絵の人気の高い登場人物になった[20]。

しかしながら、それほど遠くまで旅をしても、ギリシアの神々は自らのルーツの地中海を忘れず、アレクサンドロスがナイル川のデルタ地帯に建設した都市アレクサンドリアに、新たな本拠地を見いだした。アレクサンドロスは建築家を任命し、都市計画の輪郭を描き、どの神々の神殿をどこに建てさせるべきかを話し合ったのち、アメン神の神託をめざして砂漠の旅に出るためにアレクサンドリアを去った。彼は二度と戻らなかった。元はマケドニアの将軍として、戦役の最初からアレクサンドロスに仕えてはるばるインドまで同行したプトレマイオス一世は、アレクサンドロスの急逝後、エジプトを支配してアレクサンドリアに宮廷を構えた。プトレマイオスはアレクサンドロスを間断なく宣伝し、アレクサンドロスの軍事行動を記した彼の報告書は、今は散逸しているが、アッリアノスの史書を含む後代の歴史書に影響を及ぼした。プトレマイオスは、防腐処理を施したアレクサンドロスの遺体をなんとか奪い取るという信じられないほどの大成功をおさめる。それはバビロンから、遺体を安置するはずのゼウス・アンモン神殿のあるシーワ・オアシスまで移送する途中のことだった。強奪の詳細ははっきりしないが、ともかく何らかの手段で遺体はまずメンフィスに、次いでアレクサンドリアに到着し、この地で崇拝対象になった。神格化されたアレクサンドロスの崇拝は、プトレマイオスには大いに好都合だった。エジプトでの自己の正当性を証明するのに役立ったからである。神性の主張はすぐに王家の伝統になって、プトレマイオスが亡くなると、彼もオリュンポスでゼウスとアレクサンドロスに加わったと詩人のテオクリトスは主張した[21]。

神格化された支配者たちの保護のもと、アレクサンドリアの町は繁栄し、建設から百年も経たないうちに古代の地中海域で最大の都市になった。人口の急増は移民がたえず流入したことによる。ギリシア人やエジプト人やユダヤ人が新しいチャンスを求めて、こぞって遠方から移ってきたのである。一方で、プトレマイオス一世の息子は王位を継承すると、すぐれた才覚でじつにみごとな支配を行なった。このプトレマイオス二世は最初の妻の死後、実の姉のアルシノエと結婚することで、彼女が最初の結婚で獲得したエーゲ海の所領も手に入れた。こういう動きは、エジプトの慣習では許容できた。ファラオはいつも実の姉や妹と結婚したのだから。ところが、ギリシア社会ではそういう行為はタブーだった。またしても詩人のテオクリトスが窮地を救い、ゼウスは姉のヘラと結婚しており、ゆえにプトレマイオス一族は罪人のようにではなく神のようにふるまっている、と指摘した(22)。

「姉弟愛《ピラデルポス》」ことプトレマイオス二世が認めたであろうとおり、詩人たちは明らかに役に立った。ムーセイオンを設立したのは十中八九、プトレマイオス二世だった。ムーセイオンはその名称が示唆するように、もっぱらムーサたちの技に捧げられた施設で、有名なアレクサンドリア図書館の拠点だった。この図書館では、学匠詩人たちが鋭い眼識をもって献身的に研究していた。彼らの多くは初期ギリシア文学作品の収集、校訂、部門別の分類を行ない、そこから自分自身の作品の想を得ていた。この図書館には、ギリシア語以外の言語の作品も収蔵された可能性がある。どの程度までかを立証するのは難しいが、この図書館に言及する現存最古の資料は、じつはヘブライ語聖書にまつわる、前二世紀から伝わる奇妙な話なのである。アリステアスという人物によって（ギリシア語で）書かれた手紙と詐称するその説明によると、ヘブライ語の聖書をギリシア語に翻訳するために、プトレマイオス二世の後援で七二名のユダヤ人学者がアレクサンドリア図書館に集まった。不思議なことに、学者たちは互いに別々に仕事をしていたのに、テクストを翻訳するのに全員がまったく同じ語を選んでおり、これは間違いなく神に霊感を吹き込まれた証だという。この手紙は、ヘブライ語の原書と同様に「神」の言葉であるギリシア語訳の権威を証明しようとするものだった。『七十人訳聖書』（この翻訳が知られるようになるにつれて「七十人の翻訳」となった）とアレクサンドリア図書館のあいだに、実際にどの程度の関係があったかは疑わしい。『七十人訳聖書』はセム語の響きを持つ教養の低いギリシア語で書かれているうえ、当時の主流派のギリシア人著述家たちはこれにまったく言及していないが、図書館の主要事業だったとすれば、かならずや言及があったはずだ。おそらくこのテクストは、アレクサンドリアの地元のギリシア系ユダヤ人の共同体で作られ、彼らのニーズを満たしていたらしい。それでもなお、この手紙を書いた人物が、この翻訳はプトレマイオス二世じきじきの後援で作られたものだと――かなり堂々と！――主張する意志があったことは、プトレマイオスの図書館がギリシア語に限った事業と見られていなかったことを示すのである。

プトレマイオス二世の文化政策が人々を広く包みこむものであったことは、彼の宗教行事の選択からもうかがえる。誇り高きギリシアのポリスはどこも、公の祭儀や祭典を豊かに取りそろえていた。新しい植民地はたいてい、最初の入植者の出身地である「母市」の宗教行事を引き継いだ。しかし、アレクサンドリアはアレクサンドロス大王が個人的に創設した都市であり、この複雑な遺産にいったい何が含まれるかは誰にもわからなかった。プトレマイオス一族は、防腐処理を施したアレクサンドロスとその後継者――つまりプトレマイオス一族そのもの――に公の祭儀を集中すべきだと考えた。そこで、プトレマイオス二世は父親に敬意を表して荘厳な祭儀を創立した。このいわゆるプトレマイア祭は、「明けの明星」の荷馬車が先導する行進で始まった。明けの明星は、空の下に暮らす人みなに等しく関連するという理由でふさわしい神格であった。プトレマイオス二世とその姉にして妻の、神格化された両親がそれに続いた。王の崇拝には誰でも関心があるので、この選択も人々を広く包みこむものであった。「宵の明星」がこのパレードの第一陣のしんがりをつとめ、次に時を表象するもの、たとえば「一年」を擬人化したものなどが、ファラオの権力を象徴する品々を運びながらやってきた。時のパレードの後にはディオニュソスと俳優の一座が続き、この神の生涯のさまざまな場面を表わした。ここには東方にも西方にも等しく精通する神、さらにアレクサンドロスを鼓舞した神がいたのだ。俳優たちがディオニュソスのインドからの帰還という、観る者にアレクサンドロス自身の大遠征を思い起こさせるエピソードを演じたのは、偶然ではない。プトレマイオス一族は、この行列の神々に関する部分の後に、めずらしい動物――数多くの象やライオン、豹、黒豹、駱駝、羚羊《れいよう》、駝鳥、熊、犀《さい》、「駱駝豹」（つまりキリン）――をたくさん並べた。プトレマイア祭は大成功だった。出身地がどこであろうと、どの神の崇拝を好もうと、この動物園では誰もが楽しく過ごせたことだろう[23]。

このほかのアレクサンドリアでの祭儀は、ギリシア的であることがすぐにわかるものだった。たとえばアドニア祭は、アプロディテと十代の恋人アドニスの私通を祝った。ただしこの祭りでさえ、さまざまな人々をひとつにまとめようとしていた。ギリシア神話によればアドニスは東方の人物なので、ここには「東」と「西」の恋愛関係があったわけである。この祭りにはたくさんの群衆が参加し、その興奮の一端がテオクリトスの詩で今日まで伝わっている。彼の『牧歌』十五番が描くのは、二人の女性が会って夫の愚痴を言い、互いの服装をほめあうと、王宮で行なわれるアドニア祭に参加するために連れだってアレクサンドリアの通りを抜けていくようすである。この二人の女友だちはこの町に住んでいるが、元々はギリシア語圏のシチリア島出身で、訛り丸出しの母音を群衆の誰かにからかわれるが、お国訛りと氏素姓を誇りにしているとはっきり言っている。二人は明らかに意気揚々としている。種々雑多の群集と悪戦苦闘しながら王宮へ向かう道すがら、馬に乗った兵士らをなじり、エジプトの泥棒について不満を言い、プトレマイオス二世は「お父上が不死の神のもとにいらしてから」街路の安全を保つというすばらしい仕事をしてきたことに二人は同意する。そしてこのさりげないちょっとしたコメントによって、テオクリトスはまたもや、アレクサンドリアの支配者たちの神性に注意を向けるのである。

アレクサンドリアの通りが人であふれていたのとは対照的に、別の雰囲気がムーセイオンとその図書館を支配していた。俗世から離れたこの空間でこそ、ギリシアの神性の真髄が得られた。前三世紀の最も有名な学匠詩人カッリマコスは、人でごったがえす通りが大嫌いだとはっきり言った。彼は実際、性の乱れた恋人たちや仰々しい詩、「流れのなかに大量のゴミと汚物を運んでいるアッシリアの川」のように流れる壮大な叙事詩など、あれもこれも嫌っていた。[24] たとえばテルキネスと呼ばれる謎の一派は詩歌を長さで評価できると考えたから、うんざりする存在だった。[25] このテルキネスがどういう面々だったかはまったくわからないが、カッリマコスの批評の大まかな論調は間違えようのないものだ。カッリマコスの作品はあらゆる意味で、排他的であることを意図していた。彼のムーサはほっそりしていた〔無駄な装飾のない詩歌を好んだの意〕。カッリマコスは詩的霊感の最も純粋な雫《しずく》だけを飲み、詩歌と文化に対するライバルたちの考えを拒んだ。詩歌だけでなく、ニュンペたちや運動競技会、ギリシアの島々と都市の建設神話、風、不思議なできごと、未開人の慣習、魚の分類別名称についての散文作品も書いた。この最後の企てはずいぶん奇妙に思われるかもしれないが、カッリマコスはギリシア文化に深く興味を寄せていたし、今と同じく当時も、どの漁村もさまざまな種類の魚にその土地独自の名前をつけていた。カッリマコスははるかエジプトの図書館のなかで、地元でしか通用しないそんな知識を変形して普遍的な百科事典に転じ、いつのまにかギリシアをアレクサンドリアにもたらしたのである。

宗教に対する彼の態度は、魚に対する取り組み方といくつかの点でさほど違わなかった。彼は地方のギリシア神話や儀礼に関する情報を収集して、神話と儀式の目録を散文で作成し、それを慎重に詩歌に純化させた。カッリマコスの最も有名な『アイティア（起源譚）』という詩は、さまざまなポリスや祭儀や祭典の「起源」ないしは「解釈」（古代ギリシア語でアイティア）について論じた。カッリマコスは解説をしながら、自分自身についても雄弁に語った。彼はかつて、アンテステリア祭というアッティカの祭典を――この祭儀の由来となったアテナイでではなく、アレクサンドリアにあるアテナイ人の友人の自宅で――祝ったことがあると言っている。[26] この祭は本来はディオニュソス神に敬意を表する公の祭典だったが、アレクサンドリアではこのような内輪の仲間内の酒宴に変わった。テッサリア付近の島から来たギリシア人訪問客と同じ寝椅子にもたれながら、カッリマコスはこの客に、出身地の神話と儀礼について質問した。訪問客は、カッリマコスさんは運のいいお方ですね、旅をする必要がないのですから、と話し相手を間違いなく喜ばせる所見を添えて答えた。世界の新しい中心地であるアレクサンドリアで、彼はほしい情報をすべて、居ながらにして手に入れることができたのである。

書架にギリシア文化をしばりつけておこうと決意したのは、カッリマコスだけではなかった。アレクサンドリアの他の学者たちは、ホメロス詩篇の写本をギリシアのあちこちのポリスから収集し、『イリアス』と『オデュッセイア』の信頼すべき校訂本を編纂した。これが、今日なお私たちが実際に使っている校訂本なのである。詩人で図書館員でもあったロドスのアポロニオスは、関連してはいるが異なる起源を求めて、『アルゴナウティカ（アルゴ船物語）』を作った。これは、ホメロスが描いたトロイア戦争や他のできごとよりも一時代前を扱う叙事詩である。これと同じような仕掛けを、テオクリトスは自分の作品のひとつで用いた。彼の描くキュクロプスはニュンペに恋をして幸せな思いでいて、いつの日かオデュッセウスが船で通りかかって自分を盲目にすることになるとは夢想だにしないのである。[27]

物語の遠く離れたルーツにさかのぼろうとするこういうやり方のせいで、アレクサンドリアの詩歌と芸術では、オリュンポスの神々はしばしば子供となって登場した。はるかに古いエジプトの儀礼に取り巻かれているので、ギリシア人は自分たちのためにふざけた代替物を作ったのである。たとえばカッリマコスの『ゼウス讃歌』は、クレタ島でのゼウスの幼少期を長々と述べた。彼の『アルテミス讃歌』はこの女神のイメージを、ゼウスの膝に座り父親を魅了してお願いごとや贈物の約束をとりつける小さな女の子として描いている。アポロニオスの『アルゴナウティカ』では、ゼウスの雷電はキュクロプスの作業場でまだ製造中で、アルゴ船の乗組員の遠征は大昔という設定だから、ゼウス自身はまだ全権を掌握していないのだ。これらの著述家たちが暗に言わんとしているのは、ギリシア文化自体、オリュンポスの神々のように始まりは幼稚だったかもしれないが、最後には途方もなく力強いものに発展していったということであった。

アレクサンドリアの人々は、たんに懐旧の念にふけるのではなく、自分たちはギリシアの複雑な遺産を洗練して極めたというイメージを打ち出した。彼らは先行の宗教儀式や神話をすべて集め、高度に教養ある独創的な新しい合成物を創造した。この合成物がおもにギリシア人エリート層に向けられたのか、それとももっと広い層に受け入れられたかを証明するのは難しい。同時代のある評者は、ムーセイオンに居住する学者たちは鳥かごのなかで互いにつまらない口論をするばかりで外の世界に関心を向けない鳥だ、と言った。もちろん、アレクサンドリアの学匠詩人たち自身が、まさにそんな閉鎖的な優越したイメージを助長したのである。とはいえ実際には、ちょうどテオクリトスがファラオの慣習とゼウスとヘラの結婚を入念に相似形に描いたように、彼らは自身を取り巻くエジプト人の現実をよくわかっていた。また、海外の新しいエリート層がギリシア文化を身につけたがっていることにも気づいた。そして、初期の古代ギリシア文学を門外漢にも近づきやすい形に変えた詩歌を創作することで、こういうエリート層の需要に応えたのである。

要するに、アレクサンドリアの詩人や学者たちがし始めたことは、ギリシアを知の場に変えること、つまり本を読みさえすれば到達できる場に変えることであった。たとえば、カッリマコスがオリュンポスの神々に捧げた『讃歌』は『ホメロス風讃歌』を模範としたが、抜け目ないことに、その描写はおそらく讃歌が演じられたであろう祭典の環境も含んでいた。言葉による生き生きとした彼の描写——神殿、彫像、宗教的祭儀——は、儀式の枠組みをテクストの内部に効果的に創造した。今や本物の祭典の場にいたり実演を聞いたりする必要はなかった。詩歌そのものが、読者が必要とする背景をすべて与えたのである。同様に、『アイティア』は酒宴に列席しているカッリマコスの描写を含んでおり、『アイティア』のようなエレゲイア詩〔格言や警句を中心とする二行一連の詩〕は元は、初期ギリシアでは儀式的な饗宴で歌われていたのだった。シチリアの女性たちについてのテオクリトスの寸描のほうは、祭典でアプロディテとアドニスに敬意を表して歌われた儀礼歌の抒情詩を含んでいた。儀礼歌の歌詞を聞いた後、読者はその評判を満喫できるだろう。寸描に登場する二人の女性は、あの歌声はきれいだったわ、と声をそろえて言い、その後、お腹がすくと短気な夫に夕食を作るために家路を急ぐ。アレクサンドリアの雰囲気を味わうために読者はこの町にいる必要がなかった。この二人の女性の会話に感じとることができたのだ。こうして、ギリシア文化は付属品がついたおかげで、どこにいようとそのよさを味わうことができた。

　ヘレニズム文化が各地に伝播すると、ギリシアは教育でことがすむものになった。ヘレニズム期の一詩人ガダラのメレアグロスは、「われシリア人《びと》なれども、なんぞ奇とするに足らん」と述べた。そして起源に関する究極のギリシアの詩『神統記』[28]に造詣の深いことをほのめかし、「われら一つ世界を祖国として住み、カオス生けるものすべて創れり」と続けた。大切なのはヘシオドス（「初めにカオスが生じた。次いで……大地が生じ……」（『神統記』一一六－一一八））を知っていることだけであった。地中海と近東の各地で、教養あるエリート層はオリュンポスの神々について、文字で書かれたホメロスとヘシオドスの本から学び、あわせてこれらのテクストに関してアレクサンドリアで書かれた註解書からも学んだ。学究的な著作や精巧に作り上げられた『アイティア』のようなアレクサンドリアの詩歌から、教養人は種々雑多のギリシアの儀礼の詳細を吸収した。アレクサンドロスが征服した土地のいたるところで、ギリシア語の他にどんな言葉を話そうと、地元のどんな儀礼を経験しようと、教養層はこういう記述を共有した。そしてだからこそ、国際舞台に進出したローマ人は、どこへ行こうともオリュンポスの神々に深くなじんでいる人々に出会ったのである。

第四部　移し換え——ローマ帝国

オリュンポスの神々は、ギリシアとアジアとアフリカを広く旅した末にローマに着いた。これは彼らのおそらく最も重要な旅であり、間違いなく、最も謎に満ちた旅のひとつであった。ローマ人がギリシア人に関心を寄せ、その芸術作品を模倣し、ギリシアを文明の揺籃の地として掲げ、ローマ人自身の神々をギリシア市民の神々と同一視したことを、私たちは今日、当たり前だと思いがちである。しかし、ローマ人のしたこれらの選択はじつは、自明どころではなかった。異国の神々を地元の神々と同一視する慣習は古代世界に広がっていたが、ローマ人だけが、ギリシアの神界を丸ごと移し換える──文字どおり「こちら側に持ってくる」──という事業に、意図的に身を捧げたのである。

神々のこの転換は、文化的融合というもっと幅広い企ての一部であった。ローマ詩人はギリシア詩人を模倣し、ローマの彫刻家はギリシアの原作を基に模刻を彫り、ローマ元老院議員は美しい田園の別荘でギリシア哲学について論じた。要するに、ローマ人はヘレニズム的教養を身につけ──それに応じて、彼らの神々も変化したのである。伝統的なローマ宗教は本来、国の安全に主眼を置いていて、慎重な扱いと宥めを必要とするいくぶん没個性的な神々を特徴としていた。ギリシア文化の影響を受けた結果、神々は複雑な個性を手に入れて、個々の人間たちを特別に贔屓《ひいき》した。ついには、カエサルやアウグストゥスらローマで最も有力な男たちが、オリュンポスの神々と特別な関係があると主張した。彼らが持っている権力は神の好意に由来するというのである。その一方で、詩人のオウィディウスは異なる考えを示唆した。オリュンポスの神々は、帝国の秩序ではなく人間の芸術──美しくも無秩序なる芸術──を象徴するものだという考えである。

10　ローマにおけるムーサたち

ローマ人は前三世紀から前一世紀までかけて、地中海域で徐々に支配を確立していった。それにつれて段階的に、ギリシア文化との接触が起こった。初期のローマはギリシア語圏のイタリア南部とシチリア島への拡大によって始まった。これがアフリカ北部のカルタゴに対するポエニ戦争に発展したのは、両陣営とも地中海の覇権を求めて戦っていたからである。ローマが勝利を収めて、前一四六年に第三次ポエニ戦争はカルタゴの滅亡で終わった。言い伝えによると、カルタゴの町は徹底的に破壊されて、先々、何ひとつ育たなくなるように塩が鋤き込まれたという。その一方、アドリア海東沿岸のイリュリアとの利害の衝突は、第一次マケドニア戦争となる。またしてもローマが勝利を収めた。カルタゴの破滅と同年、コリントスの戦いが、ローマによるマケドニアおよびギリシアの征服を決定的なものにしたのである。この時点でローマ人は、アレクサンドロス大王が遺したヘレニズム期の諸王国をすべて征服できる立場にあった。エジプトが最後に残った地で、前三〇年に降伏した。プトレマイオス朝の最後のファラオであるクレオパトラは、何か国語も操り、多くの文化に通じた女王だったが、服従の可能性を受け入れず、自殺した。マケドニアとギリシアとエジプトの彼女の臣民は、ローマの力に従った。

ギリシア人をそれほど完膚なきまでに打ち破ったことを考えると、ローマ人がなぜギリシア文化をそんなに重んじたかは、すんなりとはわからない。だが答えはまず第一に、帝国を拡大しようというローマ人の決意に求めるべきである。ギリシアを完全に叩きのめしたことで巧妙に統治できるようになり、ローマ人はこの新たな占領地に軍隊を駐屯させず、むしろ慈悲深い支配者・称賛者のイメージを打ち出すほうを選んだ。ギリシア文化を採用したことはギリシア自体においてのみならず、地中海のいたるところで、良好な関係を保持するのに役立った。アレクサンドロス大王の死後、ギリシア語は各国のエリート層の主要言語になっていたし、ギリシア神話は広い範囲で共有され称賛される物語を提供したからである。ローマ人は支配権を確立するために軍事力を用いたが、広く受け入れられた物語や考えや価値観に訴えることで、合意を得ようともした。ギリシア神話の利用のしかたは、ローマ人もその敵もじつのところさほど変わらなかった。戦象の群れを率いてアルプスを越えたポエニ戦争の将軍ハンニバルは、彼以前にアレクサンドロス大王がしたように、新しいヘラクレスのイメージを打ち出したし、第二次ポエニ戦争でハンニバルと対戦したローマの将軍たちも同じことをした。ハンニバルはギリシアのヘラクレスを、古代カルタゴの神メルカルトと同一視した。だが両者とも、自国の野望を全世界の舞台に投影するために、神となったギリシアの英雄ヘラクレスに訴えたのである。

ギリシア風に行なうそうした試みはさりげない見せかけだけではなく、入念に計画され管理された戦略であった。ハンニバルが二人のギリシア人著述家を従者に加えたのは、全世界の読者と後世の人々に向けて自分の偉業を記録するためだった（未来の人たちはギリシア語を読めると考えられた）。ローマ人のほうはと言うと、捕虜にしたギリシア人の歴史家ポリュビオスが、ローマの権力掌握を記念することにとりかかった。ポリュビオスの著作はまずローマで、次いで他の多くの文化で、影響力をもっていった。たとえば、統治における権力の分散についての彼の考えは、現代の多くの憲法にとって重要である。対照的に、ハンニバルに仕えたギリシア人著述家たちは忘れ去られ、その著作は、ハンニバル自身が第二次ポエニ戦争で破れたように失われたのだ。とはいえ、彼らとポリュビオスは重要な人生経験を共有している。みな、師傅や歴史家として仕え、新しい主人に言動の手本として、ギリシアの人物たち、とりわけヘラクレスを薦めたのである。

ヘレニズム的教養を身につけたいと願うローマのエリート層にとって、問題は適切な教師を見つけることではなかった――捕虜にするなり他の方法で説得するなりして、知識を提供させられる博識のギリシア人はたくさんいた。問題はむしろ、いかにしてギリシア文化をローマになじませるかにあった。ハンニバルと戦うさいにヘラクレスのまねをすることと、神に転じた英雄を同朋市民のあいだで演じることとは、まったく別物だからである。ローマの伝統宗教はその種の空想を、とくに歓迎してはいなかった。個々の神々の物語あるいは神のようにふるまう人間個人を、賛美しなかったからである。初期のローマの神々は、最も偉大な神でさえも、あまりはっきりした個性を持っていなかった。ユピテルは、ゼウスと古代からの語源的な関連があるとはいえ、ローマでは別の方向に発展しており、何よりもまず共和政ローマを守護する、あまり人間的でない神と見なされた。ユピテル以外のローマの主要な神々――ユノ、マルス、ミネルウァ、ウェヌス、メルクリウスを含めて――もまた、当初は都市に関係する職務を与えられ、より機能本位で個性のない大勢の下級の神々に取り巻かれた。たとえばインポルキトルという「幅広い畝《うね》を耕す神」や、ウェルウァクトルという「休閑地をすき返す神」や、マントゥラという「妻を家に留めておく女神」といった具合に。明らかに、ローマ人は日々の任務に関して神々に助けを求めたが、神々について物語を語ることにはさほど熱中しなかったようだ。ギリシア神話は、さまざまなギリシア系の地域住民たちが交易や礼拝を行なったり詩歌に耳を傾けたり、運動競技会で競ったりするために集うにつれて、徐々に発展したのだった。出会って話を交わし合う旅人たちは、複雑な共通の伝承を――儀礼の伝承だけでなく娯楽の伝承も――生み出した。ローマ人は目的がはっきりしていた。神々について彼らが知っているのはただひとつ、他のどの都市よりもローマに好意を寄せているということだけだった。そしてそれこそが大事なのだった。ローマ人は神々との関係を最善の状態に保つために、非常に手の込んだ聖職者団体の組織を作り、神々が何を望み、何を必要としているかを明らかにするよう課した。神々とは何者で、どう見え、互いに何をするかという、ギリシア人を深く魅了した問いは二の次だった。ローマ人がおいた神官には、異常なできごとの解釈を担当する「卜腸師」、鳥占いやその他のかたちで神々と意思疎通する「卜鳥官」があり、神聖な行為を担当する二人の男性である「二人神官団」は後代には十名に増えて「十人神官団」になった。ウェスタ〔かまどの女神〕の巫女たち、「大神祇官」、特定の神に仕える神官、「外交神官」、他にも特定の機能と任務を帯びた神官の集団がたくさんあった。これらすべての聖職者団体には、神の全面的援助によりローマがかならず繁栄と勝利を掌中に収めるようにするという、何にもまして重要なただひとつの目的があった。古代ローマには、聖なる力と世俗権力との明確な区別がなく、実際、同一の人物が神官と元老院議員と将軍を兼任することもよくあった。宗教と政治のこのような融合は、ギリシア社会も含めた他の多くの古代社会の特徴であったが、ローマの宗教制度は他の民族の場合以上に密接に、都市の利害関係と結びついていた。

ローマ宗教の機能本位志向を考慮に入れると、ローマ人と神々の関係がいささか官僚主義的だったのは意外ではないかもしれない。たとえば前二一七年にハンニバルがローマを攻略する恐れがでると、ローマ人は春の農産物をすべて犠牲として神々に捧げると約束した。しかるのち「春」を構成する日程の特定に移り、ある条項を付加した。その条項は、もしも何らかの不正行為が生じたとしても──たとえば農夫が自家用消費のために子豚を一匹か二匹隠した場合──やはり犠牲は適切になされたものと見なすと言明していた。ローマ人は神々とのそうした交渉に絶大な信を置いていたが、他の崇拝形式に対しても寛大であった。とりわけ、危難のさいに通常のやり方が効果を上げていないと思われるときには。ハンニバルがかつてないほど近くまで迫ってくると、死に物狂いのローマ人はおそらく災害に対する一種の付加保険として、新しい儀式を導入した。十人委員会は神話中のオリュンポスでの祝宴にヒントを得て、オリュンポスの神々の十二体の彫像を持ち出してきて六台の寝椅子に二体ずつ並べ、神々に饗宴を捧げたのである。オリュンポスの神々がローマで公式に認識されたのは、わかっている範囲ではこれが最初だった。ローマ人はこの時以前にすでに、ギリシア人との直接的な接触をとおしてだけでなく、ローマのすぐ隣に住むエトルリア人がギリシア神話に興味を持つようになって久しかったので、十二柱の神々で構成される神界になじみがあったのであろう。それでも、オリュンポスの神々に関する外国の物語を知ることと、それがローマ自体の宗教的慣習に直接に影響を及ぼすのとでは、話がまったく別であった。

　これと同じ頃に、元奴隷のギリシア人リウィウス・アンドロニクスが『オデュッセイア』を初めてラテン語に翻訳したのは、偶然の一致のはずがない。こうして十二神は、儀礼的な食事に集う彫像としてと同時に叙事詩の登場人物としてローマに入った。アンドロニクスの翻訳はラテン文学史においてきわめて重要であることが判明した。彼がやってくるまでローマ人がどんな種類の歌や口承詩を楽しんでいたかわからないが、たしかにそれまで一度も、この詩のようなものを経験したことがなかったのだ。彼は『オデュッセイア』のラテン語版（今はひと握りの才気あふれる断片でしか残っていない）を作っただけでなく、ギリシア語の劇も何篇か翻訳し上演した。私はときどき想像するのだが、ディアギレフのロシア・バレエ団《バレエ・リュス》が一九一六年にテキサスを巡業したさい、相当未熟な聴衆に、ストラヴィンスキーの音楽と、ヨーロッパが誇る最高の舞踏を突きつけたのと同じくらい、アンドロニクスの上演は驚くべき、かつ不似合なものだったかもしれない。かつてないほど洗練された最も力強い劇のいくつかをローマ人がどう理解したか、私たちにはわからないが、アンドロニクスはともかく出世した。彼の俳優一座はミネルウァの——というか、彼や仲間のギリシア人にとってはアテナの——神殿で、そろって礼拝する許可さえ得たのである。

　種々雑多な古代ギリシアの移民や詩人、教師、芸人がローマに定住するにつれて、オリュンポス十二神は地元の主要な神々と体系的に同一視された。文学的観点から見ると、ギリシアの神界とローマの神界の融合は何よりもまず、移し換えの挑戦であった。私たちは今日、ギリシア人とローマ人は同じ神々を崇拝したと考えることに慣れている。無数の学校教科書や壁に貼られた図表は私たちに、単純な対応関係に見えるものを繰り返し伝える。しかし、ギリシアの神々とローマの神々をうまく一致させるのは、実際にはそれほど単純なことではなかった。そもそもローマ人には特に重要な十二柱の神のグループという認識が元来なかった。十二神という構成自体が外来の輸入品だったのである。第二に、オリュンポスの神々すべてに、対応するローマの神がいたわけではなく、たとえばアポロンはギリシアから全面的に輸入しなければならなかった。ディオニュソスも同等のローマの神がおらず、ローマでは主として、儀礼的背景でよく使われるギリシア語の別名のバックスとして知られるようになった。ギリシアの神々がローマの地元の神々と一致しうる場合でも、こうした組み合わせは誤解を招きやすかった。たとえばギリシアの神アレスは、父のゼウスにさえ嫌われた狂気のような残忍な性質であったが、対照的にローマのマルスは、ローマ人の神界では中心を占める非常に尊敬された神格である。そして、ゼウスとユピテルの対応のような最も直接的な同等神の場合でも、ギリシアの影響がローマ人の神観を徐々に変えていき、神々の個性をもっと複雑で多方面にわたるものにした。神々は新たな肖像と略歴と、そして何より新しい崇拝形態も獲得したのである。

新しい崇拝形態のうち、最も有名なのはバックス信仰で、前三世紀から前二世紀初頭のあいだにイタリア南部から半島を北上して広まった。この信仰は現世と来世についての偉大な奥義を明らかにすることを約束し、恍惚に達する方法として葡萄酒と性交と暴力を用いることを奨励した。バックスの儀式の詳細は明らかではない。詳細は新規入信者にしか明らかにされなかったし、敵意に満ちた情報不足の古代資料からそれを復元しなければならないからだ。とはいえ、この信仰は伝統的なローマ宗教が満たさなかったニーズに応えたようだ。帰依した人々はバックス神との個人的な、本能的ですらある関係を追い求め、死の恐怖に対する答えを儀式のなかに探し求めたのである。この種の宗教は、ローマ共和政の階層制度に敬意を払わなかった。バックスは市民と異邦人、男と女、金持ちと貧乏人、奴隷と自由人のあいだの境界を打ち破り、帰依者たちを信仰でひとつに結びつけた。これは物議をかもすものとなり、ローマ元老院は前一八六年に、異例の残虐さでバックス信仰を弾圧した。一般に、ローマ人は外来の信仰に寛容だった——あるいはより正確に言うと、そんな信仰は自分たちの神々の扱い方ほど効果的ではないと感じて、そのまま放置していた——ので、国家が認可したこの弾圧はめずらしかった。元老院がバックスの儀礼を根絶しようとしたのは、ひとつには、帰依者らが酔って破壊的なことをするからとい

11. ローマのカピトリーノ美術館蔵の後１世紀のこの巨大な像は、マルスがローマの神界で重要な神格だったことを示している。対照的に、ギリシアにおける「同等の神」アレスは、ギリシアであまり重要でない神格だった。単純そうに見える神名の移し換えはしばしば重大な違いを示した。

うより、彼らがうまく組織化されていたからだったと思われる。新規入信者には共同の資金と指導者と入信手続きがあり、それがローマの国家の内部に新しい権力構造を生み出す恐れがあった。公式のプロパガンダは、バックス信仰者を外国から入ってきた宗派の怪しい構成員と位置づけたが、実際には、この神の秘密儀式に入る宣誓をした人々のなかには、善良なローマ市民や既婚女性たちがいたことがわかっている。だからこそ元老院は一段と脅威に感じたに違いない。バックスの密儀は伝統的なローマ宗教の原則そのものを揺るがした。宗教の焦点はもはや国家の安泰ではなく、個人的・集団的解放感だったのである。

バックス信仰を禁止しても、ローマの文化と宗教が前二世紀のうちに急速に変化するのを防ぐことはできなかった。他にもあまりにも多くの多彩な人物たちがこの都に現われて、神々についての風変わりなうわさを広めた。たとえば前一六八年に、ひとりの有名なホメロス研究者――マッロスのクラテス――が、小アジアのペルガモンから外交使節の任を帯びてローマに到着し、とたんにパラティヌスの丘で下水溝に転落した。すぐれたローマの工学との遭遇のせいで、何か月間も足止めをくらったのだ。彼は回復期間中にホメロス叙事詩についてローマ人に講義する機会をとらえ、テアゲネスの伝統を踏襲した魅力的な寓意的解釈を提示した。オリュンポスの神々は人間の美徳や物質的原因や精神状態を表わす、と主張したのである。ローマ人は度肝を抜かれた。クラテス以外の客員講師――北アフリカのキュレネ出身のギリシア人でクラテスの数年後にローマに着いたカルネアデスら――は、それほどうまくいかなかった。カルネアデスはプラトン自身が創立したアテナイの哲学学校アカデメイアの学頭で、正義について講義した。最初の講義では正義という美徳を大げさに称賛し、喝采を浴びた。二回目の講義では、修辞学上の方針を一八〇度変えて、前回の議論をすべてくつがえし、もっぱら社会を統制する道具として正義を示した。我こそはこの都の道義心なりと自任する厳格なローマ市民である監察官カトーは、これに憤慨し、カルネアデスが他の美徳を吟味する前に彼を直接アテナイに送り返すよう、元老院を説き伏せた。

クラテスとカルネアデスは今日ではほぼ忘れられた人物だが、古代ローマでは大きな感銘を与えた[1]。だが当時でさえ、彼らが支配的な宗教観と道徳観を独力で根本的に変えることはできなかった。彼らの独特の考えはただの「取るに足りないギリシア人」の思いつきとして、いとも簡単にしりぞけられたであろう。ローマを動かす元老院議員や将軍たちがギリシアの神観を真剣に受け止めるようになって初めて、共和政ローマの宗教的均衡が変化し始めた。ギリシアの演劇や叙事詩や哲学的議論における神々の描かれ方に直面したローマ人は、道徳規範は神々とほとんど関係がないらしいと思い始めた。神々が特定の個性を有するなら、ローマ自体よりもむしろ特定の個人を贔屓するかもしれないと気づくようにもなった。

ギリシア文化全般を――そしてとりわけオリュンポスの神々を――どうしたら個人に都合よく利用できるかをローマ人に教えたのは、おもにエンニウスという南イタリアからの移民であった。メッサピイ族の血をひき、オスク人の家族を持ち、ギリシア風の教育を受けたエンニウスは、習得した三つの文化のそれぞれに心をひとつずつ、三つの心を持っていると主張した。彼はローマに移ったのち、最終的に、ローマの高名な将軍フルウィウス・ノビリオルのおかかえ詩人になった。これはかなり影響力のある立場だということが判明した。エンニウスはやがて、ヘレニズム風の模範的な詩歌や神格、芸術支援、権力を導入することで、ローマの文学と文化を根本的に変容させることになるからだ。

エンニウスには他にもいくつか作品があるが、なかでもとくにロムルスとレムスで始まり、フルウィウス本人で終わる、ローマについての叙事詩の『年代記』を創作した。本人が言ったように、共和政ローマの歴史全体が、格別に神々の寵愛を受けたこの三人の人物の各個人の話ごとにひと括りにされる。

この詩は「オリュンポスで踊るムーサたち」への祈願で始まり、この女神たちがローマに登場したのは、これが最初であった。アンドロニクスはかつて『オデュッセイア』のラテン語版で、ムーサをカメナと翻訳し、やや漠然としたイタリアの泉の女神（おそらく霊感の女神でもあった）と同等視したが、エンニウスはこの考えに反発した。彼の考えでは、ムーサたちは地方の泉にこっそり隠れるのではなくギリシアの神々なのであり、ローマ人はムーサという名前を知ってその到来を祝う必要があるのだ。

いつものように、翻訳の諸問題は翻訳以上に大きな文化的変換の跡を残した。ムーサたちと彼らが代表するギリシア芸術は、ローマで正しい評価を受けなければならない、とエンニウスは堅く決心していたのである。ムーサ以外のオリュンポスの神々に関しては、エンニウスはローマの標準的な翻訳名を受け入れたが、その描写にギリシア的な詳細を数多く付け加えた。たとえば『年代記』では、十二柱のオリュンポス神族の一見単純そうなリストを述べたが、しかしそのリストに、勘のいい人ならひと目でわかるホメロス風のちょっとしたジョークを潜ませた。

ユノ　ウェスタ　ミネルウァ　ケレス　ディアナ　ウェヌス　マルス
メルクリウス　ヨウィス〔ユピテル〕　ネプトゥヌス　ウォルカヌス　アポロ(2)

エンニウスは注意深く詩の一行目に女神たちを、二行目に男神たちを置いた――ただしマルスが、秘密の恋人の近くにいたいために、一行目の行末でウェヌスの隣にもぐり込んだのを除けば。マルスはすでに『オデュッセイア』でウェヌスとひそかな情事を楽しんでおり、その情事が今度は博識な文学的ほのめかしになっているのである。エンニウスはアレクサンドリアの人々によって始められた、書物に頼る洗練された文化の達人であった。彼もまたアレクサンドリア人のように、パトロンにへつらい自分の地位を上げるための詩の使い方を心得ていた。

前一八九年にフルウィウス・ノビリオルがギリシア都市アンブラキアを略奪したとき、エンニウスはこの勝利を祝う劇を作った。フルウィウスはフルウィウスで、ムーサたちを「こちら側に連れてくる」というエンニウスの事業をまったく文字通りに受け取ることに決め、アンブラキアの地元の神殿からこの女神たち九体の像を略奪してきて、ローマの自邸に移したのだ。あいかわらず口うるさい監察官のカトーは、この処置を公然と非難した。戦利品を私有財産にすべきではなく、神像を室内装飾として使ってはならないと主張したのである。[3] ローマの伝統的な原則にのっとって崇拝しつつ支配することが不可欠である、と。問題がどこにあるかは、カトーの目には一目瞭然だった。フルウィウスは自分の個人的地位の向上のためにギリシア人の詩人兼助言者とムーサ像を利用したことで、エリート層のあいだの均衡を混乱させるのである。アンブラキア略奪についてのエンニウスの劇はフルウィウスの政敵たちを激怒させたが、民衆にはすこぶる受けがよく、ローマの人々はフルウィウスのような人気のある将軍に、相当な権力を授けることができた。

エンニウスはさらに、フルウィウスをほめ称える叙事詩と劇に加えて、エウヘメロスの『神聖な記録』をラテン語に翻訳した。人類に恩恵をもたらした死すべき人間として神々を描いた、ヘレニズム期のあの興味深いテクストである。彼はこれによって、オリュンポスの神々はかつて普通の人々だったが、後続の世代がその功績に感謝して彼らを神にしたのだと、フルウィウスに、さらに広くローマ人に示唆したのだった。言い換えると、大衆は、政治の領域だけでなく宗教の領域でも、お気に入りの人物を昇格させることができたのである。ひとりの将軍と三つの心を持つ詩人との個人的な友情が、権力の均衡を、伝統的なローマ宗教より神々をもっと個人的にとらえる考え方のほうに傾けつつあった。すなわち神性は、大衆を引きつける力の問題になりつつあったのである。

フルウィウス・ノビリオルは、結局は政治的・宗教的な圧力に屈しなければならなかったが、カトーからの攻撃に非常に抜け目のない対応を考え出したので、エンニウス自身も裏で一枚嚙んでいたに違いない。彼は九体のムーサ像を自宅から運び出し、テヴェレ川に近い公共神殿に寄付した。この神殿はその後、「ムーサたちのヘラクレス」に奉献し直された。この称号は（エンニウスの出身地のイタリア南部では重要部分を占めたかもしれないが）、ローマの祭儀では先例がなかった。フルウィウス・ノビリオルは、エンニウスから受けた政治的利益を弁明するどころか、自分とギリシアのムーサたちや詩人との関係を、こうして公然のものに変えた。フルウィウス自身が将軍兼文芸パトロンとして、もちろん完璧この上ない「ムーサたちのヘラクレス」であり、寄贈もさらなる自己宣伝になった。ローマの多くの権力者たちはその後、数百年にわたって、エンニウスが世に広めたヘレニズム風のこのごまかしを模倣し、自分自身を神として表現し始めることになる。その一方、ヘラクレスとムーサたちの神殿は、来たるべき何世代にもわたって詩人や芸術家たちの出会いの場になり、彼らは、略奪されたアンブラキアの九柱のムーサたちが主宰する新しいギリシア・ローマ混成の文化を創造した。

11　祖先・同盟者・分身

前二世紀の数々の軍事的成功によって、ローマはすっかり変わってしまった。エリート層はすでにすこぶる裕福になっていたため、富の多くを土地に投資し、百年間続いた戦争で拿捕した莫大な数の奴隷に耕作させた。一方でローマの小作農はしだいに都に引き寄せられ、都では権力者が投票の見返りに利を施していた。帝国の首都は大都市に成長した。イエスが生まれる数十年前には推定で百万人(4)の住民を擁したが、これはのちに工業都市ロンドンが誕生するまで破られなかったヨーロッパ記録である。しかし、繁栄は安定をもたらさなかった。実際、帝国が東と西での征服をとおして成長し続けるにつれて、権力者間の緊張は高まった。支配層エリート間の不安定な同盟関係、将軍と軍隊の危険をはらんだ関係、異論の多い農地改革、多数の奴隷の反乱（そのうち最も有名なのがスパルタクスの反乱）、イタリアと属州のいたるところで頻繁に起こる暴動――こうしたすべてがあいつぐ内乱を煽り立てるのにひと役買い、そのせいで共和政ローマはついに終焉した。

オリュンポスの神々はこういった情勢の進展に、徹頭徹尾、巻き込まれた。彼らは見分けのつく一団の登場人物として、まず第一に国際関係の促進役として役に立った。そしてローマ人が前進し世界を征服するにつれて、この世界とはいったい何なのかを理解する一助となった。たとえばカエサルはガリアに侵攻したとき、まるでなじみがないはずの環境のなかで、おなじみの神々をただちに突き止めた。彼の『ガリア戦記』には、ガリア地方の神々について、次のような観察がある。

神々の中でもっとも崇拝されているのはメルクリウスである。神像の数がもっとも多く、あらゆる技術の発明者と言い伝えられ、道案内と旅を司る神、金儲けと商売にもっとも大きな力を有する神と考えられている。これに続くのがアポロ、マルス、ユピテル、ミネルウァであり、これらの神々についてはほかの民族とほぼ同じ捉え方をしている。すなわち、アポロは病魔を祓い、ミネルウァは工芸と技能のきっかけを授け、ユピテルは天上の支配権を握り、マルスは戦争を司る。(5)

カエサルの神々の同定は軽薄で、ぞんざいですらある。大雑把に言えば、メルクリウスをガリア神話のトータティスと、アポロをベレヌスと、アレスをエススと、ゼウスをタラニスと一致させることはできる。しかしカエサルが、たとえばミネルウァに対してその土地のどの神が対応すると考えたかはわからない。いずれにせよ、細かい点にはまったく無頓着だったようだ。彼がローマの読者に暗に言いたかったのは何より、万国共通の同じ神々がいたるところで支配し、しかもローマを支援していることであった。ガリア人は神々の適切な階級構造があまりよくわかっておらず、メルクリウスを、ユピテルはもとよりアポロやマルスよりも優遇するのは奇妙なことで、ガリア人はひょっとするとこの点で若干弱いのかもしれない、と彼はほのめかした。しかし、地域のこの奇癖〔商業の神メルクリウスの優遇〕は交易には何にせよ幸先がよいが、地元の宗教について報告すべき興味深いものはほかには何もなかった。実際カエサルは、ガリア人は神々について他のすべての人々と「ほぼ同じ見解」を有していると、無邪気に断定している。当然のことながら、ローマ人はギリシア人を扱うときにはこうではなかった。すなわち、ギリシアの文学・芸術・哲学における神々の描写は逐一、ローマで綿密に調べられ、吸収されたのである。カエサルがメルクリウスやアポロ、マルス、ユピテル、ミネルウァに帰した特性は、ヘルメスやアポロン、アレス、ゼウス、アテナについてのギリシアの物語とぴったり同じだった。実際、ギリシアの神々とローマの神々がすでに体系的に融合されていたからこそ、カエサルは「すべての民族」について堂々と主張できたのである。

予想できるように、宗教信条は実際には、ローマ帝国内の地域によって根本的に違うものだった。しかし被征服民が自分たちの神々をローマ人に示すとなると、彼らに選択権はほとんどなかった。自分たちの固有の神々を崇めたいと要求することはできた――ただし、そのさいローマ人が敗者の奇妙な神々を気にするいわれはなかった。もしくは、自分たちの神々はじつはオリュンポス神族と同じだと被征服民は主張できた。この場合、ローマ人はその神々について知るべきことはすでにみな知っていた。どのみち最終的な結果は同じことで、特色ある地元の教えがおおい隠される一方、ギリシア・ローマ的な神観が帝国中に広がったのである。たしかに外来の神々のなかには、ローマ人のあいだでなんとか尊敬を勝ちえた神もいたし、崇拝された神もいた。東方の大地母神キュベレはローマで異例の成功に恵まれ、ペルシアの神ミトラスは、ローマ軍団兵のあいだで人気が出た。そしてエジプトの女神イシスはアフリカ沿岸部で、さらにジブラルタルを越えてスペインとガリアまでその影響力を広めた。しかしキュベレとミトラスとイシスでさえ、ギリシア化された東方からローマ世界に入ったおかげで、きちんとしたギリシアのお墨付きがもらえたのである。ギリシアのパスポートがなければ、征服された神々がローマで影響を与えるのは、じつのところ非常に難しかった。

オリュンポス神族は普遍的な神々であるという想定は、北ヨーロッパからアフリカとアジアに至るまでのローマ帝国のあらゆる場所で宗教的態度を吹きこんだ。たとえばカエサルの同時代人のウァッロは、ユダヤ人はユピテルを崇めていると主張した。ユダヤ的なユピテルなんてとんでもない考えだと思われるかもしれないが、十中八九、尊敬の念を示すしるしだったのである。ウァッロはユダヤ人が唯一の神格だけを崇拝していることを称賛したのであり、彼の考えからすると、最高神はユピテルでなければならなかった。興味深いことにユダヤ人自身も少なくともある程度まで、ウァッロと同じ見解をいだいたらしく、自分たちの「神」はローマ人に勝利を授けたのとまさに同じ神格だと彼らも考えたのだ。ポンペイウスが前六三年にエルサレムを占領してユダヤ教の神殿を冒瀆したとき、ユダヤ人の書き物はこれを神の怒りのしるしとして提示し、「神」はユダヤの民をその邪悪さゆえに罰するためにこの異邦の征服者を助けたと述べた。

ローマ人に征服されたことで民族の神学が影響を蒙ったのは、征服されたガリア人とユダヤ人だけではなかった。征服者自身も変わったのである。カエサルとポンペイウスの軍事行動が、とどまるところを知らぬかのように勝ち進むにつれて——ポンペイウスは地中海域と近東を駆けぬけ、カエサルは西ヨーロッパの多くを制圧して一時はブリテン島にも侵攻した——両者とも自分の神性をひけらかし始めた。ユリウス・カエサルはユリウス氏族として知られる家系に属するからウェヌス女神自身の末裔である、と主張した。ウェヌスはアエネアスを産み、アエネアスはユルスを儲け、このユルスがカエサルの一族の名祖となったのである。ローマでは誰もが、ある程度にしろ、このことをすでに知っていたが、ここにきてカエサルはこの事実が絶対に見過ごされないように、「先祖なるウェヌス」に神殿を奉納した。これは周到に計算された名称だった。すなわち、この女神はロムルスとレムスの先祖であるがゆえにすべてのローマ人の祖先であったが、カエサルは女神がとくに「自分の」祖先であることもまた強調したのである。ウェヌスの息子アエネアスの物語もちょうどその頃に、とくに人気が出た。たぶんこの話がカエサルとその追随者たちにとって有益だったからだ。

一方、ポンペイウスは新しいアレクサンドロス大王と自称した。「大ポンペイウス」と呼ばれることを要求し、神の名誉のしるしをとりわけギリシア東部で求めたのである。たとえばミュティレネ市のあるエーゲ海の島〔レスボス島〕では、暦の月々の名称にはたいてい神々の名が充てられたにもかかわらず、ある月の名前がそっくりポンペイウスの名に因んで名づけられた。デロス島――アポロンとアルテミスの生誕の地！――でポンペイウスは個人崇拝を享受し、ポンペイアスタイという名で知られる特任の神官まで備えた。普通のギリシア人がポンペイウスの神性の主張をどう思ったかはわかりにくい。ひょっとすると、事情が事情なので崇拝するのがたんに最善の選択肢だと思ったのかもしれない。あるいはひょっとすると、彼の圧倒的な力は少なくともある程度は本当に神から授かったものだと思ったのかもしれない。あるささやかな証拠から、少なくとも何人かのギリシア人はポンペイウスについてかなり相反する感情をいだいたことがうかがわれる。アテナイの城壁に引っ掻かれた落書きはご丁寧にも、彼にこう忠告した。「汝が顧みて／わが身を人間なりと思うこと大なるほど、／汝は神に近きなり」(6)。

ポンペイウスが街角のそんな知恵にいくらかでも注意を払ったかどうかは疑わしい。ギリシアでは、彼は好き勝手にできた。ローマでこそ、慎重にならなければならなかった。首都には神々と人間の昔ながらの扱い方があり、それから離れすぎると、ローマが享受している神からの格別の援助を危険にさらしかねなかったのである。ポンペイウスはローマの伝統を尊重する必要があり、実際にそうしたが、それにはきわめて重大な新機軸が伴っていた。たとえば、ローマの重要な儀式である凱旋式に、彼は自分の神性についての考えを同胞市民に示すための変更を加えた。元老院は伝統的に、重要な勝利の後に帰還する将軍に、ローマに盛大に入城する権利を与えてきた。つまり将軍は、軍の先頭に立って特別仕立ての凱旋門を通り抜け、捕虜や戦利品、異国からの動物、戦役で集めた他の驚くべき品々を誇示したのである。この行列は特別な儀礼用の道筋をたどってローマ市内を移動し、最後はカピトリヌスの丘の上のユピテル神殿の前で終わった。その神殿で、将軍は赤く塗られた偶像の膝の上に月桂樹の冠を置き、自分の勝利を最高神に正式に感謝した。凱旋式のあいだは、戦勝者たる将軍自身も月桂冠をかぶり、赤い服を着用し、ユピテル像の外見に倣って顔も赤く塗られた。言い換えると、将軍とユピテルは一日だけそっくりになるわけだが、その後、人間のほうは冠を神の手にゆだねて普段の外観を取り戻した。ポンペイウスはそうしなかった。エルサレム陥落後、元老院は彼に、凱旋式を祝う権利のみならず、大円形競技場に行くときはいつもユピテルの衣装をまとい化粧してよいという許可も与えたのである。そんなわけでローマの大衆は、人々の集まるこの競技場にポンペイウスが公式に現われるときにはつねに、カピトリヌスの丘のユピテルそっくりの姿を目にすることになる。

実際には、ポンペイウスがあえてそれをやったのは一回きりだったようだが、たしかにライバルのカエサルに手本を示した。前四〇年代までには、世界はもはや両雄相並び立てるほど広くはなさそうだった――二人が共和政の支配を求めて戦った結果、ポンペイウスはエジプトでプトレマイオス家の者たちに暗殺され、暗殺者らは切った首を、文字どおり銀の皿にのせてカエサルに差し出した。ローマに戻ったカエサルは、何の遠慮を感じることもなく神のようにふるまった。あらゆる公式行事でユピテルの衣装をまとう権利を要求し、神の装いの一部である月桂冠は、カエサルの肖像にはつきものになった。カエサルはまた、新しい地位にふさわしいように自宅に効果的な改修を施し、三角の切妻壁を正面に付け加えて自宅を神殿のように見せた。その次に、自分の個人崇拝に仕える神官を一名選任し、ある月の名称を自分の名前にちなんで改めた（ポンペイウスがミュティレネで自分のために命名した月とは違って、ユリウス Julius・カエサルの月である七月 July は今日でも彼の名がついている）。要するに、神性を示威する大げさな行動をギリシア世界に限定するのではなく、むしろ本丸のローマで神として崇拝されることをカエサルは強く求めたのである。

案の定、そういうふるまいは憤慨を生み、カエサルの敵対者たちはローマの伝統的行為からの逸脱だけでなく、ヘレニズム哲学からも攻撃手段を見つけた。前一世紀半ばにローマの詩人ルクレティウスは、神であるということが実際にはどういう意味かを問うよう強く主張し、カエサルの要求とすぐにはっきり関連することになる問いに先鞭をつけたのだった。ルクレティウスの考えでは、この世界で起こることを左右するのは物理的原因とりわけ原子の運動と、人間の意志だけだった。ルクレティウスによると、オリュンポス神族は人間の問題にまったく影響を及ぼさない。神々は、自分たち自身の別個の世界で満足しきって生きていて、人間にはイメージや幻影つまり「似姿」としてしか見えない。同時にルクレティウスは、凡人も神のようになれるのであり、死の恐怖を捨てて楽しく過ごし始めさえすればよいと説いた。彼に言わせれば、ギリシアの思想家エピクロスがすでに手本を示していた。エピクロス哲学は、単純な喜びを人生の最高の目標と断定する哲学であり、完璧な幸福への指針であった。ルクレティウスはエピクロスをいくらほめそやしてもしすぎることはなかった。エピクロスは人生を悩ませる恐怖や悲しみを打ち負かしたのだから、葡萄酒をもたらす神バックスや穀物を与える女神ケレスよりも偉大であり、さまざまな怪物を殺したヘラクレスよりも強かった。

ルクレティウスに関する限り、エピクロスは人類の真の救世主であった。彼はエピクロス哲学をローマで宣伝するために、『事物の本性について』と題する情熱的で厳密な議論を展開する詩を書いて自身の宇宙観のあらましを述べ、人間の生を、耐えられるだけでなくこの上なく幸福なものにする方法を説いた。ルクレティウスはある程度成功し、彼の詩を読むのは今なお、精神を高揚させるすばらしい喜びである。オリュンポスの神々について、彼は多くの問いをうやむやのままにした。人々の注目を集める神的なイメージの「似姿」とは何だったのか？　神々とは、エウヘメロスが『神聖な記録』で論じたように、人類に益をもたらした（エピクロスのような）実在する人々の幻影だったのか？　神々の住む神的な世界でも同じ物理学的法則が原子の運動や結合を支配したのだろうか？　ルクレティウスは神々とその力の驚くべき永続性を説明しなければならないことを知っていたし、この問題に取り組むと詩のなかで約束もしたが、関連する部分の執筆には至らなかった。『事物の本性について』を擱筆する前に亡くなった可能性もある。シモニデスのように、ひとりの人間の生は神性の本質をとらえるには短すぎることに、彼は気づいたのかもしれない。

カエサルが神のようにふるまい始めたのち、人々は新たな切迫感をいだきながらルクレティウスの著作を繙《ひもと》いた。神とは本当のところ誰あるいは何なのか？　神はこの世界でどう行動したのか？　神が死ぬこともあるのだろうか？　もしそうだとすれば、神は心的なイメージとしてのみ生き延びたのか、それとも未来の事の成り行きを形作る現実の力として生き延びたのか？　これらの問いは今や、ルクレティウスのような哲学者詩人だけでなく、政治家たちにとっても関心の的となった。著名なローマ元老院議員で政治家でもあったキケロは、自分が『神々の本性について』と題する広範な論文を書いたのはそれが国家の利益になるからだと言った。おまけにカエサルが独りで政治を支配したおかげで暇がたっぷりあったと彼は言い添えた。

読者の中には、どうしてわたしがこれほど晩年になってから、このような書物を書き著そうと決意したのか、いぶかしく思う者がいるかもしれない。だが、この問いに答えるほど容易なことはない。というのも、わたしは閑暇の中にあって無気力に陥っていたが、国家はもはや一人の人間の考えと世話によって導かれる他ないといったありさまであったから、祖国を思えばこそ、わたしは何よりもまず国民に向かって哲学を説く必要があると考えたのである。(7)

キケロにとって、神々の本性について考えることはカエサルの独裁政権への論理的な返答なのであった。カエサルが神の地位を要求するのなら、そんな要求が何を意味するかを吟味するのが自分の市民としての義務だと彼は考えた。論文でキケロは、神々がまったく存在しない可能性を考えたが、次に、世界中のすべての人々が神々は存在すると信じている——そしてそれほど広まった考えには何らかの真理があるに違いないと指摘した。こういう普遍的な観点から出発したのち、議論の的はすぐにローマに絞られる。キケロはローマの高官同士の会話として著作を組み立てた。彼の描写では、高官たちは戸外の美しいローマ式庭園でのんびりと会話をし、神々の本性について議論し、さまざまな理論を——ストア派のように神性は神意によるという主張や、エピクロス派のように神性は人間の生に無関係であるという議論を——検討していた。そして結局、何の結論にも達していない。

このためにキケロは一見、あらゆる理論を吟味したあげくに何も支持しない現実離れした懐疑主義者に見えた。彼がいったいどのようにして、神々に懐疑的な立場を持ちつつ、元老院議員兼神官としての務め——神々の意志の解釈に基づいたローマ元老院への建言を含む——も忠実にこなせたのかは、これまでずいぶん議論されてきた。キケロは自分の役割をまったく切り離していたと主張する人々がいる。つまり、ローマの神官として仕えるときにはローマの神々の概念に合わせ、哲学を書くときにはギリシアの典拠をたどったというのだ。私はこれに異議を唱える。というのは、キケロはまったく矛盾のない立場を見つけたと私が思っているからではなく、彼が哲学をまさに政治学の一形態として書いたからだ。彼がギリシアの伝統を受け継ぐ哲学者になったのは、ローマの元老院議員にして神官であればこそなのである。カエサルが自分は神だと暗に言うことで国家宗教を独占し始めたときに、キケロが神性を広範かつ懐疑的に扱うよう提案したのは、偶然の一致ではない。キケロは自身のために、そしてローマのために、ギリシア哲学という輸入された学問を用いていたのだ。

古典学者のメアリー・ビアードは、この観点からキケロを、伝統的権力を維持するために西洋医学の改変を試みる部族の呪術医になぞらえた[8]。この比較は多くの点で適切であり、ある程度の混乱と内部対立と、外来の考えへの創造的対応とをうまく表現している。しかし一方で、キケロと植民地化されたアフリカの村の部族民との、根本的差異を軽視してもいる。ローマは文化の遅れた開拓地ではなく、全世界的な帝国の首都である。同様にキケロは、地元での権力を死守しようとする植民地開拓者の方法に頼っていなかった。彼は帝国のエリート階級に属し、打ち負かされ征服されたギリシア人を模範とした。この点ではカエサルも同じだった。両者は、数々の相違点にもかかわらず、ヘレニズム的な神の観念をローマの喫緊のニーズに合わせつつあった――カエサルは、支配者は神かもしれないという可能性をほのめかし、キケロのほうはそういう主張を哲学的に疑問視したのである。

古代ローマの神秘と魅力は、このようなギリシア文化の創造的再構成にある。他に比類を見ないことだが、ここでは勝者が、敗者の考えに順応することで自分のために好機を作り出しつつあった。「捕われたギリシアは獰猛な勝者を捕虜にした[9]」といみじくもホラティウスが言ったように。そしてこの文化的征服の結果は、今日私たちが思い浮かべるような美しい均整のとれたギリシア・ローマ統合体ではなく、人と人、考え方と考え方の激しい衝突であった。ローマ共和政後期の中心人物は、ほとんどが非業の死を遂げた。カエサルはポンペイウスの斬首から四年も経たないうちに暗殺され、さらに二年も経たないうちに、キケロも（カエサルの支持者たちによって）殺された。その両手と頭はロストラという、彼が生前多くの演説をした公の演壇に、おおっぴらに釘付けにされた。

あちこちに散らばった身体は、ローマ共和政の終焉を表わしていた。アレクサンドリアでのポンペイウスの頭部、ポンペイウス劇場で傷だらけになったカエサルの胴、公の晒し物となったキケロの頭と両手。その一方でオリュンポスの神々はこの混乱状態を楽しんだ。彼らはローマの最も卓越した男たちの先祖として、同盟者として、分身として、血まみれの革命を引き起こした。タキトゥスはローマ共和政後期を、こんな辛辣な一文で手短に述べた。「神々の配慮はローマ国民の安泰ではなく懲罰だ[10]」。懲罰、より正確に言うと復讐、つまりラテン語のウルティオー。この言葉は私的な確執を、つまり神対神、人間対人間、党派対党派の確執を表わす。暴力的な人々がローマを引き裂いたあげく、ついに平和への予想もしない道筋の計画をカエサルの後継者が立てた。その統治下では、神々に関する哲学的思索はすっかり勢いを失った。神々が実在した可能性、あるいは実在しなかった可能性、あるいは実在したが人間世界の事柄に一切関与しなかった可能性。神々は不死なる存在に違いない、あるいは人間を統轄する者に、あるいは政治的権力よりも快楽に夢中なエピクロスのような思想家たちに違いないという考え――新しい皇帝はこうした不毛な選択を嫌い、神々についてもっと融通のきく、さまざまな考えが共存・混淆してもよいという考え方のほうを好んだ。理屈っぽい哲学者よりも、詩人や芸術家を後援した。彼らが描く神々の幻によって万人が、神々だけでなくローマの新しい支配者たる自分にもずっと満足することを、彼は望んだのである。

12　変種

前四四年のユリウス・カエサルの死後に彼の遺言状が開封されると、意外なことがいくつか含まれているのがわかった。一番の驚きは、遺言状がオクタウィウスを養子にして第一後継者として指名したことだ。この選択はじつにみごとだったとやがて判明するが、この時点では、オクタウィウスがカエサルの後継者として当然とは、ほとんど思われなかった。彼は自分の継承権を主張するために、養父カエサルを殺した元老院議員たちだけでなく、マルクス・アントニウスをはじめとする、カエサル自身が同盟を組んだ権力欲の強い者たちにも対処しなければならないだろう。オクタウィウスはわずか十八歳で、出征中でローマを離れており、カエサルの遺言状の内容をおそらく知りもしなかった。ところが内容を知ってからの行動は迅速だった。まず第一に、父のようにユリウス・カエサルと呼ばれることを求めた（もっとも、現代の歴史家たちは先代のカエサルとの混乱を避けるために、この時期の彼を「オクタウィアヌス」と呼ぶ）。執政官職を拒否されると、カエサルの有名な前例に倣ってルビコン川を渡り、ローマに進軍した。

このように、オクタウィアヌスはカエサルの範に倣いながら自分の地位をしっかり築くと、次に父親の神格化を画策した。前四二年には、ユリウス・カエサルを神とすると、正式に公布された。マルクス・アントニウスはこの計画に乗り気ではなかったようだ。ユリウス・カエサルは神として、ローマの他の男たちをさしおいて後継者たる息子を支持するに決まっていたからである。アントニウスの心配は的中した。オクタウィアヌスは、今は亡きカエサルを唯一の絶対的な味方として恃み、共和主義者らをすばやく制圧して軍を掌握した。ついでに元老院階層の多くを一掃し、財産を没収して軍に与えた。たちまち、オクタウィアヌスはひどく凶暴だという悪評が立ち、人の目を素手でえぐり出せるというウわさが広まった。

しかしながら、残忍さは彼のおもな資質ではなかった――なにしろ敵側も残忍さには事欠かなかったのだから。オクタウィアヌスの際立った点は、権力基盤を順応させ変形させられる力量であった。彼はカエサルの独裁政治の後、共和政の多くの慣例を外見上は復元したが、実質的には帝国の支配をしっかり掌握した。当然のことながら、そんな戦略を採るには、神々を非常に注意深く扱う必要があった。オクタウィアヌスは敬虔というローマの伝統的形式への復帰を装い、適切な宗教行為とローマの安全とのつながりを強調した。とはいえ、政治と同じく宗教においても、神官たちの進言や見識に頼らずに直接管理を続けた。神々はローマを支持するという点で一致団結しており、それはとりもなおさず、実際にはオクタウィアヌス自身への支持で一致団結しているという意味だと彼は主張した。

そう言われたところでおいそれと納得できるものではなかった。というのはオクタウィアヌスのおもなライバルたちにも、神からの支持を要求する権利があったからである。マルクス・アントニウスはヘラクレスと密接な関係を育み、実際に、家系の類似点を示そうとさえした。ヘラクレスはたいてい最小限の衣類、つまり筋肉を見せびらかしやすい衣装をまとう姿で描かれ、しばしば重いマントかライオンの皮を肩にかけ、大きな棍棒か剣を手に持っていた。そして古代の伝記作家プルタルコスによると、これこそまさにマルクス・アントニウスがローマの街角に現われるときの格好だった。

アントニウスは風采も闊達な威厳が具わり、格好のよい髭《ひげ》、広い額、それに鷲のような鼻からは絵や彫刻のヘラクレスの容貌に見られるような男らしさがあると見かけられた。さらに古い言い伝えによると、アントニウス家はヘラクレス家に属し、ヘラクレスの子アントンから出たといわれていた。この言い伝えをアントニウスは、今述べたような彼の身体つきと身にまとっているものからも、確かなことだと考えていた。というのは彼は大勢の人の前に出るときにはいつも、腿のあたりで衣服の帯を締め、腰に大きな剣を吊り、粗い毛の外套を着ていた(11)。

ちょうどヘレニズム期にアレクサンドロス大王が、自分に神性があるという主張を強めるためにヘラクレスとの類似を利用したように、マルクス・アントニウスもローマで自分の権威を高めるために擬人的な芸術を利用するつもりだった。ところが、政治的情勢から権力基盤を最終的にローマからギリシアとアジアに移すことを余儀なくされ、その地では別の神を手本に選んだ。すなわち、ディオニュソス神である。ディオニュソスの役割を演じるのは、アントニウスが過度の飲酒と性交を追い求めるための言い訳にすぎないという者もいたが、こういう行きすぎは大盤ぶるまいされる限り、異議はほとんどなかった。人々は「アントニウスを歓喜と恩恵を授ける神ディオニュソスとして、かつぎあげた」とプルタルコスは記した。ただし最後には、彼は「多くの人々には生肉を食らう野蕃なディオニュソスであった(12)」。

打ち出すイメージがディオニュソスであろうとヘラクレスであろうと、アントニウスにとって神性の核心は華美なものを賛美することにあった。カエサルの愛人だった女王クレオパトラはそうした態度を共有した。カエサルの死後、アントニウスが女王を呼び出したのは、表向きには、カエサルの殺害者のひとりカッシウスに資金を与えたと言われていた彼女の忠誠心を尋問したいというものであった。ところがクレオパトラはこの機会を、神と神の驚くような邂逅を演出するために利用した。アントニウスが駐屯していたトルコ南部の都市タルソスに、クレオパトラは船でやってきた。屋形船は金箔を施した船首と紫色の帆を備え、船乗りが音楽に合わせて銀の櫂を漕いでいた。その光景はまばゆいばかりだったので、「アプロディテがアシア〔小アジア〕の幸福のために、ディオニュソスのところにお祭騒ぎをしに来たという噂が四方にひろまった」[13]と、プルタルコスは伝えている。この神々しい光景には実際的な目的があった。クレオパトラは新しい政治的・私的同盟者を探し求めていたのである。カエサルの愛人にしてその息子の母親として、彼女には、カエサルの復讐者の側につく以外に選択肢がほとんどないところに、アントニウスがやってきた。結託したおかげで、二人には空前の軍事力と経済力が生まれ、一方で神のようにふるまうことで彼らのカリスマ性はいっそう高まった。ひるがえってローマで、オクタウィアヌスが自分にもオリュンポスの分身が必要だと決意したのも不思議はない。彼は美と秩序の神アポロを選んだ。そしてこの神のために、パラティヌスの丘の上の自邸のすぐ隣に神殿を建設するという約束までした。

オリュンポスでも地上でも、だんだんと戦線が明らかになっていった。一方の側にはオクタウィアヌスとアポロ、もう一方の側には、アントニウスとクレオパトラおよび二人を支援する肉感的な神々が並んだ。この特別な陣容はオクタウィアヌスにはちょうど好都合であった。義務と中庸という伝統的なローマの価値観を堅持する決意をもった、厳格な武官という自己イメージを打ち出すのに役立ったからである。たしかにアポロは、名前と出自はギリシアながらローマでの歳月も久しく、オクタウィアヌスが投影したい従順な敬虔のイメージとかなり一致した。歴史学者のロナルド・サイムが言ったように、「よりよい部類のギリシアの神々の加護を祈願すれば、不都合なことなど一つもなく、あらゆる利点があった」[14]のである。それでもなお、オリュンポスの神々のあいだで争いが起こる恐れがあるとなると、ローマ人はとうてい安心できなかった。それゆえオクタウィアヌスはあらゆる手をつくして、「すべての」神々が実際に自分を支持しており、じつは自分は内乱にまったく関与しなかったと示唆した。彼は元老院を説き伏せてクレオパトラに対してのみ宣戦を布告させ、マルクス・アントニウスを、魅惑的な女王に堕落させられた善良なローマ兵という端役に格下げした。

この組み立て直しの一環で、クレオパトラ自身、重大な変化を蒙った。ユリウス・カエサルの息子の母親でギリシア系マケドニア人のクレオパトラは今や、動物のような奇妙な神々――ウェルギリウスの弁を借りると、「吠え立てるアヌービスや、あらゆるたぐいの怪奇な神々」[15]――を崇拝する生粋のエジプト人という役柄を振り当てられた。この描写は、控えめに言っても偏向している。クレオパトラはたしかに、それまでのプトレマイオス朝の先祖たちとは違ってわざわざエジプト語を学んだが、それでもアレクサンドロスや先祖のプトレマイオス一世にとってと同じく、オリュンポスの神々が彼女の神々だった。ただし、歴史は勝者によって書かれる――そして、オクタウィアヌスの軍は前三一年に、アントニウスとクレオパトラの軍をアクティウムの海戦で決定的に打ち負かした。だから大衆の想像力のなかでは、オクタウィアヌスが作り出した異国風のクレオパトラのイメージがずっと生き残っているのである。ウェルギリウス、シェイクスピア、エリザベス・テイラー、その他今まで数えきれないほど多くの人々が、うっとりするようなエジプト美人としてクレオパトラを表わしてきた。もっとも、生前作られた彼女の肖像はそれとは違う印象を与える。ローマ人のように、そしてまったく精彩を欠くように見えるのだ。

オクタウィアヌスはライバルたちを打ち破ったのちも進化を続けた。初めてローマへ行軍してきたときには、養父と同じくカエサルと名乗っていたが、今ではローマの皇帝としてふたたび名前を変え、アウグストゥスという称号を帯びた。この新しい称号には宗教的権威者の雰囲気があった。というのもそれには「聖なる唯一のもの」といった意味合いがあったのである。ただし正確な意味はごく曖昧ではあった。とはいえ、神に由来する権威という全体的なメッセージに比べれば、細かいことはあまり問題ではなかった。この時期のすこぶる不安定な情勢下では、支配者が何か正しそうなイメージ、それも一番しっくりいく神話を伴ったものを打ち出すことが肝要だったのである。

実際、同時代の詩人たちによると、アウグストゥスが最も緊急に必要としたのは、ローマの過去と現在と未来を説明し、そしてそのなかでの自身の位置を説明する叙事詩であった。アウグストゥスは世界中の何よりもこういう詩を切望したと、詩人たちは主張する。この証言に疑義を呈してもよいが、彼が経歴のずいぶんと初期、皇帝になるずっと前から、叙事詩を要望しだしたのはたしかである。ホラティウスは執筆を断わり、へりくだって、自分はそんな高尚な任務には力不足で愚鈍すぎると言い張り、葡萄酒と女と友という自分のお気に入りのテーマから離れなかった（彼は後年、年をとってから、権力に対してノーと言いながらも快適な生活水準を維持する方法について哲学的な詩まで書いた）。ローマのために叙事詩を書くという任務に応じたのは、ホラティウスの友人のウェルギリウスであった。この詩人はかつて差し押えの時代に、アウグストゥスのせいで土地と家屋を失っており、憤りを感じても当然のはずだった。この任務の結果である『アエネイス』は皇帝を喜ばせた。

この詩は、トロイア陥落を生き延び多くの試練の末にイタリアに落ち着くアエネアスの物語を語る。物語は神話的過去を舞台としているが、ローマの現在と未来に伸びている。アエネアスがどのようにして偉大な王朝を生み出し、その子孫のロムルスが都市ローマをどのようにして建設するか、そしてロムルスの子孫のユリウス・カエサル（つまり皇帝アウグストゥス）が「限りのない支配[16]」をどのようにして確立するかは、ユピテルによって語られる。『アエネイス』の観点から見ると、アウグストゥスが権力の座に上りつめたのはたまたま起こることではなく、「起こらなければならない」ことなのである。『アエネイス』はストア哲学の影響を受けていて、ストア派が主張したとおり、ユピテルの意志は摂理なのである。しかしウェルギリウスは、単純な勝利者のローマ成功物語を提供したのではない。『アエネイス』には、さらにいくつもの声がある――哀愁や、絶望の声さえも。アエネアス自身、どうしようもないほど運命の重みを担っていると感じている。トロイアから逃げるときには父を背負って運び、父が亡くなるとひとりで旅を続け、過去よりもさらに重い未来に意気消沈するのである。アエネアスは孤独で忠実、そして並外れて凶暴だ。アウグストゥスは彼に自分を重ねていたに違いない。つまり、孤独も残虐も未来への絶対的な責任もすべて、自分と同じだった。ウェルギリウスもまた、自分自身がローマの支配権を描くことになった宿命に、因縁を感じたに違いない。ひょっとすると彼は、『アエネイス』自体が自身の負う重い責務であり、献身と自制を果たすことだと見なしたのかもしれない。ウェルギリウスの死後、彼はこの傑作を破棄したがっていたと言った人々もいた。ウェルギリウスは喪失というものをよく知っており、それをとくに痛切な思いを込めて描いたのが、旅の途上のアエネアスをもてなし彼に恋したアフリカの女王ディドの姿であった。ディドは恋人に、自分といっしょにいてほしい、楽しく幸福を分かち合いたい、ローマの未来の栄光を守護する神々へのあいまいな責務を忘れてほしい、と望んだ。彼女は心底、エピクロス主義者だった。つまり幸福を求め、神々は人間のことなど気にかけないと確信していたのである。彼女はその点では間違っていた。神々は実際、人間を気にかけはしたのだが、彼女のことだけを気にかけたわけではなかったのだ。

人間の苦しみは『アエネイス』では現実味を帯び、謎めいている。それは神々も同じだ。人間が幸福に至るまっすぐな道はない。詩が始まってすぐに、ウェルギリウスはアエネアスを紹介し、彼の受ける試練を述べ、ユノが彼をかくも意地悪く扱う理由を問う。敬虔な男に対して、どうしてそんな残酷なことがありうるのか？「かほどの憤怒を天上の神々が胸に宿すのか」〔『アエネイス』第一巻十一行〕。ウェルギリウスは自身の問いにはけっして答えず、ユノの力の本性も説明しない。彼女はもちろん、ある次元では、パリスの審判からこのかたトロイアとトロイア人の破滅を見たがっているおなじみのオリュンポスの女神である。だが別の次元では、ウェルギリウスは、カルタゴ人を守護するアフリカの女神タニトとユノを同一視する。同時に、（ヘラという彼女のギリシア語の名前の有力な語源に従って）彼女を空気と結びつけもしており〔六二ページ参照〕、ユノは『アエネイス』の冒頭で嵐を起こすだけでなく、どういうわけか彼女自身が、あやうくアエネアスを遭難させそうになる嵐そのものなのである。ウェルギリウスはこういったさまざまな可能性をすべてざっと挙げたうえで、ユノが何であろうといずれはローマの擁護者になるという約束をそれと結びつける。将来、オリュンポスと地上に平和が訪れ、アウグストゥスが世界を支配するであろう。ユピテルの言葉を借りると、「厳しいユノも、／考えをあらためるであろう、わたしとともに慈しむであろう。／ローマ人を、世界の支配者にしてトガを着た民を」[17]。一国の平和の理想像と宇宙的平和の理想像は、この予言のなかですべて一体となり、アウグストゥスの野望の及ぶ範囲を完璧に要約する。

　アウグストゥスは、オリュンポス神族がそろって自分を後援していると示唆したがっていたので、まさにパルテノン・フリーズの中央部に登場する神々のように、整然とした家族を描きたかったに違いない。美術史家たちは、アウグストゥスが後代のヘレニズム様式よりも古典期の彫刻を好み、それが道理に適うことを明らかにしてきた。古典期の彫像はバランスと調和を表わし、アレクサンドロス大王やプトレマイオス朝、クレオパトラ、その愛人のマルクス・アントニウスの東方的な行きすぎ以前の、純粋で輝かしいギリシアを思い起こさせる。しかし、アウグストゥスは嗜好の点ではけっして排他的ではなかった。自分に合うのであればアレクサンドロスの役も演じられただろう。自宅のすぐ隣にアポロ神殿を建設するという考えは、神殿に図書館を付け加えて、そこでの共同作業を詩人や学者に認めるというアイデアと同様、アレクサンドリア風であった。芸術においても同じように、アウグストゥスは折衷主義をとった。彼の作った公共広場《フォルム》は、様式の点では大雑把に言うと古典的だったが、完全に左右対称の古典的な列柱のあいだにゼウス・アンモン神の、つまりアレクサンドロスが非常に大切にしたギリシアとアフリカを混ぜ合わせた神格の彫像があった。ちょうど、政治に対するアウグストゥスの姿勢が時と状況次第で変化したように、彼の様式と神々とのかかわりも変化したのである。

権力のこのような混成的で移ろいやすい性質は、アウグストゥス時代の非常に顕著な一面だったので、ひとりの詩人がこの性質を自分の主題として大規模に取り上げようと決めた。オウィディウスの『変身物語』は、神々と人間の数多い変身を列挙し、さらに詩自体がたえず変化する。すなわち、叙事詩でありながら叙事詩の因習に逆らい、安定していながらも変転し、ギリシア的かつローマ的、アウグストゥス時代の作品だが軽薄な体制破壊の作品なのである。『変身物語』の内部で、アラクネの物語が提示するのはひょっとするとオウィディウス自身によるこの企てへの最も率直な解釈なのかもしれない。彼の語りでは、アラクネはリュディア〔アナトリア半島の一地方〕の少女で、「世に聞こえていたのは、身分や素姓によってではなく、ひとえに機織《はた》りの技術によってだった」[18]。彼女の腕前はじつにみごとだったため、自分のほうが女神ミネルウァ自身よりもうまいかもしれないと思う。案の定、女神はその気配に腹を立て、アラクネと腕比べをする。女と女神は何時間もたゆみなく機を織り続け、どちらも自分の技量の限りをつくした品を作り出す。ミネルウァの作品はオリュンポス十二神の図で、ユピテルが神々すべてを治めている。それぞれの神が忠実に描かれていて、誰が誰かがすぐにわかる。ミネルウァは自分の作品のまんなかに、争いに勝利している自分自身を置く。アテナイ人に贈物のオリーブの木を差し出し、馬というネプトゥヌスの劣った贈物を打ち負かすさまだ。ミネルウァは可哀想なアラクネをもっとはっきりと懲らしめるために、神々に罰せられたさまざまな傲慢な人間たちの図で、つづれ織りの四隅を飾る。

一方アラクネはまったく違う図柄を織る。神々が性的衝動を満たすために、ありとあらゆる姿を取っているさまだ。彼女のつづれ織りの上では、ゼウスは家族に囲まれた風格のある家長ではなく、エウロペを強姦しようとする雄牛、レダを追いかける白鳥、アンティオペを追うサテュロス、アステリアをつかむ鷲である。アラクネは強情で反抗的だが、我流ながらも完璧な芸術作品を作り出す。実際ミネルウァでさえ、彼女の作品を調べてもけちのつけようがない。しかし女神はかまわずにこの哀れな娘を罰する。頭を三度打ち据えられたアラクネは蜘蛛に変わってしまうのである。

ミネルウァのつづれ織りがアウグストゥス風の古典主義の一シーンを描いていることは、オウィディウスがはっきりと指摘している。すなわち十二柱のオリュンポス神族はその場に「堂々たる威厳を保ちながら（augusta gravitate）」現われる、と詩人は言う〔augusta は皇帝 Augustus と同じ語の変化形で「威厳のある」の意〕。ミネルウァの作品中のものはどれも自分の力を示すために、そしてイメージを現実に合わせるために、配置される。オリュンポス十二神はありのままの姿で登場し、ミネルウァも自分自身をありのままに、つまり勝ち誇ったさまを描いている。対照的に、アラクネが織ったのは人を欺く神々の肖像で、彼女の芸術自体が人を欺くものである。オウィディウスは論評する、「アラクネが織っているのは、まず、雄牛姿のユピテルに欺かれたエウロペの図だ。雄牛も、海も、まるでほんものとおもえるくらいだ[19]」。だがミネルウァは正義の体現を意図する限り、弁明は根本的に無用だ。たとえアラクネの作品に非の打ちどころがないとあまねく認められようが、女神はこの哀れな娘を殴り倒せるのだ。

これはオウィディウス自身にとって何の前触れだったのか？『変身物語』には、まさにアラクネの傑作にとり上げられるような神話や変身が含まれており、しかもこのエピソードでは、アラクネという存在がオウィディウスの代理であるような感じが非常に強い。実際、この肖像には予言の力があった。アラクネがミネルウァによって罰せられたように、オウィディウスも結局アウグストゥスによって罰せられたのである。『変身物語』を執筆した頃のオウィディウスは、流行の最先端を行くローマで最もほめそやされた詩人たちのひとりだった。しかし彼の詩の体制破壊的な力を考えれば、皇帝とひと悶着起こすに至ったのもそれほど驚くべきことではない。後八年にオウィディウスはアウグストゥスによって黒海沿岸のトミスに追放され、十年ほどのちにそこで没した。オウィディウス追放の理由ははっきりしていないことで有名で、何もかも「二つの罪――詩と過ち」[20]のせいで起こった、と詩人は簡潔に語る。その詩は、アウグストゥスが姦通を禁じる法を可決しているさなかに既婚女性の口説き方をローマ人に教えた『恋愛指南』だったかもしれない。そして過ちのほうは、アウグストゥスの孫娘ユリアと関係があったかもしれない。彼女は姦通を禁じる法を破り、オウィディウスと同じ時に追放された。ユリアの祖父は、自らの、荘厳で永久のオリュンポス的な権威を主張する限り、孫娘の落ち着きのない移り気なやり方を許すわけにはいかなかったのである。

『変身物語』におけるミネルウァとアラクネの競争は、より広い衝突、すなわち古典主義とヘレニズム的革新、道徳と欺瞞、皇帝権力と芸術の別の真実との衝突を表わしている。もちろんこれらの争いにおける双方の立場は、けっしてまっこうから対立しているわけではなかった。ミネルウァとアラクネはともにすぐれた織り手である。両者とも伝えるべき真実を有し――そしてどちらもその過程で嘘をつく。とりわけアラクネは自分をごまかす。つまり競争はすぐれた技を競うものだと彼女は考えるが、その競争はまぎれもない権力によって決められるのである。しかし彼女も、神々については正しい。神々はまさしく自分の欲望を満たすために行動するからである。一方現実生活でも、アウグストゥスとオウィディウスはこの二者にそっくりだ。アウグストゥスには皇帝としての能力、つまり、自分が穏当と思うとおりに法と道徳を守らせる力があった。しかしオウィディウスには、皇帝の虚栄心と残忍な暴力への依存心を暴かずにはいられない力があった。神々に関しては、つづれ織りはどちらも明らかにしていることがある。つまり、オリュンポスの神々は自分勝手な目標のために実際にさまざまな変装をする。しかしそれでも、不変の、ひと目でそれとわかる、十二柱の家族なのである。

第五部　変装——キリスト教とイスラム教

キリスト教とイスラム教は異教に致命的な一撃を加えた——だが、オリュンポスの神々はなんとか生き延びた。彼らを崇めた最後の崇拝者たちは地下貯蔵室や井戸に神像を隠し、神話を描いたモザイクをすっぽりおおい隠し、儀式用具を田舎に移した。田舎ならまだ人に気づかれずに使えたのである。こういう志操堅固な異教徒たちは、オリュンポスの神々の歴史できわめて重要な役割を果たした。というのは後世、考古学者たちが彼らの隠したものを発見し、古典期の神像を蘇らせることになったからである。キリスト教徒やイスラム教の学者たちも、ときには意に反して、神々の歴史で重要な役割を果たした。たとえば教父たちは飽くことなく異教の神々への反対論を張ったが、それがかえって神々を強力で重要だと思わせたのである。

神像を禁じられたオリュンポスの神々は、悪魔として、誘惑者として、作り話として、その他の邪悪な力として、徐々にまったく新しい生活を始めた。一方、アラブ世界では、神々はギリシアの哲学と自然科学を学ぶ人々にたえずつきまとい、夢や体液〔血液・粘液・黄胆汁・黒胆汁の四体液の調和が健康と深く関係すると考えられた〕や原子や天体について彼らの行なう解釈に影響を与えた。とりわけ天文学を通じて、人の心に影響を及ぼし続けた。オリュンポスの神々は宗教的には行き詰まったが、中世になると、権力を行使するためのそれまで以上に創造的な方法を見いだした——そして最終的には、アイデンティティの長期にわたる危機の末に、勝ち誇った姿で現われたのだった。

13　普通の人間

醜聞まみれの洒落者オウィディウスの時代にイエスが生まれたとは信じがたい。二人はまったく別の時代の人のように見える。それでも、オウィディウスがローマで上流の生活を享受しつつ『変身物語』の構想を練り、人間の芸術の力について思いをめぐらせている頃、妊娠中のマリアは——福音書によれば——ベツレヘムをめざす途上にあった。その子は貧困と圧制のなかに生まれ、何百万人もの人々を元気づけそうにはとうてい思えなかったが、まもなくそれが現実となる。キリスト教は驚くほど急速に古代世界に広まった。最初は抑圧されたが、最終的には、形勢は古代の神々の崇拝者たちに不利になった。こっそりと「私人」もしくは「田舎者」（これがこの英単語の原義だった）としてしか儀式を行なうことができないのは、今や異教の信者のほうであった〔英語の pagan「異教の」の語源であるラテン語の paganus は「田舎の、私人の」の意〕。

キリスト教の突然の興隆と永続的成功はさまざまに解釈され、私たち自身の宗教的信念と、その結果である、何が説明として有効かという考え次第である。エドワード・ギボンは著名な『ローマ帝国衰亡史』（一七七六―八八年）の有名な一節で、神学と歴史を論争上区別した。「もし神学者ならば当然それは神から下された宗教であり、今なお原初の純粋さそのままのキリスト教であると説くだけで、至極楽しい満足感に浸ることもできるかもしれぬ。だが史家ともなれば、それだけではすまぬ。あまり心すすまぬ仕事がいやでも待っている。すなわち、すべての宗教がその長い地上での歴史の間、堕落した弱い人間の中にあって、過誤や腐敗の毒に染むのは当然ながら免がれえぬ道理、その点を明らかにすることがまた史家の義務なのだ」[1]。ギボン自身の陰鬱な見解はつまり、キリスト教が広まった理由は、これが確固不動で、死後の生を約束し、奇蹟とされるものをうまく利用し、「清浄厳格な道徳」を奨励し、並外れてうまく組織化されたことにあった。彼は冷淡だが、この分析にはかなりの価値がある。

初期キリスト教徒が確固不動だったことは、彼らが引き起こした反発が裏づけている。彼らは当初から、尋常ならざる敵意を経験したからである。公の抑圧はしばらくのあいだは信者の影響力を食い止めたが、かえってキリスト教信仰を目立たせたうえ、これが特殊なものであることを示唆した。ローマ当局は、多種多様な宗教儀礼や信念に寛容であることで知られていた――にもかかわらず、イエスの死刑執行を許しただけではなく、積極的に信奉者たちを迫害した。たとえば、後六四年にローマで火事が発生した際、皇帝ネロはその責任をキリスト教徒になすりつけようとした。壮大な別荘を建てる場所を空けるために大火災を起こしたのではという非難に直面して、代わりの犯人を見つける必要に迫られた――そして、あまねく知られ一般に嫌われていたキリスト教徒が、目的にうってつけだったのだ。後三世紀のキリスト教徒側の諸資料によると、ネロの犠牲者のなかには使徒のペトロとパウロがいた。こういった数々の記録が信用できるかどうか（それらの主張内容には矛盾もかなりある）は別として、イエスの死から数十年も経たないうちにキリスト教徒がローマで目立ち、格好の餌食と見なされたことは明らかである。存命中にこの火事を経験したタキトゥスが生の証言を提供している。彼のこの事件の描写は、最初のキリスト教殉教者たちを非常に敵対視しているため、史料として信頼を集めている。

民衆は「ネロが大火を命じた」と信じて疑わなかった。そこでネロは、この風評をもみけそうとして、身代りの被告をこしらえ、これに大変手のこんだ罰を加える。それは、日頃から忌わしい行為で世人から恨み憎まれ、「クリストゥス信奉者」と呼ばれていた者たちである。この一派の呼び名の起因となったクリストゥスなる者は、ティベリウスの治世下に、元首属史ポンティウス・ピラトゥスによって処刑されていた。その当座は、この有害きわまりない迷信も、一時鎮まっていたのだが、最近になってふたたび、この禍悪の発生地ユダヤにおいてのみならず、世界中からおぞましい破廉恥なものがことごとく流れ込んでもてはやされるこの都においてすら、猖獗《しょうけつ》を極めていたのである。[……]彼らは殺されるとき、なぶりものにされた。すなわち、野獣の毛皮をかぶされ、犬に噛み裂かれて倒れる。[……]そして日が落ちてから夜の灯火代りに燃やされたのである。(2)

タキトゥスがこの一節の最後で用いた表現の正確さは不確かなところがあるとはいえ、明らかにネロは邪悪な工夫を凝らしてキリスト教徒を拷問にかけ、殺害した。死者の数だけが依然として不明なままで、古代の資料はこの点に言及していない。その結果、学者たちは推定値を出すさいに、歴史について語る以上に自分自身について語りがちだ。一般的に言えば、歴史家がキリスト教に共鳴していなければいないほど、認める殉教者の数は少なくなる。

初期キリスト教徒たちの自己の信念への献身は、キリスト教徒側と異教徒側の双方の多くの記述に伝わる。「殉教者言行録」という初期キリスト教徒の証言集は、信仰の表明とそれに続く迫害が、家族と共同体をどれほど引き裂いたかを詳述する。夫は妻と対立し、娘は父と対立し、兄弟は姉妹と対立した。キリスト教は、今日では伝統的な家族の価値観とときに結びつけられるが、その歴史の初期には、社会組織を引き裂いて既存の組織に代わる組織を作り出そうとしたのであった。キリスト教徒たちは互いに「兄弟」「姉妹」と呼び合い、身分や地位の違いを認めず、奴隷をも仲間に受け入れた。彼らは自分たち自身の新しい組織を言い表わすのに、アテナイの民主政の言葉を翻案したようだ。たとえば、ekklēsiā(「教会」かつ古代アテナイの「民会」)、leitourgiā(「典礼、礼拝、ミサ」、同じく「公共奉仕」)、episkopos(「司教」、アテナイ帝国の管理組織では「監察官」)。実用的なレベルでは、彼らはローマ帝国のすばらしいインフラ——頑丈に造られた道路と機能的な郵便業務——を利用し、アフリカや近東からヨーロッパのはるか北部まで、いたるところにいる潜在的改宗者と接触した。要するに、初期にキリスト教を伝道した人々はまったく新しい共同社会を築きつつあった。言葉の文字どおりの意味で、「教化している」ところだったのである〔「教化する」を意味する edify は語源的には「建てる」の意〕。

伝道者たちの約束する報いは、とほうもなく大きかった。すなわち身体の復活と永遠の生命である。数々の奇蹟は重要な形の証言となったが、新たな信者を説得するキリスト教的メッセージだった。人々は突然、自分たちは大切だ、愛されている、救われる、と感じた。死後の生と「神」との意思疎通を重要視したことが、数々の切迫した需要に応えたのだ。ローマの伝統宗教は、キリスト教徒が最も大事な約束をしていたまさにこれらの領域で負けていた。死や冥界について口にする勇気を与えるものを持たず、神々との親密で愛情のこもった関係を与えなかったのである。ローマの宗教は元々、個人についての宗教ではまったくなく、神々と国家の関係を最善の状態に保つための宗教だった。たしかに、ローマのお歴々はオリュンポスの神々とのつながりを最終的に捏造したが、そういったつながりは、庶民と支配する側の偉大な神々や皇帝たちとのあいだの隔たりを強調するものでしかなかった。キリスト教は違った。身分がどんなに卑しかろうと、個々人すべてに注意を払ってくれる一柱の「神」を約束したのだ。「マタイによる福音書」によるとイエスは、「柔和な人々は、幸いである、その人たちは地を受け継ぐ」と説教している(3)。

キリスト教以外の信仰も、キリスト生誕前後の数年には、ローマの伝統宗教が満たせなかった要求に答えたようだ。バックス信仰は、第四章で述べたとおり、葡萄酒と狂乱の神との独特の親密な関係を促し、生から死への移行を和らげるという「秘儀」に人々を参加させた。実際、見方によっては、イエスとバックスはよく似ているともとれるのだ。どちらも父親が神格で母親は人間の女性であったし、水を葡萄酒に変えることができた。そして両者とも宗教的な交わりのかたちとして会食を勧めたし、根本的に異なる人々——男と女、奴隷と自由人、金持ちと貧乏人、ローマ市民とその隷属民——を結びつけた。福音書と「使徒言行録」はバックスの秘儀を意図的にほのめかしさえしていると主張する人もいる。私の考えでは、これは証明が難しいものの驚くことではないだろう。[4] ひとつには、使徒パウロは、ギリシア的教養の中心地として繁栄した町タルソス出身の、ギリシア化したユダヤ人であった。彼はエウリピデスの『バッカイ』を知っていたに違いないし、バックスの秘儀にもなじみがあったかもしれない。彼の任務が主としてギリシア人共同体に向けられていたことを考えれば、パウロがディオニュソスの言語を用いた可能性はある。

当然ながら、バックス信仰と初期キリスト教には——信仰に関してだけでなく、それぞれが奨励した慣習にも——決定的な相違点があった。「秘儀」の詳細はわからないが、性と暴力と葡萄酒が人々をバックスに近づけたことは、かなり明らかである。対照的に、キリスト教は自制を奨励した。肉と飲酒と性と贅沢に関する禁欲主義的傾向は、この信仰の歴史の早い時期から発達した。自己鍛錬はそれ自体がキリスト教の成功のひとつの理由だと論じる人たちもいた。とあるかなり厳格な古代宗教学者が言ったとおり、「鍛錬することで人々は成功を収められる」[5] のである。とはいえ部外者には、キリスト教の慣習とバックス信仰の慣習はそれほど違っているように見えなかったかもしれない。たとえばタキトゥスは「キリスト教の悪習」について語ったが、ミサは共食いの宴会まがいのものだと理解したか、あるいはもっと一般的（かつ正確）に、キリスト教への改宗は家族と社会を構成する伝統的構造への脅威だと見なしたかもしれない。

初期キリスト教の説教師たちが、自分たち自身の宗教と周囲で実践される他の諸信仰との違いを明確に言い表わすのは難しかった。問題はひとつには、彼らが移し換えと順応という、古くからの習慣にさからっていることだった。人々は自分たちの神々を、隣人の崇める神々と同一視することに慣れていた。あるいは、周囲の人々とより穏やかに暮らすために、自分の考えや慣習を表に出さないことに満足していた。キリスト教の伝道者たちは、どちらの姿勢も軽蔑した。彼らはユダヤ人と同じように皇帝に生け贄を捧げることを拒んだが、ユダヤ人と違って全世界を改宗させようとした。ローマの当局は、この態度をあまりにも大それた挑戦だと判断した。キリストを崇拝する者たちは、伝統的な犠牲を捧げるよう命じられ、拒めば拷問と死に直面したのである。こうして犠牲はたちまち、キリスト教改宗者たちとより広範な共同体との数々の衝突のうちで、最も物議を醸す問題になった。(6)

犠牲は実際、非常に重要であったため、古代世界についての現代の知見に今なお影響を与えている。歴史学者はギリシアとローマの宗教を、信条より「慣習」の問題として説明しがちだ。迫害の主眼が犠牲に（つまり、人々が行なったあるいは行なうのを拒んだことに）置かれたので、異教の共同体にとって重要だったのは犠牲の儀礼的遂行だけだったという結論を出したくなるのである。実際には、当然ながら慣習は、神への心からの献身と説明を伴った。キリスト教改宗者たちが犠牲を拒んだのは、この行為が自分の信念と両立しないからだけでなく、周りの人々の信念に異議を唱えたかったからでもあった。彼らは、犠牲や罪の贖いや占いという制度全体を――それに伴う神々との駆け引きや嘆願ごと――疑問視した。問題は、人々から古代の神々への信仰を取り除くのが難しいことだと彼らはすぐに気づいた。異教はじつに融通無碍で、オリュンポスの神々はとりわけ、どんな環境にも適応できた。必要に迫られれば、キリスト教の使徒に変装して現われることすらできたのである。

使徒に変装するというこの特殊な芸当を例証するのは、「使徒言行録」の一節である。パウロとバルナバは、トルコ南部のルステラの町に向かって旅をしていたとき、「生まれつき足が悪く、まだ一度も歩いたことがなかった」障がい者を治療した。(7)この奇蹟に感銘を受けた地元の人々はすぐさま、この二人の訪問者は人間の姿に変装した神だという結論を下し、ただちに二人の素姓を特定し始めた。彼らは、「バルナバを『ゼウス』と呼び、また、おもに話す者であることから、パウロを『ヘルメス』と呼んだ」。群衆は、ゼウスとヘルメスに生け贄を捧げたい、それによって神性を認めたいと思った。しかし、二人の使徒はこれを未然に防ごうと迅速に行動した。彼らは服を引き裂いて群衆のなかに飛び込み、自分たちはただの人だ、「あなたがたと同じ人間」にすぎないと叫んだ。そしていったん忌まわしい生け贄を妨ぐと、説教を始め、生ける「神」について福音を伝えた。「神は過ぎ去った時代には、すべての国の人が思い思いの道を行くままにしておかれました。しかし、神は御自分のことを証ししないでおられたわけではありません。恵みをくださり、天からの雨を降らせて実りの季節を与え、食物を施して、あなたがたの心を喜びで満たしてくださっているのです」と、彼らは主張した。しかし説教してもなお、自分たちが神格化されないようにするのは難しかった。

　聖書学者たちはこのエピソード全体を、作り話としてしりぞけてきた。「言行録」を書いた著者は、パウロとバルナバとともにルステラまで行っておらず、この訪問に関する実際の情報を持っていない以上、犠牲の話は文学的潤色として捏造したものだというのである。現実に、この一節にオウィディウスの『変身物語』への間接的言及を見る読者もいた。しかしながら、今述べたこの連想はかなりの牽強付会だと、私には思われる。「言行録」の著者の素姓は不明だが、その著者がオウィディウスの詩歌を細部までよく知っていて、聖パウロについての話を捏造するのに使う気になったというのはありそうにもないからである[8]。「言行録」で語られたことは、戯れの文学的気晴らしではなかった。古代の慣習と信仰に対する全面攻撃だったのだ。「言行録」の著者は、茫然とした困惑とすばやい——瞬時の、とさえ言える——移し換えの場面を伝えたのである。地元民は奇蹟に直面したとき、神々について知っていると思うことに頼り、神々の普遍性や神人同形説、普通の人間の格好で現われる可能性、犠牲の必要性を想定した。

ルステラで実際に何が起こったかは、もちろん私たちにはわからない。「言行録」に関する最も有力な現代の註解者のひとりは、このエピソード全体を軽く扱い、地元民の反応はかなり誇張されていると考えている。「奇跡を起こしたこの二人はゼウスとヘルメスだと、異教の神官が即座に信じるとは、とうていありそうにない。まず牧場から動物たちを連れてきて、花輪を編まなくてはならないという事実はさておくとしても」(9)。この無味乾燥な解釈では、奇蹟を起こしたこの二人の人物は、生身の障がい者の足を治すより道具や鍋を修理する鋳掛け屋《いかけや》のように見えてくる。ルステラの住民は、とうてい説明できないものに直面したときですら、冷静で理性的なままでいるだろうと思われているのである。この瞬間については、書かれているとおりに解釈したほうがよさそうだ。実際に何が起こったにせよ、またパウロとバルナバがこの訪問をどう報告したにせよ、「言行録」の著者は驚嘆の場面を描写した。人々はリュカオニア語で会話していたと言われている。パウロとバルナバはおそらく地元民の言葉がわからなかっただろうが、すぐにギリシア語で説明してもらった。オリュンポスの神々はある言語から別の言語への翻訳の、まさにその瞬間に現われた。すなわちゼウスとヘルメス、もしくは(後続のラテン語版聖書では)ユピテルとメルクリウスは、国境を越えた仲介者として、いつもの立場でこの行動をしたのである。彼らは人々の相互理解を助けようとしていたが、今回は、彼らの奉仕活動はまともに拒否された。使徒たちは、人々は今後は真の「神」の名にかけてのみ団結することになると主張した。

たとえこの使徒たちの行動の細部が不可解に見えようと、この話の大まかなメッセージははっきりしている。たとえばバルナバとパウロが、人間であることを証明するために着ていた服を、なぜ裂くことに決めたかは、すぐにはわからない。結局のところ、オリュンポスの神々は一般に、裸の人の姿で表現されたからなのだ。もしかしたら、この二人の使徒の身体は、あまり神々しく見えなかったかもしれない。いずれにせよ、裸になるという決意は神人同形的な神観に対する直接攻撃を表わした。ラファエッロはこの場面の解釈で、これを正確に理解した。システィーナ礼拝堂のためにルステラでの犠牲を描いたさい、地平線上の消失点にヘルメスの裸像を配置し、使徒たちが何を追い払おうとしていたかを示したのである。

キリスト教徒は妥協しない人たちであった。そのキリスト教徒でさえ、自分たちの信仰と改宗させようとしている相手の信仰に類似点があることは、認めざるをえなかった。たとえばルステラでは、キリスト教の「神」が雨を降らせるおかげで作物が実るというパウロの主張は、雷神ゼウスを想起させた。雷神ゼウスは地元の信仰ではとくに農業と関連していたからである。そしてもちろん、これ以外にも、父としての人物像や運命の支配者などの点で、ゼウスはキリスト教の「神」と似ていた。しかしながら、ゼウスの個性の他の面はまったく好ましくないと思われた。彼は強姦の常習犯だし、凶暴な王で、数々の悪癖のなかでもとりわけ、人を欺く変装家だった。こういう理由から、後五世紀にヒッポのアウグスティヌスは、ユピテルとキリスト教の「神」の同一視に強硬に反対した。彼は、神の名を翻訳するという古代の慣習には異議を唱えなかったが、それがまったく誤った考えにつながることを懸念したのであった。

じっさい、このすべての自然と自然物との原因が支配される神を、人びとがユピテルとよび、そしてあのようにはなはだしい汚辱を加え、兇悪な罪を負わせて崇拝するとするなら、かれらはまったくいかなる神をも認めないばあいよりも、もっと恐ろしい瀆神の罪を免れないであろう。それゆえ、かれらは、ある他の神——卑しく恥ずべき名誉を受けるに価する神——をユピテルとよび、そしてその代りにかれらがその瀆神の対象とすることができるような空虚な仮構をその代わりにおく

（たとえば、サトゥルヌスは、その息子の代りに食うように石を与えられるというように）方が、ユピテルが雷鳴をとどろかせ、かつ姦淫をする——全世界を支配し、かつ、そのように多くの淫乱を行ってその身を滅ぼす——すべての自然と自然物との最高の原因をもちながら、自分自身の善なる原因をもたないというよりも適切であろう。(10)

アウグスティヌスは『言行録』の著者と違って、オウィディウスの『変身物語』にすこぶる精通していた。彼の非難は、ユピテルがエウロペを強姦するために雄牛に変身する一節——「威厳と恋というこのふたつは、両立することがむつかしく、ひとつところにいつづけることはできないものだ」(11)に間接的に言及する。アウグスティヌスは古典文学をじつによく読みこなしていたので、自分自身の立場を明らかにするために、オウィディウスのこの洞察をここぞとばかりに攻撃した。キリスト教の愛と威厳は実際に両立する、ユピテルの問題点はその動物的な色欲である、と。古代の詩人とキリスト教の聖人の相違点が明らかになった。オウィディウスが示したかったのは、ユピテルがどのようにして数々の矛盾しあう衝動をひとつにしたか、どのようにして威厳あるオリュンポスの支配者であると同時に好色な雄牛でもありえたか、そしてどのようにして混合し変形し当惑させ害を加えながらもなお君臨できたかであった。アウグスティヌスは対照的に、ものごとを切り離しておきたかった。もしユピテルが「神」であるなら雄牛ではないし、ましてや、強姦魔ではないだろう。そしてゼウスが実際に変身して強姦したという点で、すべての詩人たちが一致している以上、ゼウスは「神」ではなかった。こうした相違点がキリスト教神学の思考の基盤になったが、それらは厄介な問題を浮かび上がらせた。異教の神々が神でないとすれば、では、何だったのだろうか？

14　悪霊

キリスト教の歴史のなかでも最も重要で予想外なできごとは、後四世紀初期の皇帝コンスタンティヌスの改宗だった。歴史家たちは、もしコンスタンティヌスが改宗しなかったらどうなっていただろうと、あれこれ考えをめぐらす。なかには、帝国の強力な支持がなかったら、キリスト教は、かつて古代末期に人気のあった他の多くの信仰と同じように廃れただろうと言う者もいる。そのとおりであるにせよないにせよ、コンスタンティヌスはたしかにキリスト教の歴史に絶大な影響を及ぼし、結果としてオリュンポスの神々の歴史にも絶大な影響を及ぼした。

彼が改宗した頃には、オリュンポスの神々はいたるところに陳列されていた。神々はアフリカから北ヨーロッパまで、アジアからスペインまでの都市景観を支配した。神像は神殿に立ち並び、町の広場を見下ろし、十字路を見守り、噴水や拱道からこっそりのぞき、多くの金持ちの別荘で最高の位置を占めたのだ。神像のない都市など、誰も――コンスタンティヌス自身ですら――想像できなかった。そういうわけで、後三二四年に新しい帝都コンスタンティノープルを設立したとき、彼は首都を帝国中から略奪した最も美しい数々の神像で満たした。ヒエロニュムスの言葉どおり、コンスタンティノープルは「他のすべての都市の裸のうえに捧げられている」(12)。この表現には、コンスタンティヌス自身の行動と同じように、二重の意味があった。つまり、神々の裸の像がコンスタンティノープルへと津々浦々から持ってこられ、おかげで他の都市は、神々を剝がれて丸裸になったのである。キリスト教徒皇帝のコンスタンティヌスはなぜ、新しい都を異教の神像で満たしていたのか？　カエサリアの司教エウセビオスは、後四世紀に書いたコンスタンティヌスの伝記中で、この問題に懸命に答えようとした。コンスタンティノープル以外の都市の聖域が神像を剝ぎ取られたのは、コンスタンティノープルの人たちが、権力の座を奪われた神々を侮辱しやすくするためだと彼は論じた。これは最初のキリスト教徒皇帝をかばう勇敢な弁護だが、説得力はほとんどなさそうだ。異教の神像がコンスタンティノープルで何をしていたにせよ、侮辱を受けることにはなっていなかったからだ。神像を運ぶのに要した労力や、運ばれた後にこの都市で誇らしげに並べられた様はみな、神像が尊重されたことを示している——とはいえ、そもそもなぜ尊重されたかが解明しづらいのだが。

オリュンポスの神々に対するコンスタンティヌスの不可解な態度を理解するには、彼が生きて統治した、もっと大きな背景を考えるとよい。彼が育ったのは現在のトルコ、ローマ帝国を支配した四人の皇帝のひとりディオクレティアヌスの宮廷であった。活気のある多文化的な環境で、若いコンスタンティヌスはおそらく、異教徒の学者とキリスト教徒の学者、双方の講義に出席し、帝国のあらゆる土地の出身者と出会った。とりわけ、宗教的権威と帝国の権力を密接に連携させる必要があることは早いうちに学んだ。これはローマ宗教の基本となる洞察であり、コンスタンティヌスはこの洞察を一度も忘れなかった。ディオクレティアヌスはキリスト教徒に対する最も大規模で残忍な迫害を、おそらく帝国の統一についてしだいに高まる不安に応えて、三〇三年になおも推進した。コンスタンティヌスは迫害を防ぐために何もせず（この事実は後年、彼にとって厄介なものになった）、もしかしたら彼も、キリスト教を説く者たちが帝国を弱体化させ、分裂させていると考えたのかもしれない。しかしおそらくこの時点では、キリスト教会についての心配以上に、自身の個人的な安全と成功についての心配のほうが大きかったからであろう。彼の父コンスタンティウスはローマ帝国の西方を統治する皇帝であり、ディオクレティアヌスは東方で、コンスタンティヌスをほとんど人質として自分の宮廷に留めて、彼の父親が確実に好ましいふるまいをするようにしたのである。ディオクレティアヌスが没すると、情勢はコンスタンティヌスにとってさらに危険なものになった。最終的に、彼はなんとかトルコを去り、ブリテン島でピクト人と戦っていた父親と合流した。コンスタンティウスはエボラクム（現ヨーク）で三〇六年に死去し、軍は即座にコンスタンティヌスを後継者として宣言した。軍の宣言がこの問題をすっかり解決するわけではなかった。皇帝はかならずしも軍によって指名されるわけではなかったし、皇帝の息子が父の称号を継承するとは限らなかったのだ。続く数年間、コンスタンティヌスはローマ帝国の全面的支配に向かって自らの道を切り拓いた。ブリテン島からドイツのトリーアに移り、次いでローマに向かって進軍したのである。

　ローマの北のミルウィウス橋の決戦の前に、彼は歴史の流れを変える夢——もしくは幻覚——を見た。コンスタンティヌスが正確に何を見たかは、はっきりしないままだ。どうやら太陽神アポロが勝利の女神とともに彼に現われたようだ。あるいは、コンスタンティヌスは最初はそう主張した。最終的には、彼が太陽の上に十字架を見て「この印にて勝て」という命令を聞いたことも知られている。正確な詳細はどうであれ、コンスタンティヌスは、兵士たちを新しい標章とともに戦闘に送るべきだと決断した。それは、キリストにあたるギリシア語 Χριστός の最初の二文字 Χ（キー）と ρ（ロー）をからみ合わせたもの〔ラバルム〕である。兵士たちはおそらく他の標章もつけたであろうが、コンスタンティヌスは自軍の勝利にキリスト教の「神」の関与を認め、帝国と自分にとってかくも強力な同盟者の支持を確保したいと思った。ミルウィウス橋の戦いからわずか一年後、彼はすべての人々に宗教の自由を保障するミラノ勅令を発布した。それに続く数年間には、教会建設という膨大な計画に乗り出した。ローマの市壁の近くに、現在はサン・ジョヴァンニ・イン・ラテラノ大聖堂として知られるバシリカを提供し、テヴェレ川の南のサン・ピエトロ大聖堂の建設を監督したのである。

　しかし、教会に莫大な投資をしたにもかかわらず、数年後にコンスタンティノープルを創設したさいには、彼はおびただしい数のオリュンポスの神々の像も設置した。なかでも最も傑出していたのは太陽神アポロに似たブロンズ像で、広場の大きな円柱の上に立ち、皇帝自身を表わしていた。この像はプリュギアから略奪されてきたと言い伝えられていた。他の多くの場所や都市からも数々の有名な影像が持ち出された。コンスタンティヌスは元老院の正面に、ギリシア西部のドドナのゼウス像と、ロドス島のリンドスの町のアテナ像を置いた。元老院の内部には、ヘリコン山（ヘシオドスがかつてムーサ女神たちに遭遇したと言われる場所）から持ってこられた、九柱のムーサ像が収容された。何十体もの影像がゼウクシッポス浴場を飾った。『パラティン詞華集』に収録された一篇の冗長な詩が、そこにあった像をすべて挙げている[13]。そのほとんどは伝説上の英雄たちを表わしていたが、詩人や弁論家や哲学者の像もあった。そして重要なことに、神々の像もあったのである。

コンスタンティヌスがこういう彫像を持ち込むことで何をしていたにせよ、彼の死後もこの傾向は止まなかった。宮中で侍従として働いた宦官ラウソスの宮殿に、一大コレクションが集められた。このコレクションには、有名なオリュンピアのゼウス像（古代における世界の七不思議のひとつ）や全身エメラルドでおおわれたリンドスのアテナ像、プラクシテレス作のクニドスのアプロディテ像、サモス島の有名なヘラ像が含まれていた。明らかに、これらの像が尊重されたのは美しさゆえであって、ラウソスのコレクションには博物館と一脈相通じるものがあった（コンスタンティノープルに集められた彫像が結局はすべて粉々になったり破壊されたりしたのは、実際、現代の博物館にとって悲惨な損失である。そのどれひとつとして現存せず、ルーヴル美術館と大英博物館は、ギリシア芸術の偉大な傑作のローマ時代の模刻ですませている）。しかし四世紀におけるこれらの彫像の価値は、たんに芸術的なものだけではなかった。この都市の人々のなかには、なおも彫像を本物の神々のイメージと見なした者たちもいた。多くは間違いなく、アポロ像によって表象されたものとして皇帝を崇拝し続けた。これが、コンスタンティヌスが圧殺しようとしなかった信仰だったのである。

コンスタンティヌスがかの有名な夢を見たころ、キリスト教徒はローマ帝国内の少数派にすぎなかった。信者の数を見積もるのは周知のように難しいが、人口の一〇パーセントくらいだったようだ[14]。コンスタンティヌスはキリスト教の「神」と運命をともにする決意をしたとはいえ、臣民のほとんどは、そして行政当局ですら、まだ古代の神々を崇拝していた。神殿で犠牲を捧げ、占いに頼り、運動や芸術の競技会に参加することで神々を称えたのである。それゆえコンスタンティヌスは、新しい首都を創設したときに神々の彫像を持ち込んだだけでなく、古い神殿の修復さえ許可し（コンスタンティノープルは古代都市ビュザンティオンの地に建設された）、勝利の女神の新しい神殿に必要な資金まで出してやった。私たちはコンスタンティヌスの建築計画を、大臣や顧問への譲歩として、あるいは偽善のしるしなり幅広く宗教を受け入れる包括的姿勢を示す証拠なりとして、解釈しようとするかもしれない。どの解釈もすでに提示されたものだが、私としては、彼の行動に対するもっと単純な説明を支持する。すなわち後四世紀には、帝国のすべての都市にオリュンポスの神々の彫像や神殿があった。彫像や神殿があることこそが都市の姿というものであり、コンスタンティヌスは都市景観全体を考え直さなかったのである。彼がローマに建てた大きな教会が、サン・ジョヴァンニ・イン・ラテラノ大聖堂とサン・ピエトロ大聖堂のバシリカも含めて、周辺部にあったのは偶然の一致ではない。町の中心部は依然としてオリュンポスの神々のものであった。

人々が異教の神々の像に不快感を、そして敵意までも感じ始めたのは、ごくゆっくりとだった。エウセビオスの主張――皇帝は首都を「最も繊細なできばえの真鍮像で満たした……像を笑いものにして、からかいの的にできるように」――は、かなり混乱しているように思われる。「繊細なできばえ」と認める一方で、反応として像を「笑いもの」にするよう勧めたからだ[15]。そんな矛盾した感情を表明したのは彼ひとりではなかった。古代彫像への心酔と不安は、後四世紀には実際に非常に広く蔓延していたのである。旧約聖書は偶像崇拝の問題について明快であり、パウロはかなりきっぱりと、ギリシア人は生け贄を「神ではなく悪霊に献げている[16]」と主張した。こうして、オリュンポスの神々を表わす彫像には悪霊が宿るという考えが広まった。

この意見のせいで古典芸術は大いに痛手を蒙った。しかもそれはコンスタンティノープルだけでの話ではなかった。たとえばガザにはアプロディテの裸像があり、地元の女性たちのあいだでとりわけ好まれていた。ところが早くも四〇二年に、司教のポルピュリオスが十字架を携えた一群のキリスト教徒を従えてこの像と対決した。「この神像に宿る悪霊は恐ろしい予兆を予想できなかったために、大騒ぎしながらその大理石から去った。悪霊は去るときに像を投げ落として粉々にした[17]」と伝えられる。この大破がまったく自然に起きたというのは疑わしいが、古代の偶像から悪霊を追い払わなければならないという信念が古代末期には強かった。何百年ものあいだ、キリスト教の伝道師たちは田園地帯を巡回して、「悪霊のユピテル」や「悪霊のメルクリウス」をまだぐずぐずと居残っていた田舎のたまり場から追放した。聖人たちの人生はそんな出会いでいっぱいだ。たとえば聖ベネディクトゥスは、モンテ・カッシーノに登ったとき、その地域のアポロ像を粉々に打ち壊し、アポロ神殿を聖ヨハネの祈禱堂に変えた。すると立ち退かされた神はこの聖人を苦しめ始め、燃えるような目つきをした黒い怪物の姿で彼の前に現われたという[18]。中庸と美の神アポロが中世のドラゴンに変わったのだった。

異教徒と同じく、キリスト教徒も神像をたんにモノとして扱うのに苦労した。神像があまりにも力強く、生命にあふれているように見えたからだが、なかには実際に、神々の描写を宗教的意味と切り離そうとし始めた人々もいた。偶像はしばしば神殿から移されて、市《いち》の立つ広場や公衆浴場のような「世俗的」と呼ばれる場所に置かれた。キリスト教徒の役人たちはそんな移転作業を監督することで、古代の

12. 二人の男が異教の神を倒している。この四世紀の絵は、初期キリスト教徒が死者を埋葬した多くの地下トンネルのひとつである、ローマのカタコンベを飾っている。

彫像の美しさを認めつつ、宗教的価値を否定した。像には、たとえ宗教的文脈から引き離されたとしても、崇拝者を引き寄せ続ける危険性があった。もっと遠方へ移転しなおした所もあれば、その場で破壊した所もあった。一方、異教徒たちも手段を模索しつつあった。自分たちの信仰への脅威が高まりつつある事態に直面して、像を隠すか埋めるかして神々を守ろうとした。彼らのしたことには信心があったが、ときには、美しい物を保存したいというもっと世俗的な欲望もあった。コンスタンティノープルの元老院の正面にあったゼウス像とアテナ像は、火事が起こったときに運よく無傷で残り、おかげでこの都の比較的「教養の高い」人々に喜びを与え続けたと、五世紀末の異教徒の歴史家ゾシモスは述べた[19]。彫像を称賛する異教徒は、かならずしも自分を敬虔な偶像崇拝者というイメージで見せたわけではなく、美術の目利きであることを示したのである。

古代末期と中世のあいだにオリュンポス神族の彫像に起こったことをつなぎ合わせるには、考古学資料は必須で、そこから現われ出てくる全体像はじつに複雑である。[20] 習俗は地域ごと時代ごとにさまざまだった。ローマ帝国でも地方によって、像を朽ちていくままにした地域もあれば、無残にも切断したりすっかり壊したりした地域もあった。神像を何度もあちこち移した都市もある一方、入念に埋めた都市もあった。ただし考古学の問題点は、人々の思いにじかに触れることができないことである。たとえば、ゆっくり朽ちていく彫像は荒廃が進むあいだでさえ魅力を発揮したかもしれない。彫像の内なる悪霊は像の劣化につれて個性の微妙な変化を蒙ったと、文書資料は示唆する。悪霊は最初はきわめて危険と見なされたが、ついにはいくぶん不吉というにすぎなくなり、なかには悪魔がとりついているから役立つのだとわかったものさえあったのだ。とりわけアテナ像は、しばしば魔除けの役割を果たし、鼠の蔓延や熱波のようなあまり重要でない災難を防いだ。古代の彫像に住むその他の悪霊たちは、もっと具体的な貢献をした。後七世紀の著述家テオフィラクト・シモカッタは、悪霊に関する興味深い所見をいくつか自著に収めている。[21] 六〇二年に皇帝マウリキウスがコンスタンティノープルで暗殺されると、いくつかの悪霊が即座にこの知らせをアレクサンドリアの町に伝えた、というのである。彼の言によると、何体かの彫像が台座から滑り落ちて、宴会の後で夜遅く帰宅途中だったひとりの書家にまっすぐ歩み寄り、気の毒な皇帝の身に起こったことを伝えて、書家の肝を潰して不安にさせたまま去った。九日後に、正式な使者たちがアレクサンドリアに到着してこのニュースを裏づけた。悪霊たちは迅速に動けたので、はるか遠く離れたところのできごとを知ることができた。悪霊はしばしばこの速やかさを予知であるといつわったが、実際にはその能力はない、とシモカッタは主張している。

ちょうど悪霊が役に立つこともあるように、古代文化はより広く一般の役立つことがあった。初期キリスト教著述家たちは、異教古代との関係を説明するために、ユダヤ人のエジプト出国をしばしば引き合いに出した。聖書によると、ヘブライ人は捕囚の身から帰国するさい、エジプト人の所有するたくさんの金器と銀器を自分たち自身の儀式で用いるために持ち去った。著述家たちは、キリスト教徒もまさに同様に、「神」のより大いなる栄光のためにギリシア・ローマの過去の財産を略奪すべきだと言った。まさしくこの主張を根拠にして、古典文化の多くが盗用され、保存された。つまり古代文学は教会の学校教育の一部になり、古代の神殿は教会に変えられ、古代哲学はキリスト教の「神」を支持する議論のために発掘されたのである。

オリュンポスの神々がキリスト教の時代までかろうじて生き長らえたのは、こうした形で、つまり略奪品としてであった。神像のほとんどが破壊されたり埋められたりした後ですら、神々は物語のなかで生き続けた。神々であふれる古典の詩歌が、中世を通じてすぐれた教養の基礎でありつづけた。ホメロスがビザンツ文化の中核をなすテクストである一方、西方では、ウェルギリウスとオウィディウスが広く読まれた。そしてキリスト教の学者たちは、教育課程で異教の神々の存在を説明する助けに、エジプト人の銀器略奪式のやり方をふたたび当てはめ、この神々とは何か、あるいは（もし実際に神性を有する可能性がないとすれば）何を表わすかについての情報を求めて、古代の資料を利用した。本書がこれまでの章で引用した多くのギリシア・ローマのテクストは、クセノパネスからウァッロにいたるまで、異教の神々の本質を説明するキリスト教著述家たちの論争をとおしてのみ現代に伝わったのである。

キリスト教徒が古代資料から得たひとつの考えは、オリュンポスの神々が、だまされやすい同時代人から神として扱われるようになった本当の人間だったかもしれないということだった。オリュンポス神族は元は人類の恩恵者であったと、すでに前三世紀にエウヘメロスが主張していた。そして後三世紀にはアルノビウスがこの観念をひとひねりして、神々は有益な貢献の結果ではなく、罪の結果として神格化されたのだと論じた。アルノビウスは「ウェヌスは高級娼婦で、キュプロス島の王キニュラスは彼女を崇拝した」と、独特の迫力で主張した。[22] ユピテルはバレエや芝居、運動競技会、「むなしく走る馬の見物」を楽しむなかなかの悪人だったと、彼は言う。[23] スポーツ観戦に時を費やす神に、真の神聖さがあるはずはない。それにともかく、実在の生身の人間に神性を投影するのはばかげていた。ひとりのキリスト教徒としてアルノビウスは、「神」が人間の姿をとることの意味に、現実の身体が暗示する脆弱さや痛みにとりわけ敏感であり、オリュンポスの神々を人間のように描写する描き方はまったく納得がいかないと感じた。考えてもみるがいい、オリュンポスの神々は髭を剃る必要があったのだろうか。オリュンポスにも神の床屋がいて、神々の髭をきちんと整えてくれたのか?[24] 予想できることだが、彼は神々の性も攻撃した。とはいえ、アルノビウスが懸念したのはその淫らさではなく、いきあたりばったりぶりだった。何か偶然の引きつけ合う力が原初の神々のあいだになかったとすれば、全世界の支配者ユピテルが誕生しなかったかもしれないと、本当に想像できるだろうか? 「下劣な快楽と官能的な抱擁がなければ、宇宙の支配者が存在することはなかったかもしれないし、今日に至るまで神々は王を戴かず天国は主が不在のままとなる[25]」などありえない、と彼は言った。アルノビウスは、私たち自身の出自についての非常に人間的な不安、つまりどの人生の始まりにもある偶然の抱擁についての不安を、狡猾にもユピテルに投影した。たしかに真の「神」は違う、永遠であって生み出されたのではない、と。

異教の著述家たちのうちで、アルノビウスが気に入っていたのはプラトンだった。その理由は、霊魂の不滅性と神の超越性（これらは他の初期キリスト教著述家たちにとって根本的に重要だった）に関するプラトンの見解ではなく、彼が詩歌を批判して叙事詩の真実性を疑問視したことにあった。アルノビウスはプラトンと同様に、詩歌とその驚くべき主張とを正当化する手段としての寓意に懐疑的だったのである。彼に言わせれば、寓意は神々の真の本性よりも、解釈者の心について明らかにする。ひょっとするとユピテルとケレスの結びつきは本当に「大地のふところに降る雨」として解釈できるかもしれないとアルノビウスは認めたが、となると他の説明が一様に妥当でないかどうかは知りようがない。「いわゆる寓意はみな、わざとわかりにくくした物語から取られていて、誰でも何であれ好きな意味をそこに読みとれる[26]」のだ。アルノビウス自身は可能な限り、実際的な文字どおりの解釈のほうを好んだ。ゼウスがエウロペを強姦するために雄牛になるという変身を前にして、彼は読者に、一歩踏み込んでその場面を想像するよう勧めた。「神々の父にして宇宙の支配者たるユピテルは雄牛の角の飾りをつけ、毛深い耳を震わせて伏臥の姿勢をとり、緑の草を噛み砕いていて、体の後ろ全体、尻尾と後脚が柔らかい糞便で汚れている[27]」。そして彼は話の落ちを述べる――キリスト教の信条は、異教のこのばかばかしさに比べて、本当にそれほど奇妙でとうていありそうにないことだろうか？

　アルノビウスは寓意相手に勝ち目のない戦いをした。どうがんばったところで、寓意は結局、古典文学における神々の問題への、あまりにも魅力的で便利な解決法だった。しかも、キリスト教のすばらしいお墨付きもあった。なにしろイエス自身がたとえ話で語ったのである。さらに重要なことには、新約聖書に照らして旧約聖書を再解釈するには、寓意はどうしても必要と思われた。ある学者が言ったように、聖書は「オウィディウスの『変身物語』よりもほんの少しだけ、無意識的なキリスト教化を受け入れやすい[28]」のだった。キリスト教は古代の物語のなかに新しい意味を探し求め、ユダヤの伝統と古典の伝統の両方から自らを切り離した。寓意と隠喩はその企てに欠かせない道具だった。紅海一帯で奪われたヘブライ文化を広めているキリスト教著述家たちは、古代の知恵を移しているのであった――そして「移す（transport）」のギリシア語は、「隠喩（metaphor）」なのである〔metaphor の語源のギリシア語 μεταφορά は μετα-「meta-～を越えて」と φέρω「pherō 運ぶ」の合成語〕。

　古代の詩人たちは寓意的に語ったという考えには、詩人の想像力への賛美がひそんでいた。古代の詩人たちは地面に雨が降るのを見て、どうしてそれをユピテルとケレスの性交として描くことができたのか？　それには、生き生きとした心と、それを口にできる自由を必要とした。中世初期の著述家たちがそんな詩的許容に不安を覚えたのは、かなり放縦になりがちだったからだけではない。創造力豊かな濡れ場や嘘、偽り、いかさま、密通、オリュンポスでの愚行全般は別としても、古代の詩歌には、もっと根本的な危険があったのだ。詩歌は、実在しない事物——神々すら——を人々に想像させたうえ、現実と想像の境い目をはっきりさせなかった。アルノビウスの弟子のひとりラクタンティウス（のちにコンスタンティヌスの息子の師傅になった）は、真実と物語を識別する確実な方法がないことに関心があった。「詩的許容の限界が何か、虚構を作るのにどの程度まで進んでよいのかが、人々にはわからない」と彼は書いたが、「実際に起こったことを見た目が違う何か別のものへ、比喩的言語を用いて優美に転換すること、まさにここに詩人の機能がある(29)」とも認めた。最終的にラクタンティウスは、著者にではなく読者に責任があるという考えに傾いた。現実と比喩的表現の境界線を曖昧にしている場合、詩人は当然行なうべきことを行なっているにすぎず、正しい結論を引き出すのは読者の役目だった。したがって、立派なキリスト教的教養が伴ってさえいれば、古典文学は容認できた。

悪霊としての神々、実在する人間としての神々、想像力の産物としての神々。これらさまざまな説はもちろん、完全に共存できたわけではないが、みなルーツは古代にあった。ギリシアの神々は元来、現実のものであると同時に比喩的でもあった。まさにこの混淆が、神々をここまで強力にした。しかしキリスト教の思想家たちの取り組み方はもっと厳格で、オリュンポスの神々は悪人か、さもなければ比喩だったのである。どちらの戦術でも、神々は矮小化された。実在する姦夫としてのユピテルは、神話上の登場人物ほど荘厳なはずがなかった。一方、ユピテルがただの寓意つまり比喩にすぎないとすれば、現実の力がまったくないことになる。問題は、オリュンポスの神々に対する戦略をひとつに決めてそれを忠実に守ることであった。

この難問を引き受けて、異教の神々についての包括的なキリスト教理論を組み立てようとしたのが、アウグスティヌスだった。彼は自著『神の国――異教徒との対決』で、古代の神々は本当の真実性のない有害な幻想の産物であると書いた――つきつめれば「神」が「真理」なのに対し、悪魔は幻想を信じるのだから、その幻想のせいで神々は悪霊になるというのだ。さらに、異教の神々は悪霊なので、本当の人間の姿をとれる、と彼は言った。このようにしてアウグスティヌスは、エウヘメロス流の解釈の余地も見いだした。実際、神々は誤って神格化された人間だとする考えを彼がかなり好んだのは、こう考えれば、オリュンポスの神々の人間らしい外見も、個性の文学的な細部も説明がつくからであった。アウグスティヌスは、寓意的解釈はしばしばかなり抽象的に思われると指摘した。「これらの神々についてもっと真実らしい説明はこうである。すなわち、それらの神々は人間であったのであって、それらのおのおのは、かれらにへつらわれて、かれらを神々にしようとした人びとによって、その性情、習慣、作用、運命にふさわしく、祭事や祭祀を定められた……」(30)。たとえばユピテルは、ひょっとすると、父親のサトゥルヌスを殺したいよこしまな若い王子だったかもしれない。あるいは自身は悪くなかったが、邪悪な親と戦わざるをえなかったのかもしれない。歴史的な詳細はどんなものであれ(そして賢明にもアウグスティヌスは、詳細には確信が持てないと認めた)、巧妙な寓意よりもよくわかった。テクストにたくさん出てくる神々を人物として受け入れられたからである。

アウグスティヌスは詩歌を読むにも鋭い感覚をもち、彼の解釈は結果的に大きな影響力があった。それでもやはり、神々は完全に馴化《じゅんか》されて首尾一貫した理論に収まりはしなかった。何百年ものあいだ神々は、(しばしば古代の王や王妃に扮して)歴史書にも、(美徳や激情のような抽象的性質を表わす)複雑な寓意的説明にも、よく登場したものだった。歴史と寓意という二つの伝統は、中世を通じて、さらにそれ以降も共存共栄した。歴史的な物語では神々は、とんがり帽子をかぶった乙女やきらきら輝く武具をまとった騎士のように、しばしば中世の普通の人物のように見えた。たとえばある写本では、ユピテルは「クレタ」と記された中世都市を背景に、サトゥルヌスを殺す十字軍戦士に扮して描かれた。この表示はさかのぼればエウヘメロスに、そして究極的にはヘシオドスの『神統記』という二千年以上も前の作品にたどり着く。一方、オウィディウスの『変身物語』は、さらに手の込んだ数々の寓意的解釈にインスピレーションを与えたようだ。それはたとえば、作者不明の『教訓化されたオウィディウス Ovide moralisé』〔七万行に及ぶフランス語韻文作品〕や、ピエール・ベルシュイールの『教訓化されたオウィディウス Ovidius moralizatus』〔前出書のラテン語による翻案〕で、ともに十四世紀の著作である。オウィディウスは深遠な神学的真実を、冒瀆的な人々のまなざしから守るために意図的に寓意のベールの下に隠したのだと、両作品は主張する。しかし、そんな主張はもちろんすっかり却下できた。オウィディウスを教訓化しなければならなかったとすれば、彼はそもそも道徳的でなかったかもしれないことになるのだ。何百年間にもわたって古代文学を保存し、その活力をもらしたのは、このようにどちらの意味にも取れる表現、裏表のある寓意的性格のおかげだった。

古代の物語はやがて、新しい物語を生んだ。たとえば、チョーサーはベルシュイールや他のオウィディウス流の道徳家たちから創造的刺激を受けており、彼の『カンタベリー物語』には、オウィディウスの『変身物語』への言及が頻繁に出てくる。周知のように、チョーサーの「大学賄人の話」はアポロンとコロニス（大胆にもアポロンを裏切った恋人）の話の語り直しを含み、この話をうわさ話の危険性への警告に変えている。チョーサーは、十四世紀イタリアの最も多作な物語作家ボッカッチョにも想を得、ボッカッチョ自身もオリュンポス神族に魅せられていた。晩年の彼は、百科事典的な『異教の神々の系譜』を執筆するために、神々についての物語を体系的に収集した。この著作は古代のさまざまな神話について、歴史的・寓意的両面の説明をしている。たとえばボッカッチョはゼウスとセメレの情事について、この哀れな女性が燃えたのは、熱い空気（嫉妬深いヘラの寓意的表現）と火（雷を轟かせるユ

13. フランスのこの挿絵入り写本では、ユピテル（左）が父のサトゥルヌス（右）と対決している。背後には「クレタ」と記された中世都市が見える一方、この二柱の神は十字軍戦士に見える。

ピテル）の混合の結果だと説明した。ところがその舌の根も乾かぬうちに、実在する好色なクレタ王としてユピテルを描くこともできたのである。

ボッカッチョの揺れ動く解釈は、広く長く続いた神々に関する両面価値を象徴している。キリスト教徒の読者は神々をうまく言い繕わなければならなかったが、それでも神々が出てくる数々の物語を称賛したいと思った。彼らは古代文学にみなぎる奔放な活力を認めたが、それでもやはりオリュンポスの神々を馴化する必要も感じたのである。結局、この異教の神々には、そして神々が霊感を吹き込んだ文学作品にも、やはり何か胡散臭いところがあった。中世を通じて、オリュンポスの話をするのは――わずかにしても――きな臭いものだったのである。

15 粗布の衣と三日月刀

後七世紀までに、ローマ帝国の西側は多くの不安定な王国に分裂してしまっていた。対照的に、東ローマ帝国は繁栄しており、実際、西ヨーロッパをふたたび征服しだすかに見えた――イスラム教の台頭が政治情勢を一変させさえしなければ。この新しい啓典宗教はキリスト教と同様に、自らを原典と真の信仰への回帰と見なした。イスラム教は魅力的で活力に満ち、圧倒的な軍事的勝利をおさめた。アラブ人は百年も経たないうちに、インドの端とスペインの大西洋岸に達していた。今日ビザンツ帝国と呼ばれる東ローマ帝国は、さらに八百年生きながらえたが、世界のなかでの位置づけは劇的に変化した。アラブ人による征服は、「ヨーロッパ」を独自の文化圏にした大きな要因だった。地中海南部の諸領域はもはや東ローマ帝国に属さず、かつての首都コンスタンティノープルの影響から切り離された。一方、首都そのものはしだいに南方のイスラム勢力からの攻撃と、さらにキリスト教西方からの攻撃も受けた。一二〇四年の第四回十字軍はキリスト教史上、最悪のエピソードのひとつだった。十字軍は本来、エルサレムをイスラムによる支配から解放するために開始されたのだが、ヴェネツィア人が脱線させ、コンスタンティノープルに対抗させたのである。以来この都市は著しく衰退し、とうとう一四五三年にトルコ人の手に落ちた。

イスラム教徒は「啓典の民」への寛容な態度に従って、七世紀に地中海南部を征服したときキリスト教の学術機関や教区学校を破壊しなかったし、こうした教育機関では、ヘレニズム風の教授細目が引き続き教えられていた。カリフ〔イスラム教国家の最高権威者〕の最初の王朝はダマスカスにあり、キリスト教教育の中心的施設との交流は相対的にほとんどなかった。ところが第二王朝であるアッバース朝は、古典文化にそれまでよりはるかに興味を示した。とくに、ギリシア哲学に取り組めば、イスラム教の知的基盤を明確に述べその権力構造を正当化するのに、役立つことが明らかになったからである。アッバース朝は新しい首都をバグダードに置き、カリフのアル＝マアムーン（九世紀初頭の支配者）はその地の「知恵の館」に資金援助をし、「古代人」――イスラームの学者もキリスト教の学者とまったく同様に、この言葉でギリシア人を意味した――の研究に熱中したとさえ言われる。

言い伝えによると、アリストテレス本人がカリフのアル＝マアムーンの夢に現われて哲学的対話を交わした。「善とは何か？」とカリフは質問した。「何であれ、知性に照らして善なるもの」と哲学者は答えた。「では、それは何か？」とカリフは質問した。「何であれ、戒律に照らして善なるもの」とアリストテレスは答えた。[31] 夢でのこの邂逅には非常に大きな文化的意義があると信じられ、一部の中世アラブの資料の示唆によればこれが刺激となって、ギリシア語作品の翻訳という、アル＝マアムーンが統括した巨大プロジェクト全体が始まったという。実際には、これ以前から古典文化への取り組みが始まっていたことが夢のもととなったに違いない。つまりアル＝マアムーンは、カリスマ的なイスラムの指導者たちに対する闘争の支えとして、アリストテレスの権威を積極的に活用していたのだ。とはいえ、バグダードでのギリシア研究の原因ではなく結果だったとしても、この夢はアリストテレスがこの都市で享受した高い評判を裏づけている。

対照的に、ホメロスの作品はアッバース朝治下でほとんど知られずにおり、オリュンポスの神々についての主要な情報源は手つかずのままだった。ホメロス詩篇が古典教育の基礎だったことを考えれば、取り組まれていないのは驚くべきことに思われるかもしれないが、ホメロス叙事詩がバグダードで脇に追いやられたのには、文学的と神学的双方の理由があった。そのひとつに、詩歌は翻訳不可能だという広く行きわたった確信がある。たとえばアル＝ジャーヒズという九世紀の学者は、「詩は翻訳に向かず、翻訳すべきでない。詩は翻訳されると、詩的構成が引き裂かれ、韻律はもはや正しくない。詩の美しさが消え、称賛に値するものは何も残らない」[32]と主張した。したがって、彼や他の多くのイスラムの学者はおもに哲学と科学に重点的に取り組んだ。それでも、詩歌に関する古代のさまざまな理論のほうは、バグダードで大いに関心を集めた。アリストテレスの『詩学』は三回も翻訳され、この詩論をとおしてホメロスの名声が守られた――作品自体は一般に流布していなかったのだが。アリストテレスは、ホメロスはギリシアの最高の詩人であるとし、この評価が一般にそのまま信用されたのである。

アラブ世界でのホメロスのこのパラドックス――称賛を受けつつも読まれない――は、バグダードで最も影響力のあった翻訳家フナイン・イブン・イスハークの生涯と著書に反映されている。彼はヒーラ生まれのネストリウス派キリスト教徒で、九世紀の最初の十年のあいだにバグダードに移った。当時の最も偉大な医師ユハンナー・イブン・マーサワイヒに師事するためだった。ところが彼はあまりにも質問をしすぎて師を怒らせ、破門されてしまう。フナインは落胆したが、挫折することなく何年間かバグダードを離れた。どこに行ったかはわからないが、戻ってきたときには、ホメロス叙事詩はもちろん、ガレノスの医学書も全部記憶していて、すべて原典のギリシア語で暗唱することができたとされている。感銘を受けた師にふたたび受け入れられ、やがてフナインは当時の最も偉大な学者になったという。フナインにまつわる多くの逸話では、事実と虚構の見分けがつきにくい。とくに、ホメロスとガレノスの作品の暗誦披露はありそうにない。なにしろこの二人の著作をすべて暗誦するには、数か月間とは言わないまでも、数週間はかかるだろう。にしても、フナインはたしかにギリシア語を実際に学んで、ホメロス叙事詩に精通し、それに関する古代の学問もある程度知っていた。こうした高度な専門知識を習得するために、はるばるビュザンティオン〔コンスタンティノープルの当時の名称〕まで旅したと言われるが、これはありそうなことだ。フナインは学問のためには、明らかに労を惜しまない覚悟だったのである。(33)

だが、どこでギリシア語を学んだにせよ、十分な知識があってもフナインがホメロスを一度も翻訳しなかったという事実は残る。もちろん、彼には異なる優先順位があったのかもしれない。しかし、あるちょっとした点が、彼もたぶんギリシアの神々を受け入れられなかったことを示唆しているのだ。ガレノスの作品に註釈をつける折、フナインは神話上のパイアンについて、「予言者にして、医師の模範となる人物(34)」と註をつけた。この短評は欺瞞的だった。ホメロス叙事詩におけるパイアンの神性を、そして「神々の医師」としての役割を、故意におおい隠したのである。たとえば、パイアンがオリュンポスでアレスの体をどう治したかが、『イリアス』第五歌にあれほど印象的な結末をもたらしたというのに、フナインはこの話に言及しなかった。これはたんに、神々の医師たちという不都合な存在を、アラブの科学という、あまり魔術的でない絨毯の下に隠したのではない。宗教論争をさけようとする策略だったのである。

フナインの弟子のひとりでキリスト教徒の学者クスター・イブン・ルーカーは、神学議論のためにホメロスを用いることに、フナインよりも前向きだった。イスラム教徒の学者イブン・アル＝ムナッジムが、以前に真摯で偏見のない手紙を、クスターにもフナインにも送ったことがあった。アリストテレスの論理を用いてイスラムの真理を証明しようとした手紙だった。そして、私の論証に不備があるでしょうか、と問い、このキリスト教徒の学者仲間たちに批評を請うた。フナインの返答は簡潔だったが、クスターは長い博識な返信をよこした。クスターの反論した見解のなかに、クルアーンは模倣しがたいから神から霊感を受けているという考えがあった。アリストテレスによればホメロスの文体も模倣できないが、それでもホメロスは宗教的な眼識のまったくない異教詩人であると、クスターは指摘した。(35) 尊敬はされても驚くほど異教的なホメロスに直面した結果、ヨーロッパの人々もアラブ世界の人々も、神的な霊感よりむしろ人間の霊感の力を認識し始めたようだ。

それでも、翻訳されなければ、ギリシアの詩歌がアラブ文化に及ぼす影響など、たかが知れている。オリュンポスの神々はイスラム世界にこっそり入り込む他の方法を、ともかくも見いだした。科学が関心事なら、科学を通して存在を認めさせればよいのだ。アラブの学者たちは医学のほかにも、数学と天文学と占星術を熱心に研究した。実際、彼らはこれらの活動をすべて関連しあうものと見なした。恒星と惑星は人体に直接的な影響を及ぼすと考えられたためである。プトレマイオスの『アルマゲスト』というギリシア語で書かれた不朽の天文学テクストは、早い時期にアラビア語に翻訳され、多大な影響を及ぼした（とくに現在知られている英語の書名は、ギリシア語の書名を訳したアラビア語の名に由来する。この本は元はたんに「数学論文」と呼ばれたが、その後、「最も偉大な hē megistē mathēmatikē syntaxis」数学論文になった。このギリシア語の最上級 hē megistē がアラブ語の al-majistī になり、そこから Almagest になったのである）。そしてアラブの学者たちが理論的な『アルマゲスト』とあわせて訳したプトレマイオスの『テトラビブロス（四つの書）』は、恒星と惑星の位置が地上の人間の生にどのように影響を及ぼすかを説明した。

古代と同様アラブ世界でも、占星術の実践には、科学的専門知識と神話の眼識の両方を必要とした。天体の位置と動きの観測・理解・予見が求められ、次に天体の位置と動きは、神話上の人物同士の遭遇や対立として解釈された。アラブの学者たちは占星術のこの二つの異なる観点のどちらにも深く関心を寄せた。中世ヨーロッパでアルカビティウスとして知られた十世紀の学者、アブー・アル＝サクル・アル＝カビースィーは、最高の占星術師なら惑星の動きに関する事実を知っているだけでなく、その「証明」もできるだろう、と主張した。経験的観察がきわめて重要で、星についての多様な言い伝えからも貴重な情報が集められた。結局、空は誰でも見られるから、天体の動きへの洞察は天体観察をしたい誰からでも集めることができた。こうした熱心で広い範囲に及ぶ探求のおかげで、オリュンポスの神々は領域を広げたが、はっきりとギリシア的な特徴をいくつか失いもした。

プトレマイオスの著作のアラビア語版は天体の位置を丁寧に記録したが、神話を表現する段になると自由度を増した。ギリシアの天文学では、神話の登場人物にちなんだ名前が星の集団につけられ、それらしく見えるよう意図された。たとえば双子座は、ゼウスと人間の女性レダの双子の息子たちディオスクロイを表わすと言われた。同様に、ヘラクレス座の星々は筋肉隆々とした英雄の姿を空に描き出すとされた。ところが、ヘラクレスがどう見えるものかを説明する古典的な詩や絵画に接する機会がなかったため、イスラム教徒の芸術家たちは天文学の本文に挿絵を入れるとき、想像で描いた。おかげでヘラクレスは棍棒とライオンの皮を失くし、ターバンと三日月刀を身につけることになる。他のさまざまな変化は、元をたどればもっと直接的に言葉の壁のこともあった。たとえばあいまいな翻訳のせいで、ヘルメスは知らないうちに突然、意外なものを手にしていた。伝統的な杖ではなく、ペニスである。（アラビア語の翻訳者が使った語はどちらの意味にもなった）[36]。この間違いが、切断ないしは埋められて久

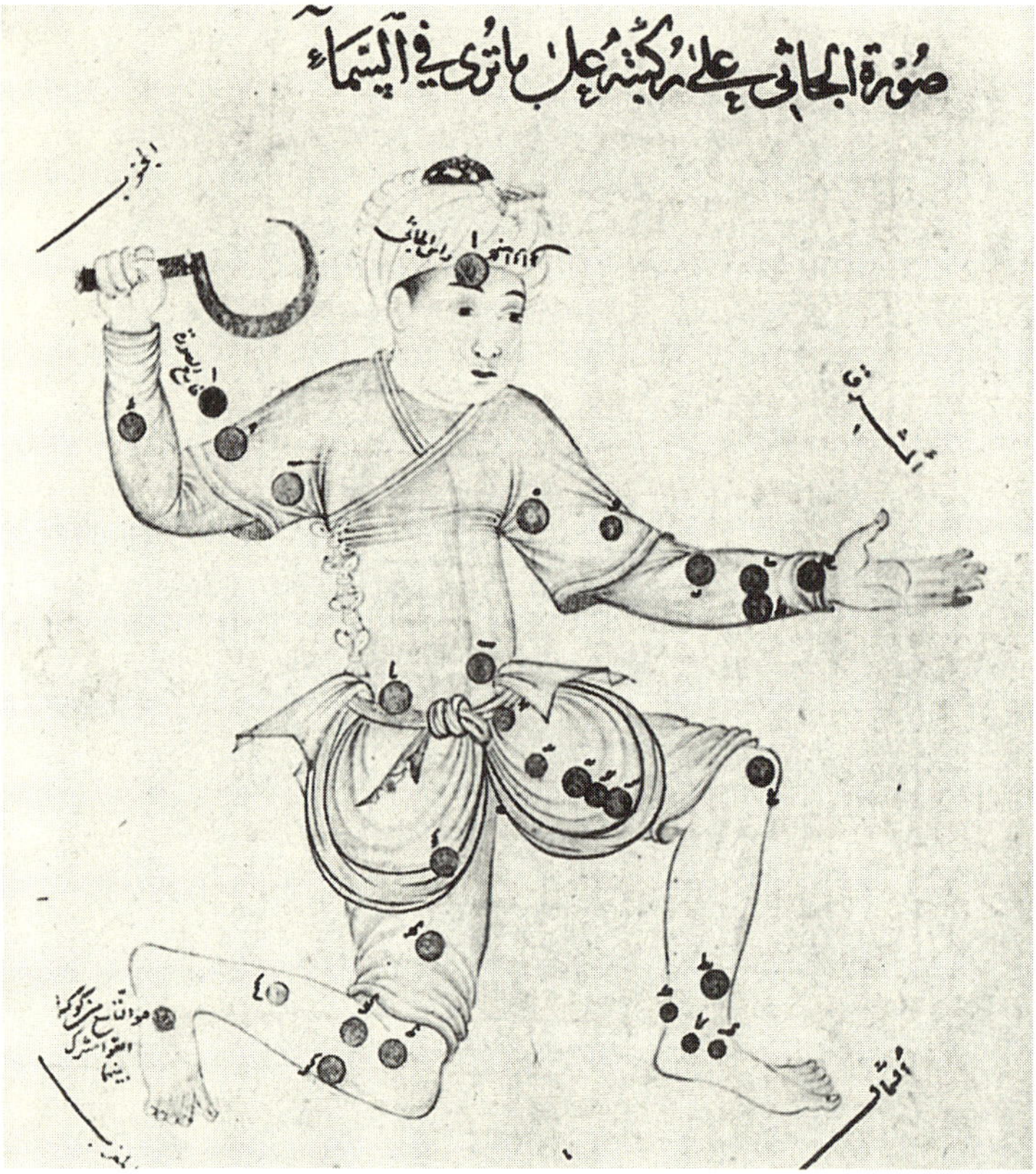

14. ペルシアの天文学者アブド・アル=ラフマーンスーフィー（10 世紀）の著作に載っている、ターバンを巻き三日月刀を手にしたアラブのヘラクレス。大きな斑点はヘラクレス座を構成する星々である。

しいあの古代の路傍の目印ヘルマイを連想させたのは、まったくの偶然の一致のなせる業だった。

アラブの天文学と占星術をとおしてギリシアの神々が新たな注目を集めたように、バビロニアの神々も再生を経験した。ギリシアの神々とバビロニアの神々は、言うまでもなく、ヘレニズム期にすでに混淆していた。しかし今回は新たな組み合わせになった。バビロニアの神々が正確にはどのようにしてアラブの科学界に突如として浮上したかについては、議論の余地があるが、そこには明らかに、非常に古い地元の言い伝えが生き続けていた。というのは、アラブで惑星となった神々はときおり、いとこにあたるギリシアの惑星神よりも先祖であるバビロニアの惑星神に似ているからである。メソポタミアの孤立した地域の人々は、ギリシアやローマやキリスト教やイスラム教の影響をさほど受けることなく、星を崇拝し研究し続けてきたに違いない[37]。そしてここにきて、古代バビロニアの神々がアラビア語の専門書に進出しつつあった。たとえば、アラブ世界のメルクリウスは学究肌になり、バビロニアのナブーにかなり似ていて、陽気で盗癖のある不敬なギリシアのヘルメスとは共通点がほとんどなかった。同様にアラブのユピテルも、バビロニアのマルドゥクといくつか共通の特徴をもち、たとえば審判者として描かれたが、ギリシアのゼウスがこの役割を演じることはめったになかった。アラブの自然科学の惑星神はこのように、ギリシアその他の神々だけでなく、バビロニアの神々とも混同され、じつのところ、研究している学者たちと同じくらい広範囲にわたったのである。

この混ぜ合わされた惑星神たちは、最終的にヨーロッパに進出し、その地で今でも城や大聖堂を飾り、そびえたつ高所から私たちを見下ろし、身分をすっかり隠して生き続けている。彼らがたどった複雑な道筋の詳細ははっきりしないが、ヨーロッパに向かう旅の途中で訪れた場所は今も再現できる。第一に、占星術はキリスト教世界で一度もすたれなかったことに注目しなければならない。少なくともクリスマスの物語の一部になっている。東方からの三人の賢者はひとつの星に基づいてイエスの誕生を予言したのだから、惑星の観察はキリスト教の観点から見ても、あながち間違いではなかったのだ。しかしそれでも、占星術を「神」の全能や地上の人間の自由意思と調和させるのは難しかった。ある教父は、占星術的な決定論とキリスト教の自由意志を調停しようする、かなり絶望的な試みのなかでこう主張した。惑星と恒星は、イエスの誕生までは有益な知識の手段を提供したが、それ以降はもはや機能しなくなり、後一世紀からこのかた、土星《サトゥルヌス》や火星《アレス》ら「死んだ神々」に基づいて未来を決定することはできなくなった、と(38)。

占星術を根絶しようとする教会のたび重なる努力は、かならずしもうまくはいかなかった。しかし十二世紀まで、ヨーロッパの自称占星術師たちが利用できる書物はほとんどなかった。古代の天文学や占星術の知識が広く利用できるようになったのは、中世後期のことである。ある程度は十字軍の結果、アラブの学者たちとの接触が増えたことで、兵士たちが戦っている間により瞑想的なタイプの人たちは星辰について意見交換をした。アラビア語のテクストは（しばしばユダヤ人によって）ラテン語に翻訳され、シチリアとスペインに、そして最終的にはヨーロッパの他の地域に進出した。こうしてプトレマイオスの『アルマゲスト』と『テトラビブロス』が、アル=カビースィーのような学者たちの手を経て濃縮された形で、西洋人の意識の中に入っていった。その結果、占星術の威信は途方もなく高まった。十二世紀から十四世紀の間に、占星術はまぎれもないブームを経験した。

この時代に増えた知的な意見交換を示すよい例が、ミケーレ・スコットの経歴である。彼は一一七五年頃にスコットランドに生まれ（彼の名前は文字どおりスコットランド人マイケルの意）、まずダラムの大聖堂学校で、次いでオックスフォードとパリで学んだ。それでは飽き足らず、さらに南のボローニャに移り、ついにパレルモのフリードリヒ二世の宮廷に行き着いた。シチリアからスペイン中央部のトレドに移り、そこでアラビア語を学んだ。こうして、学術的な追記や修正や注釈も加えてアラビア語に訳された多くの古代ギリシア語作品を利用できるようになり、ミケーレは自分の学んだことを、自身のしばしば寓意的な惑星科学の解釈をとおして伝えた。彼の著作は、添えられた挿絵ともども、まぎれもなく近東的な神観をヨーロッパに持ち込んだ。結果としてミケーレ本人の後代の人々との折り合いはあまりかんばしくなく、魔術のうわさを立てられ、ダンテの『神曲 地獄編』でもそのように描かれている。[39] しかし、彼の合成の神々のほうは活躍した。学者を守護する惑星神のメルクリウス＝ナブーは、ヴェネツィアの美しい中心地、ドゥカーレ宮殿の石柱のてっぺんに現われた。フィレンツェのスパニョーリ大礼拝堂や、パドヴァのエレミターニ教会の内陣にもいる。風貌はかならずしも東洋風というわけではなく、実際、司教の姿をしていることが多いが、その起源は結局は近東であった。ギリシアのヘルメスが堅苦しい学問に一度も興味を示したことがなかったのに対して、ナブーはすぐれた学者だったからである。

私にとって最も驚くべき変装は、フィレンツェのジョットの鐘楼の上のユピテルの姿である。この町のど真ん中で、異教の最高神が――まったく驚いたことに、キリスト教の修道士のような格好で――大聖堂そのものの鐘楼を飾っているのである。ユピテルの一連の誘惑や密通や強姦のうわさは消え去った。荘厳な古典的身体は消え去った。彼は今や、いくぶん恰幅のよい修道士を装って、地味な粗服をまとい、片手には聖杯を、もう一方の手には十字架を持って現われる。それでもこれがユピテルに違いないとわかるのは、他の惑星神全員に囲まれているからだ。

オリュンポスの至高の支配者が一体全体どうして、どこから見てもキリスト教徒でしかないこんな扮装で現われるようになったのだろうか？　驚いたことに、その答えはアラビア語のテクストの中に隠れている。それは『ガーヤト・アル＝ハキーム〔賢者の極み〕』という魔術マニュアルである。書かれたのは十一世紀だが、それ以前のギリシアやバビロニアの民間伝承を含んでいる。このマニュアルはアラビア語からスペイン語に、次いでラテン語に訳された。中世には、『ピカトリクス』という謎めいた題名（たぶんギリシアの医師ヒッポクラテスの転訛であろう）で広く流布し、惑星神を懐柔して援助を得る方法を、自称魔術師たちに教えた書だった。各惑星は地球上の特定の地域を統轄すると言われ、たとえばインドをつかさどる土星《サトウルヌス》は、インドの賢人としていくつかの写本で描かれた。西ヨーロッパを領土として割りあてられた木星《ユピテル》はキリスト教徒の守護惑星と考えられた。

『ガーヤト』は、共感呪術の諸原理を応用して、ユピテルに祈るときには崇拝者は西洋式のやり方を採用すべきだと主張した。「へりくだり控え目であれ、修道士……のように装え。……キリスト教徒のなすことはすべてをなせ。そして彼らの服装を身につけよ。黄色のマントと、帯と十字架とを」[40]。こうしてユピテルは、美しいフィレンツェの町のまっただなかのサンタ・マリア・デル・フィオーレ大聖堂の鐘楼の上で、修道士の衣装を誇示する。その風貌はとことん、アラビア語の魔術マニュアルの指示そのままである。と言っても、ジョット（あるいは、鐘楼の上の惑星神をデザインした責任者アンドレア・ピサーノ）がこの特定のマニュアルを読んで、そのとおりに図面にしたというわけではない。芸術家や建築家は周囲の文化によって作られるのであり、ギリシア・アラビアの占星術が津々浦々に広がるにつれて、その文化が（私たちにはもはや詳しくたどることのできない伝達経路をとおして）西洋美術の傑作に現われたのである。

　明らかにオリュンポスの神々は、キリスト教とイスラム教の下で生き残るために、どんなことでもしなければならなかった。神像は粉砕され、神殿も破壊され、神々を崇拝していた人々も、別のもっと高潔な「神」の考えに誘い込まれた。古代からの異教信仰は中世にも動揺なく継続したという主張は（歴史家のなかにはそう主張する人たちもいるが）誤りのようだ。それどころか、その性質は根本的に変化した[41]。オリュンポスの神々の崇拝は秘事になり、本当に安全な環境でのみ、なんとかやっていくことのできる慣習になったのである。それは都市生活の礎石どころか、粗野な迷信になり、孤立した「田舎者＝異教徒」の関心事になった。しかし驚いたことに、神々自身は崇拝者たちの絶滅をなんとか乗り切って生き残った。神々が――宗教的な信念や慣習に支えられることもなく――人々の興味や思索を引きつけ続けたことは、古典文明の歴史で最も驚くべき事実のひとつである。

オリュンポスの神々が活躍し続けたとすれば、それは、人々が自分たちの住む古代文化を高く評価し

15. フィレンツェのサンタ・マリア・デル・フィオーレ大聖堂の鐘楼上の、修道僧に変装したユピテル。

たからである。インドの国境地帯からブリテン諸島まで、多様な社会が古代の哲学・文学・芸術・科学に関わり続け、結果としてしょっちゅうオリュンポスの神々と出くわしていた。出会いは衝撃で、しばしばかなり魅力的であった。悪霊としての神々、あるいは虚構もしくは実在の人物、惑星としての神々――オリュンポスの神々についての広範囲の、矛盾するとらえ方は、古代の世界観と中世の世界観の衝突の激しさを証明する。神々を十二か月にグループ分けするのが一番だと考える人々もいれば（現在のカレンダーの三月 March は軍神マルス Mars にちなむ名称だ）、自由七科――文法学・論理学・修辞法のいわゆる三科と算術・音楽・幾何学・天文学の四科――と関連づけて、各学科を司る惑星神のもとで体系化されると考える人々もいた。生徒たちは教育課程に合わせて、より遠方の惑星の領域へ進んだ[42]。中世スコラ哲学のあらゆる努力は知の普遍的体系の組織化に注がれ、古代の神々は当然、この体系にはめ込まれるはずになっていた。しかしオリュンポスの神々は、とうていそこには収まりきらないことが判明した。彼らは名前と装いを変え続け、ついに、中世的な知の聖なる体系全体を揺るがし始めた。実際、彼らの不穏なふるまいは、ルネサンスへ、そして近代へと歴史を前進させたのである。

第六部　再生――ルネサンス

古代の文学と芸術は十四世紀と十五世紀を通じて、イタリアで大いに注目を集めた。学者や詩人、芸術家、建築家たちは競って古代の文化の再生を試み、いたるところでオリュンポスの神々に出会った。彼らはこれらの神々を取り上げるにあたって、中世ですでに行なわれていた議論を繰り返したが、新たなひねりを加えた。もしオリュンポスの神々が、たんに人間の創造物で想像の産物にすぎないなら、その想像力のなんと力強いことよ！　その創造力のなんとすばらしいことよ！　オリュンポスの神々は神格として生を受けたが、イタリア・ルネサンスでは、人間性への新たな信念を伝える使節として現われたのである。

この変容は、部分的には再生として位置づけられた。アルカイック期のギリシアでは、結局、神々について論じることはすでに、詩歌や芸術の批判的理解と関係していた。それに対して古典期アテナイでは、神々は人間の力と一般大衆の自治能力をめぐる討議で主役を演じた。ヘレニズム期には、オリュンポスの神々はペルシアやエジプト、バビロニア、インドの神々と混淆した――そして今度はまた、イタリア人船長たちが大西洋を横断して新世界で古い神々に出会った。メキシコの神々が神話ハンドブックのなかでオリュンポスの神々の仲間に加わった。どこでも人間の創造力は、神々を描くときに最も明い輝きを放つようだ。

16　ペトラルカ、神々を描く

中世の人々は、自分たちが古代とルネサンスとのあいだの暗く重苦しい時期に住んでいると思ってはいなかった。実際、信仰という決定的な問題を別にすれば、彼らは古代世界と自分たちの世界とのあいだに明確な断絶を認識していなかった。人々の多大の努力は、すべての文化をキリスト教の教義に従って体系化することに注がれ、地中海域では、総じてそれはギリシア・ローマ文化との深いかかわりを意味した。

たとえばダンテの『神曲』(一三〇八―一三二一年執筆)のような作品は体系化の最高の偉業であり、すべての人間のための、そしてすべての永遠の存在つまり神のために、適正な居場所を見つけることに力が注がれていた。この詩篇がダンテとその先導役の異教徒詩人ウェルギリウスとの関係を強調していることを考えると、古代の神々をどう扱うか決めることは、体系化の企ての一部にかならずなった。ダンテの取り組みのおかげで、古代の神話は比喩的意味と歴史的現実のいずれも持てるようになった。異教の神々はこの詩篇の中で、さまざまな咎めを受ける人間としてとり上げられもするが、キリスト教の力強い象徴としても重要な役割を果たしたのである。そういうわけでダンテは、霊感を与えたまえと「天国篇」の冒頭でアポロンに願い求めつつも、この神を「聖霊」として扱えたのだ。彼はイエス・キリストを「最高のユピテル」[1]とさえ呼んだ。前述のようにボッカッチョも数年後には、じかにダンテ流に、同じく神々を二通りに描く態度を取ることになる。続く数世紀には、比喩的・歴史的どちらの解釈も盛んに行なわれた。詩人たちはオリュンポスの神々をしばしばキリスト教的寓意として表わし、かたや歴史家たちは、神々は実在する人間だったと主張した。たとえばジャコモ・ダ・ベルガモの『年代記』は一四八三年に、まずクレタの王ユピテルの統治について論じてから、他の歴史的人物たちに移り、ヨセフやマリア、アポロン、バックス、ウルカヌスについて論じた。

オリュンポスの神々がこれほど長続きしたことを考えると、ルネサンス期に本当に「新たな誕生」を経験したかどうか疑問に思うのも、もっともである。なにしろ神々は中世にしていた変装を一度もやめていないのだから。実際、この問いは近年、再三再四なされており、しかもより一般論として問われているのだ。なぜなら、この問題はつきつめれば、オリュンポスの神々のみならず、私たちの歴史概念そのものにもかかわるからである。ルネサンスとは何だったのか？　ひょっとすると、たくさんのさまざまなルネサンスについて語るほうが納得がいくのではないだろうか？　それにそもそも、なぜ人間の歴史を明確ないくつかの時期に仕切るのか？　一面では、ルネサンスは人工的に発明されたものだと主張するのはたやすい。中世の人々が中世に住んでいると自分ではわかっていなかったように、十四世紀や十五世紀や十六世紀に生きた人々は誰も「ルネサンス」をひとつのレッテルとして認識しなかっただろう。実際、イタリアの人文主義者たちはときおり古典文化の「復活」について語ったが、私たちのルネサンスの概念は、その幅広さといい、意味といい、人文主義者たちにはまったく異質なものだっただろう。

ルネサンスという語は、十九世紀も半ばになってから、フランスの歴史家ジュール・ミシュレが導入した。彼は、コロンブスやコペルニクスやガリレオのような人たちが宇宙とその中での人間の位置を見直したのだと論じた。ミシュレはルネサンスを、歴史上の一時期としてと同時に、事物に対する人間の態度——彼からすればフランス人の典型——とも見なした（ミシュレがルネサンスを十六世紀と定義した理由のひとつはこれであり、十六世紀はフランスにとってじつにすばらしい時期だったのだ）。ミシュレから数十年後、スイスの学者ヤーコプ・ブルクハルトが、ルネサンスは十四世紀と十五世紀のイタリアが成し遂げた業績であると設定変更した。彼の議論によれば、古典古代の復活やより広大な世界の発見や教会に対する批判の増大に導かれて、人々が初めて自分自身を自治権をもつ独立した個人と見なすようになったのは、まさにこの時期である。ブルクハルトは「ルネサンス的教養人」を描写するにあたって、レオン・バッティスタ・アルベルティやレオナルド・ダ・ヴィンチのような影響力のある人物の肖像をもちだしたが、そこには自分自身も顔をのぞかせている。彼のイタリア・ルネサンス観には、明らかにプロテスタント的で、共和主義的で、スイスらしい特色があったのだ。

ブルクハルトの著書の刊行後まもなく、オックスフォードの唯美主義者ウォルター・ペイターが議論の焦点をもっとはっきりと芸術に絞った。一八七三年刊の彼の著書『ルネサンス』は政治と科学の進歩の問題を二の次にして、代わりに感覚と想像力を称賛した。ペイターにとって、ルネサンスはひたすら芸術のための芸術の問題だった。そして、創造的刺激として多くの芸術家に奉仕したオリュンポスの神々がこの時期の象徴となったのは、彼のおかげだった。ペイターの著書は最初から影響力があったが問題もあり、それは今日でも変わらない。同時代人たちは彼を退廃的で不信心だと考えた。より最近では、彼の考えはヨーロッパの文化的優越性の——ひいては政治的および経済的優越性の——主張をほとんど隠してもいない議論だ、と批評家たちは非難している。(2) 数々の植民地と諸帝国をとおしてヨーロッパが世界中の他の地域を支配した、まさにその時期にペイターの『ルネサンス』が生まれたのは、たしかに偶然の一致ではない。

となると、もしかしたらヨーロッパを近代という特定の、そして攻撃的な形態へと押し進めた古代の「再生」は、存在しなかったのかもしれない。ひょっとして、ルネサンスは十九世紀に生まれた神話、しかも虫がいい神話にすぎなかったのか？　二十世紀初頭、脱植民地的観点から歴史が再評価される前ですら、歴史上の一時代としての「ルネサンス」の意味と重要性に異議を唱えだした学者たちがいた。ヨハン・ホイジンガの『中世の秋』は、ルネサンスにあると考えられる多くの特徴は実際には中世末期の産物であると、かなり説得的に主張した。そして大きな影響を及ぼしたジャン・セズネックの『神々は死なず』は、より具体的にオリュンポスの神々について論じた。彼によると、この神々は古代から十四世紀まで途切れることなく身近にいたのであって、神々の「再生」について語ることはかなり誤解を生むおそれがあった。セズネックの著作は、神々がヨーロッパだけでなくアジアとアフリカもくまなく旅したことに注目し、神々が生き延びることになったたくさんの多様な道筋を力説した。

オリュンポスの神々は死んだことなどなかったし、少なくともヨーロッパ人だけのものではない、というセズネックの洞察は、神々の歴史のどんな理解にも今なおきわめて重要である。しかしセズネックですら、私たちが今日イタリア・ルネサンスと呼ぶ時期に、神々に特別な何かが起きたことを認めないわけにはいかなかった。何より、神々の外見がはっきり変わった。中世の修道士や王、乙女、悪霊、スルタン、学者よりむしろ、突然、古代の彫像そっくりになりだしたのである。奇妙なことに、この視覚上の変容のいくらかは、画家や彫刻家ではなく十四世紀のある詩人によって始められた。フランチェスコ・ペトラルカである。今日、ペトラルカはおもに、美しく純粋で無駄のないイタリア語で書かれたソネットで記憶されているが、彼の名声を存命中に決定的なものにしたのは、『アフリカ』というラテン語の壮大な叙事詩だった。『アフリカ』は未完成に終わった。ペトラルカは一度にいくつかの企画を間欠的に手がける癖があり、自分のアイデアに遅れをとるまいと一生涯奮闘しながら、複数の企画を中断したり再開したりしていたからだ。しかしこの叙事詩の数節は早い段階から、独立した抜粋として世間に出回った。そしてオリュンポスの神々が中世的な衣裳を脱ぎ捨て、昔ながらの自分の姿をとり始めたのは、『アフリカ』をとおしてであった。

ペトラルカの叙事詩はウェルギリウスの『アエネイス』を手本とし、その続編として意図された。ウェルギリウスがローマの創設者アエネアスを主題として取り入れたのとまったく同様に、ペトラルカも、第二次ポエニ戦争でハンニバルを破り世界帝国の首都として共和政ローマをうちたてたスキピオについての詩を創作しようとした。ローマがいつか古代の栄光に復することが、ペトラルカの切なる願望であった――もっとも、十四世紀にはこれはかなり非現実的な考えだったのだが。荒廃し、犯罪者がはびこり、反目しあう複数の一族に動かされていたこの永遠の都は、前途有望ではなかった。ローマ教皇ですらアヴィニョンに去り、暴力と腐敗の雰囲気がこの都市全体に漂っていた。どこから見ても品行方正とはほど遠いローマの堕落ぶりを痛感させられる機会が、ペトラルカにはいくらもあった（彼はかつてこの都を発とうとして追いはぎに捕まったことがあった）が、この都へのユートピア的な考えは揺るがなかった。ローマはキリスト教文化と古典文化双方の神髄、つまり世界の中心だったのである。

『アフリカ』はローマの華々しい過去と輝かしい未来の橋わたしとなることを意図したため、オリュンポスの神々はペトラルカに厄介な問題を引き起こした。彼は、異教の神々の一群がかつてこの永遠の都を支配したことをほのめかしたくなかった。かといって、ウェルギリウスの『アエネイス』を模倣する詩にしたければ、オリュンポスの神々を叙事詩から完全に排除することはできなかった。妥協案としてペトラルカは、オリュンポスを舞台にした場面を試しにひとつだけ書いてみた。ローマとカルタゴの寓意である二人の既婚婦人が天に昇って、仲裁してほしいとユピテルに頼む一節である(3)。

その仲裁のあいだマダム・カルタゴは、自分はユノから支持を受けていると言い張るが、女神自身はけっしてこれを認めない。実際、ユノはまったく姿を見せず、彼女がこの詩篇で本当に積極的に影響力を持っているかどうかは、まだ解決を見ていない。ユピテルはというと、自分をキリスト教的寓意に見せていて、これからイエス・キリストに生まれ変わって聖母マリアの心やすらぐ胸で授乳してもらうところだとさえ告げるのだ。聖母マリアの胸への熱意あふれるこの期待は、ユピテルの口から発せられると、かなり不安を誘う響きがある。とはいえ、ペトラルカはユピテルが処女の強姦を楽しんだ数多い事件を読者に連想させたかったのではないと、私は思う。彼は、キリスト教の「神」の優位を確認するオリュンポス的場面を提示しようとしたのだ。そしてこの点では、彼は失敗した。ダンテならイエス・キリストをユピテルとして表現できただろう。だがそれは、彼が『神曲』全体を、厳密にキリスト教的かつ寓意的な枠組みの内側に保ったからなのである。ペトラルカは歴史的叙事詩を書いてローマ叙事詩の伝統的表現法に従ったのだから、キリスト教的ユピテルという考えそのものが時代錯誤のばかげたものに見えてくるのだ。

オリュンポスでのこのエピソードは失敗作だったとしても、『アフリカ』には、オリュンポスの神々を近代詩に含めるずっとうまいやり方を示す別の場面がある。ペトラルカは、寓意を復活させたり神々を歴史上の王や王妃として表わしたりするのでなく、まったく異なる取り組みをした。オリュンポス神族を、一枚の絵画の中に置いたのである。(4) アフリカ王シュパクスの宮殿はオリュンポスの神々の画像で飾られていた、と彼は言う。作中でローマの大使レリウスがアフリカのこの宮廷を訪れるので、ペトラルカにとっては神々を手間をかけて描写できる申し分のない機会となり、神々の説明をしなくてもよくなった。

ペトラルカのカタログで最初に言及される神は、予想どおり、ユピテルである。彼は、「誇らしげに威厳ある王座に坐し、王笏を手に、他の神々の前で雷を振りかざす」。その隣はみじめなサトゥルヌス、年老いた打ち負かされた父親である。続いてネプトゥヌス、三叉の矛《ほこ》を持ち、海の怪物たちに囲まれている。絵のうちでさらに先では、美しいアポロが竪琴を弾き、弟のメルクリウスが「いたずらっぽい表情を浮かべて」、からみ合う蛇のついた杖を手に、兄に近寄る。足の不自由なウルカヌスは嘲笑の的として描かれ、妻のウェヌスとマルスに裏切られて以来ずっと、神々の物笑いの種になっている。ペトラルカの描くユノの頭は色つきの雲の虹で囲まれている。この女神と湿った空気との関係は、その基になったギリシア語の語呂合わせ〔六二ページ参照〕が忘れられて久しいとはいえ、まだ続いているのだ。ユピテルの頭から誕生したミネルウァは、ペトラルカの描写では長い槍を手に、羽毛飾りのついた兜をかぶって誇らしげに立っている。ミネルウァは、去勢された生殖器からという恥ずかしい生まれ方をしたウエヌスをあざける。愛の女神ウェヌスは海に浮かぶ貝殻の上に裸で描かれる。すぐそばに、三柱の裸の優美の女神たちが腕をからみ合わせて輪になっている。ペトラルカは「最初の娘は背を向けているが、他の二人は私たちをじっと見つめる」と、ルネサンス芸術で一番人気の主題となるものを描いている。クピドのほうは矢を射ようと、ちょうどいい場所にいる。それに続くのはディアナで、森林の生き物のニュンペやファウヌス〔ローマの古い、森の神〕やサテュロスらに囲まれている。そしてペトラルカの叙述で最後にくるのはキュベレだ。このアナトリアの大地母神は「年老いてがっしりした、坐せる女神」として描かれる。ペトラルカは読者に役立つように、「古代人によるとキュベレは、雷神自身も含めたすべての神々を産んだ」と説明している。

『アフリカ』での神々のこの描写は、結果として大いに人気が出た。この描写は、ペトラルカが桂冠詩人として戴冠される前に広く世に行きわたった詩の中の、たった二節のうちの片方であり、つまりこれが彼の戴冠の正当な理由となったのである。オリュンポスの神々がどんなふうに見えるか、長たらしい寓意的な説明が誰あるいは何を表現しようとしているのかを、誰もが悩まずに知りたがった。ペトラルカの簡潔で生き生きとした神々の肖像は、冗長な哲学論議ではなく言葉による絵画であって、人々のこの願望に完璧に応えたのである。この詩篇はオリュンポス神族を古代アフリカに、一枚の絵の中に置くことで、読者が安心して称賛できる距離に神々を据えた。ペトラルカは『アフリカ』の物語の内部のどこにこの描写を置くかを決めてもいないうちに、神々のこの描写を書いたとの証拠もある。つまりそれほど彼はオリュンポス神界の描写に熱心で、この場面がどれだけ読者を喜ばせるかを確信していたのだ。

ペトラルカの名声の確立に役立ち、広く知られてもいるもうひとつの詩節は、ハンニバルの弟マゴの死にぎわの語りであった[5]。マゴは、若き日の大望をすべて思い出し、船が難破して死が目前に迫った自分は野望を遂げられないと悟り、しみじみ悔いた（イタリア語の magone は実際に「後悔」を意味し、その語源はおそらくドイツ語の Magen「胃」――消化管で感じられる悲しみ――とつながりがあるが、多くのイタリア人はこの言葉がマゴの発言に由来すると信じている。後悔を経験することは、ペトラルカのマゴのように感じることなのである）。ペトラルカの同時代人のなかには、マゴの心情はアフリカ人異教徒にしては高貴すぎると不満を言う者もいたが、マゴは「すべての人間に共通する」感情を表明しているのだとペトラルカは答えた[6]。古代は、人間であることの意味をペトラルカがはっきり表明する助けになっていた――そして彼は、人間であるということは野心と、つまり、価値ある事柄を成し遂げたいという切なる思いと関係すると見なした。ペトラルカの考えでは、人はすべて、誰であろうと、いつ存在しようと、どこに住もうと、どの神々を崇拝しようと、マゴの感情を経験しうるのだった。

『アフリカ』のこれら二つの詩節は、文化の大進展を告げた。ペトラルカによるマゴの擁護には、私たちが今ルネサンスの人文主義と呼ぶものの種子が含まれていた。シュパクスの宮殿における神々の描写のほうは、以後長く続くことになるオリュンポス神族への視覚的関心の始まりを示した。ペトラルカが言葉で描いた神々の絵は、図像による説明書の執筆意欲をかき立て、そういう説明書が今度は芸術家たちの意欲をかき立てて、芸術家たちは今や、――神々は古代に現われたのだから――故意に「古代風に」神々を描こうと試みた。初めのうち、これらの描写はたいがい文字による説明に頼った。たまにコインやカメオがあるのを別にすれば、手近に古代の工芸品がほとんどなかったからである。けれども、芸術家たちの作品がしだいに注目を集めていくにつれて、古物収集家たちがローマ時代の彫像を探すようになり、古代の廃墟を調査してたちまち見つけ始めた。半ば埋もれた建物の中に、古代の壁画まで発見し、「洞窟〔イタリア語でグロッタ〕」の中で発見されたモチーフ」という意味で「グロテスク」と呼んだ。じきに、芸術家たちは壁の装飾画を模写しようと、ローマのエスクイリーノの丘の上にある「洞窟」（実際には、ネロの贅沢な宮殿の遺跡）の中まで下っていく手はずを整えていた。

古代の芸術へのこういった関心に加えて、ラテン語でもギリシア語でも、古典文学を読み再発見したいという願望も生じた。ペトラルカはこの企画でも開拓者だった。ほこりまみれの図書館で古代の写本を探し、発見した数々のテクストを校訂し、そこから受けた刺激を自分の作品に取り込んだ。たとえばキケロの書簡集を復元し、自作の手本としている。また、何年間もの苦心の末に『イリアス』の写本を見つけだすと、さらにそれを翻訳したうえギリシア語を教えてくれる人を見つけようとした。西方では当時、ギリシア語の知識は珍しかった。ペトラルカはホメロス本人に宛てて書いた手紙で、この古代詩人を長らく音信不通の友人として、こう語りかけた。「私はすっかり望みを捨てていました。あなたの書物の最初の数巻は別としても――この最初の数巻から、私はあなたのきらめく眉とゆるやかに垂れる髪を垣間見ました――、ラテン語であなたの詩を読むことができなかったのです」。

最終的に、友人のボッカッチョの協力を得て、ペトラルカはどうにかレオンティウス・ピラトゥスと連絡がとれた。レオンティウスは南イタリア出身のギリシア語話者で、博覧強記のビザンツ人だと言い張った（ある程度は実際に博学であった）。最初は、ことがうまく進んだ。レオンティウスは『イリアス』の翻訳を開始し、途中でペトラルカにギリシア語を教え始め、ペトラルカの熱狂は新たな高みへ舞い上がった。ボッカッチョとペトラルカはどうにかうまくフィレンツェ市の長老たちを説得して、西ヨーロッパ初のギリシア語の大学講座を寄付してもらい、レオンティウスは新しい職に就くべく意気揚々とフィレンツェ入りした。ここで事態が悪化する。ペトラルカとボッカッチョのあわてふためいた何通もの手紙は、レオンティウスが与えた印象をある程度、伝えている。いわく、「陰うつ」「頑固」「見栄っ張り」「気まぐれ」「身なりがひどい」「石頭」「強情」(7)。学生たちはこの教授が気に入らなかった。

もっと一般論を言うと、イタリアの人文主義者とビザンツの学者の関係は、ライバル意識と不信が際立っていた。ギリシア語の知識の普及という企画全体が何十年も遅れた。

ペトラルカが亡くなったとき、フィレンツェにはギリシア語を学ぶ人がいなかった。教皇はまだアヴィニョンにいて、『アフリカ』は未完の状態だった。しかし、彼の仕事はついに実を結んだ。ギリシア語のさまざまな写本が徐々にイタリアに届き始め、学者たちは写本の読み方を学んだ。学者の手がけた校訂本や翻訳本が新しい詩歌や絵画にインスピレーションを与え、広く古代文化の復活に貢献した。ある意味で、ボッティチェッリの『ヴィーナス〔ウェヌス〕の誕生』——ウォルター・ペイターの考えでは、ルネサンスの究極的な表現——を、ペトラルカの仕事の頂点と見なすこともできる。『ホメロス風讃歌』を収めたギリシア語写本が十五世紀にイタリアに達したが、そのなかに短い「アプロディテ讃歌」が含まれていた。学者のポリツィアーノは、この讃歌におけるウェヌスの誕生の描写にインスピレーションを受け、それを翻案し、フィレンツェの美の女王シモネッタ・ヴェスプッチとその愛人ジュリアーノ・デ・メディチを称える一篇の詩に入れた。ペトラルカの『アフリカ』の例に倣って、ポリツィアーノはホメロス風の叙事詩を虚構のイメージに変えた。すなわち、彼はウェヌスの誕生を描いた芸術作品を想像し、それを詩のなかで描写したのである。数年後、ポリツィアーノの詩とシモネッタ本人からインスピレーションを受けたボッティチェッリが、実物の芸術作品を生み出したのだった。

ボッティチェッリのウェヌスをキリスト教的寓意として解釈する方法も、もちろんある。優美の女神がウェヌスをピンクの外衣で包もうとそばに立っている構図は、洗礼式の場面にそっくりだし、イエスが水から上がってきて洗礼者ヨハネから同じくピンクのタオルを受け取るところは、無数の絵画に描かれている。この場面をキリスト教の目で眺めるよう、絵を見る人々に促す細部は他にもいくつもある。たとえばウェヌスのピンクの長衣には、天の女王たる聖母マリアを象徴する矢車菊がちりばめられている。このように、この絵を天上の愛の心像として、重要なキリスト教的・プラトン主義的概念の心像として見ることもできるが、といってこれをそんなふうに眺めなければならないわけではない。絵画はテクストと同じやり方で解釈を課すわけではなく、絵画に寓意的な物語が伴うこともあるが、それを簡単に忘れられるのだ。絵を見る人々にはつねに、シモネッタが美しくて裸であるという明白な事実を楽しむ自由がある。

そんな寛大さへの反動がしだいに大きくなるなか、もしサヴォナローラがボッティチェッリの絵を手にしていたら、一四九七年の「虚栄の焼却」で焼いてしまっていただろうと、私は確信する。焼かれなかったという事実は、『ヴィーナスの誕生』がメディチ家所有のどこか田舎の別荘に隠されていたことを示唆する。そしてそれが今度は、明白な公的役割が絵画にまだなかったことを暗に意味する。絵に描かれた光景は、選ばれた学者たちや芸術家、そのパトロンだけが共有する、空想の産物だったのだ。それでもなお、そこには人を引きつけるかなりの魅力があり、時がたつにつれ、さらなる影響力を及ぼすことになる。ほこりまみれの写本のページから、半ば壊れかけた彫像のかけらから、神々が出現し、昔の本来の姿とそっくりになり始めていた。

この過程には、神々のはるか遠い起源の新たな評価が必然的に伴った。神々というこのまばゆい創造物はキリスト教世界のものではなく、神秘的で古代的で異国風であった。中世の思想家たちは、キリスト教と異教の文化を統合した単一の世界を構築しようと心血を注ぎ、その過程で寓意という接着剤をたっぷり使った。しかし今や、中世の思想家たちの構築物は崩壊しつつあった。古代はそのキリスト教的復活とは突然、まったく別物になった。そして、「中世」と「ルネサンス」はヨーロッパの優越性を証明しようともくろむ十九世紀の作り話かもしれないけれども、すでに十四世紀にはペトラルカが、未開の無知の一時代のせいで愛すべき古代人たちから引き離されたと表明していた。彼は、古代人が「労苦と才能によって」成し遂げた功績を称賛し、後代の人々が古代人の努力を「恥知らずにも無視して」消してしまったことを深く遺憾に思ったのである。[8]

テオドール・モムゼンが指摘したように、光と闇というキリスト教言語をペトラルカは大胆にも逆転させた。イエス・キリストは「世の光」であったが、ペトラルカは、自分と異教古代の輝かしい功績とのあいだに横たわる、暗いキリスト教の数世紀を公然と非難した。[9] 彼はキリスト教をけっして糾弾しなかったが、何であれ人間のインスピレーションを邪魔する無知というものに耐えられなかった。実際、「あらゆる国、あらゆる時代のひときわすぐれた人々」から学ぶことにしたと彼は堂々と言った。[10] そしてオリュンポスの神々は、ペトラルカが自らの限界と展望を明らかにする一助として重要な役割を演じた。神々は今ではもはや落ちた偶像ではなく、ペトラルカがそれほど高く評価した人間の労苦と才能を表わすようになったのである。

17　全世界的な神々のお祭り騒ぎ

ルネサンス期のあいだにオリュンポスの神々は、――よく信じられているほど速やかではないにせよ――確実な地歩を築いた。ルネサンス期の芸術家とその後援者たちは古代の文化をよみがえらせるために多大な精力と富を捧げた、と想像するかもしれない。だが、真相はそうではなかった。実際、ある美術史家が指摘するように、十七世紀までは「製作年の記された絵で神話的な主題に充てられた作品の割合は、いつだろうと年に二パーセントを超えることはめったになかった」[11] のである。この統計値は、この時代について一般に考えられている見方を修正すべきだと示唆する。そのわずか二パーセントのなかに入る絵画の多くが、おそらく買い手が見つからなかったために画家の自宅や書斎に残されていたことを考えれば、なおさらだ。はっきり言って、オリュンポスの神々への需要はそんなに大きくなかったのである。画家たちは、自分の腕を磨き古代の巨匠たちと自身を比べる方法としてしばしば神々を描いたが、作品はすぐには売れなかった。

けれども神々はゆっくりと、自分の新しい役割を見つけ始めた。最初は、たわむれの束の間の出現だったようだ。たとえば一四〇六年の冬、めったにないほどの大雪がフィレンツェの町に降ると、地元住民らはさっそくヘラクレスをかたどった巨大な雪だるまを作った。明らかに、この古典的な強くたくましい男が彼らの頭にあったのだ。とりわけ、遊びに出かけるときには。オリュンポスの神々は、謝肉祭の衣装とパレード用の山車《だし》にもインスピレーションを与えた。雪だるまのヘラクレスと同じようにかなり自然発生的な空想の産物だったが、これにはある程度、共同体としての取り組みも要した。十五世紀の中葉までには、古代の神々が路上パーティー担当係になっていたことは明らかだった。神々にはまぎれもなく人の心に訴えかける魅力があったのだ。

オリュンポスの神々が街頭に出現したうちでたぶん一番強い印象を与えたのは、パウルス二世が、かねてから脅威となっていたローマ北側のアングィッラーラ伯爵家を破った勝利を祝うために、一四六六年に主催した大規模な見せ物であった。教皇は自室の窓から鳥の大群を放して祝祭行事を開始し、トランペットと爆竹と裸のクピドがそれに続いた。クピドは教皇を賛美する歌を歌いながら、炎をあげる矢で彼をねらっていた（ここには、ローマ教皇への愛を演出するじつに新しい方法があった）。クピドの歌に続いて巨大な山車の長い行列が、祝宴を楽しむオリュンポスの神々を乗せてやってきた。白馬に乗ったディアナと、この女神に従う肌もあらわな衣装をまとったたくさんのニュンペがこれに続いた。ディアナは教皇のバルコニーの真下で立ち止まり、自分も処女のニュンペたちもこの広い全世界も、彼の支配に喜んで服従すると宣言した。とうの昔に異教の神々が破れたことが、こうして教皇の権力の堂々たる誇示に変えられた。オリュンポス神族がキリスト教に屈したように、パウルス二世の軍隊が打ち負かしたアングィッラーラ伯爵家は教皇に屈することになるだろう。

こうした公的な機会と並んでもっと私的な場でも、神々はだんだん居心地がよくなり、食卓用食器類やメダル、宝石、ブローチ、刺繡模様、菓子類の姿でささやかな装飾を提供した。祝宴はしばしばオリュンポスをテーマにし、一方で婚礼用の長櫃にはウェヌスやクピド、そしてだいたいオウィディウスに基づく恋愛場面がしばしば描かれた。要するに、神々が流行になり、十五世紀にしばしばごく日常的に現われたこの現象を調べれば、神々が人間の新しい試みをどのようにきわだたせたかがわかってくる。神々は明らかに、キリスト教を新式の（あるいは古代の）宗教と置き換えたのではない。彼らはむしろ、人間が経験する領域のうちでキリスト教がほとんど提供しないと思われる分野を、丸ごと植民地として開拓したのであった。

そのひとつが性だった。神々は、率直に言うとポルノめいた絵画にますます登場する一方、古典のテクストのほうは、どうしようもないほど退屈な性的妄想をも焚きつける、微に入り細をうがったあからさまな表現を提供した。言うまでもなくウェヌスはつねに房事に刺激を与えてきたが、今ではオリュンポス神界全体がこの任務に没頭しているように思われた。古代ローマ人が時を旅して十五世紀のイタリアを訪れたら、神々の肖像に裸体の量が多いことに仰天したことだろう。古代にはたいていしとやかな乙女のような服を着ていたディアナですら、嬉々として一糸まとわず現われたのだから。アクタイオンは裸体のディアナに出くわせばどんなにひどいことになるかを、大きな犠牲を払って知ったのだが、十五世紀の今、ディアナはみんなに見えるようにすっかりむき出しになり、しかも誰も鹿になったり猟犬に引き裂かれたりしなかったようだ。神話は健康で美しい人体を、そしてそんな人体が刺激するあらゆるものを、賛美するものとなった。それにはもちろん同性愛も含まれ、ゼウスと少年ガニュメデスの情事の物語がとくに好まれた。

自然は、そして自然愛好は、こうした感覚の賛美と結びつくことが多かった。ルネサンス芸術ではオリュンポスの神々は、青々とした草原や川岸や日陰の森や海辺などのみずみずしい背景のなかに登場する傾向があった。神々はこの点でも、市場にあった隙間を開拓していた。というのは、キリスト教は本質的に都会の宗教だったからである。芸術家たちはもちろん、エデンの園の中のアダムとイヴや、鳥に囲まれた聖フランチェスコ〔鳥に説教をしたと言われる〕を描くこともできたが、キリスト教の聖典自体、野外を称える場面がろくになかった。まさにそういう理由から、古典の神々は裸の美しい姿で田園へ飛び出した。ルネサンス芸術の偉大な飛躍的進歩のひとつ——遠近法の使用——がほとんど神話画の特色をなさないのは、ある程度は、神々が自然と密接に関連していたからだ。自然の背景は、福音書や聖人伝の場面を通常縁取る建物や街路やアーチと比べると、たいていは平坦である。したがって、遠近法の研究は直接的には古典芸術によって触発されたにもかかわらず、オリュンポスの場面よりもキリスト教的主題を表現する際に最も効果的に活用された。

洗練された遠近法の代わりに、別の喜びを神話画はもたらした。何より、くつろげたのだ。キリスト教芸術は礼拝、謙遜、恐怖、感謝、悲嘆、恍惚の気持ちを起こさせ、情緒的にかなりきついものになりうる。森のなかで踊る美しい裸のニュンペたちのほうが目に優しいだけでなく、楽だった。ただくつろいで、あれこれ問わずに彼女らを楽しめばよかった。結局のところ、ニュンペらはたいして重要ではなかった。苦しんでいる殉教者や聖母マリアとは違って、彼女らは実在すらしないのだった。

オリュンポスの神々が官能的なものや安心や美とともに提供したのは、世俗の人間的な力を肯定するイメージで、これもキリスト教の聖典からは手に入れにくいものだった。教皇たち自ら、すぐさまこれを利用した。先に述べたように、教皇パウルス二世はアングィッラーラ伯爵家に対する軍事的勝利を、クピドやディアナやオリュンポスの神々全体に祝賀させた。一方で世俗の支配者たちも、自身の成功を祝うのにオリュンポスの神々を動員できた。この世の権力の代表として神々を利用する可能性を完全に理解していた――そして結果として教皇権とまっこうから対立することになった――のは、「リミニの狼」ことシジスモンド・マラテスタであった。

マラテスタはある武将の非嫡出子で、闘争や論争に通じていた。一族で最も有力なメンバーに挑んだのを手始めに、戦場経験をいくつも重ねて十五歳までに名を上げ、リミニの単独支配者としての地歩を固めた。彼は残りの人生を、誰であれ最高の報酬を払ってくれる者のために戦って過ごすことになる。そしてその間にアドリア海沿岸の小さな自国のために、領土と安全と威信を手に入れようとした。だいたい彼には、利益のためならろくに良心の呵責がなかった。たとえば彼が十二歳の少女を窓越しにひと目見てほれ込むと、その後すぐに少女の父親もマラテスタの妻も亡くなり、二人は自由に結婚できるようになったが、周囲でこのことに驚いた者はほとんどいなかった。

全体として、マラテスタの評判はこれ以上悪くなりようがないほど悪く、一四六一年に彼がローマで受けた告発は、彼について広まっていたうわさを反映している。

彼は、ユダヤ女性だけでなく「神」に身を捧げることを誓った乙女らをもレイプし、幼い少女たちを殺し、自分に逆らった幼い少年たちを容赦なく鞭打たせた。洗礼式で自分が抱いた子供たちの母親の多くと密通したうえ、その夫を殺した。彼の残忍さはどんな野蛮人よりもひどく、有罪であろうと無罪であろうと同じように、自ら手を下して恐ろしい拷問を加えた。彼はめったに真実を語らず、忍耐とまやかしの名人、裏切り者、けっして約束を守らない偽証者であった。(12)

これらは重罪だったが、暴力や性や欺瞞がらみの犯罪が広くはびこっていたし、聖職者のあいだではなおさらだったことは、言っておくべきだ。本当に変わっていたのは、マラテスタが教会をオリュンポス神族の彫像で満たした神殿に変えた廉で告発されたことである。言い換えると、ある報告にあるように、「シジスモンド・マラテスタに対する最も憎むべき告発は、建築に関するものであった[13]」。ローマ教皇はこのマラテスタ神殿をやや中世的な言葉で表現することに決め、「マラテスタはこの建物をすこぶる多くの異教作品で満たしたため、建物は明らかに悪霊を崇拝する不信心者どもの神殿であって、キリスト教徒のためのものではなかった[14]」と言った。

リミニの狼が何のために、どうしてこの神殿を建てようと決めたかは、いささか興味をそそる問題である。というのも、オリュンポスの神々が十五世紀にどういう類の企てにインスピレーションを与え始めたかを、これが正確に明らかにしているからである。庶子で傭兵のマラテスタは社会的地位がほしくてたまらなかった。自身の個人的偉業によってしか得られないことは、彼にもわかっていた。彼のような非嫡出の男は自分で自分の価値を証明できない限り、宗教的・世俗的支配階級からほとんど守ってもらえないだろう。彼には、自分を才能ある人間として自己宣伝する必要があった。敵でさえ、マラテスタを当代きっての勇敢かつ狡猾な軍隊指揮官としてたちまち認めた。だが彼は、文人でもあることを示したくて情熱的な恋愛詩を書き、人文主義者たちと言葉を交わし、その作品を支援した（彼はエズラ・パウンドの『キャントウズ』で芸術のパトロンとして思い出されることになる）。マラテスタは軍事力と芸術的野望を組み合わせたが、そのルーツは古代にあった。文化アドバイザーたちは彼に、古代について考えて古《いにしえ》のお手本からインスピレーションを受けるようとくに奨励した。結局のところ、ローマの皇帝たちは世界を征服するのに、教皇からの祝福を必要としなかった。彼らを発奮させ強気にさせたのはオリュンポスの神々だった。そして皇帝たちは、詩歌と芸術によって一般大衆のいだく皇帝イメージを統制したのである。

マラテスタは一四四六年に、自分の肖像をローマ皇帝風に横顔で表わした一連のメダルの鋳造を、美術家のマッテオ・デ・パスティに依頼した。メダルだけでは満足しなかった彼は、ほどなく、より壮大な計画に心を向けた。本物の皇帝のように暮らせる、シスモンド城という要塞を建造させたのである。次に、マラテスタ一族が数百年にわたって代々埋葬されてきた聖フランチェスコ教会の、さほど大きくない礼拝室に取り組んだ。この事業も最初はマッテオ・デ・パスティが引き受け、教会の建物を少しずつ作りかえていった。彼は中世に建てられた元の建物にいくつかの新しい礼拝室と装飾を加えた。新しい建て増しと装飾の部分は、表向きは聖人に捧げられたが、その意図はじつのところキリスト教的とはほど遠かった。ミサ用品が保存される聖具室で今や脚光を浴びているのは、マラテスタの肖像画だった。たしかに彼は自分の守護聖人の前でひざまずいてはいるが、聖人が絵の隅に押しやられる一方、マラテスタはこの構図を支配し、あいかわらず尊大な横顔をひけらかしていた。祭壇の近くではひとつの礼拝室が、ムーサらの代表する自由七科を称えていたが、その半透明の衣裳はすべてをあらわにしていた。祭壇の反対側では、また別の礼拝室が惑星神たちを賛美しており、のちに、ローマ教皇はこれにとくに腹を立てることになる。

しだいに、この古いゴシック様式の礼拝室は、コリント様式の円柱や軒蛇腹、イルカに乗ったプットーたち〔ルネサンス美術に登場する有翼の裸の幼児〕、アカンサス〔古代ギリシア起源の葉の装飾モチーフ〕、月桂樹の葉、神聖娼婦〔性的行為を含む宗教儀式を行なう女性〕、シビュラ〔古代地中海世界の巫女〕、そしてもちろんオリュンポスの神々自身といった、新しい古典の衣装をまとい始めた。惑星神のディアナ、メルクリウス、ウェヌス、アポロ、マルス、ユピテル、サトゥルヌスは、教会や他の宗教的建築物では目新しいものではなかった。すでに見たように、数ある建造物のなかでたとえばフィレンツェのジョットの鐘楼を飾ったからである。しかし、マラテスタの構想における神々の用い方には、冒瀆的で人をぎょっとさせるところがあった。ウェヌスの裸体やディアナの透け透けの衣装やアポロの筋骨たくましさは、ここでは、人間的で現世的な快楽を訴えかけていたのである。これらの神々には、フィレンツェでのいかめしく威厳のある寓意的な姿、重い外衣や厚い粗布に包まれた姿との共通点がほとんどなかった。マラテスタの大理石の驚異的な品々には、人を教化する目的つまり教育的意図がなかった。それどころか、マラテスタ神殿全体がマラテスタの権力を――そして彼に尽力した芸術家や人文主義者の才能を――示す記念碑なのであった。

マラテスタ神殿は今ではイタリア・ルネサンスの歴史的建物と見なされているが、ここの神々は純粋に古典的な姿からはほど遠いと言わなければならない。ユピテルは片手に麦の束を、反対の手には鞭を持っていて、ラテン作家マクロビウスが述べたように、エジプト起源とシリア起源が混じり合っている。[15]あまりにもたくさんの小道具――片手に竪琴と月桂樹と三柱のミニチュアの優美女神、反対の手に弓と矢、足下に地球、脇にワタリガラスと白鳥――を携えているアポロは、ポルピュリオスがエジプトのオシリス崇拝についてのコメントで説明したように、太陽系全体を象徴している。メルクリウスはというと、とんがり帽子をかぶった風変わりな魔術師として描かれ、(死者の霊魂を冥界に導く)ギリシアのヘルメスと、(自らを神の知識にまで徐々に高める方法を霊魂に教える)エジプトのトートが混じっていた。マラテスタ神殿の神々の姿は、細部を誇大した表現とバランスの欠如ゆえに美術史家たちにしばしば批判されてきたし、ニーチェの言葉を借りれば、「全世界的な神々のお祭り騒ぎ」のように見える。[16]しかし、それらがごちゃ混ぜになっている多様性は簡単に説明がつく。マラテスタ神殿の神々の姿は、まだおもに文字テクストに基づく寓意の伝統――細部が豊かで影響が広範な伝統――を、効果的な視覚言語に移し換える試みを象徴しているのである。

16. マラテスタ神殿のユピテル（1450年頃）。この姿はギリシア、ローマ、中近東の影響を示している。教皇ピウス二世はこれを悪魔のようだと非難したが、オリュンポスの神々は惑星神の姿で、現在リミニの大聖堂になっているマラテスタ神殿を今も飾っている。

この神殿の作業が始まってまもなく、マラテスタは新しい建築家を工事監督として招いた。レオン・バッティスタ・アルベルティに会ってすぐに彼を信用したようだ。ひょっとすると個人的な親近感もあったのかもしれない。アルベルティもマラテスタと同じように、貴族の庶子で野心家だった。体力が自慢で、作者不明の彼の伝記（十中八九、アルベルティ自身によって書かれた）によれば、両足跳びで人の頭上を跳び越えることができたという。もっと重要なことには、彼の建築観はマラテスタの考えと一致したのである。アルベルティは古代への回帰を唱え、唯一現存する古代の建築関係の手引書であるウィトルウィウス『建築書』を用いると同時に、古代の廃墟そのものからもインスピレーションを得た。実際彼は、古代の劇場や神殿の遺跡から、「あたかも最高の教師たちのように、多くのことを教え

17. このメダルは1450年にマッテオ・デ・パスティによってデザインされたもので、シジスモンド・マラテスタをローマ皇帝として描き、表面には「リミニの名高い神殿」というキャプションのついた建造物がある。建物が未完成に終わったため、このメダルは、レオン・バッティスタ・アルベルティが神殿をどのように立てる計画だったかを示す最上の手がかりとなっている。

られた」と言っている。[17] 当時、そうした廃墟はたいてい乞食や泥棒の巣窟になっていて、その荒廃ぶりにアルベルティは衝撃と戦慄を覚えた。それでも彼は、荒廃した建物を見るだけで、彫像のあふれる美しい古代都市と、それを模範として築かれる未来の建物を思い浮かべることができた。過去との対話に没頭するあまり、建築に関するいくつかの著作では教会を神殿と呼んだ。アルベルティはまさしく、マラテスタの権力への世俗的な夢を本物の建物に移し換える人物だった。逆に、マラテスタの金銭は、アルベルティの理論を大理石でできた現実に移し換えることができた。それはオリュンポスをめぐる共同事業だったのだ。

　デ・パスティはアルベルティの到着を、新しいメダルを作ることで祝った。片面にはいつものようにマラテスタの横顔の肖像画があったが、反対の面は、アルベルティの聖フランチェスコ教会の完成予想図が描かれ、「リミニの名高い神殿」という衝撃的な銘が刻まれた。言葉と図の両方で、この建築物のアイデンティティを近代の「神殿」と定めていたのである。このプランは明らかに、ローマ風の凱旋門をモデルにしたファサードを示しており、凱旋門という皇帝権力の象徴をキリスト教の構造物に加えたのはこれが初めてだった。美しいドームもこの計画の特徴で、ローマにあるパンテオン――文字どおり「すべての神々」に捧げられた古代の神殿だったが、七世紀にキリスト教会に変えられた――と姿が似ていた。アルベルティの計画は、パンテオンとは反対の道筋をたどって、教会を神殿に変えることを意図していた。ところが残念なことに、このメダルはその意図を最も忠実に具体化したものに終わった。というのは、実物のマラテスタ神殿はついに完成を見なかったからである。アーチ形のファサードはなおも未完成のままで、ドームの工事はほとんど手つかずだった。マラテスタの金が尽きたのだ。リミニの狼は、ローマで教皇の告発に立ち向かわなければならず、破門されて二度と力を取り戻すことはなかった。解雇されたアルベルティは途方に暮れたに違いない。ひょっとするとマラテスタの不運のためにではなく、自分の作品が未完に終わったことに。アルベルティにとって美とは、全体に対する各部分の完璧な均整の問題であるというのに、彼がかろうじて成し遂げたのは建物の基部だけで、それではじつのところ古代の廃墟と変わらなかった。

それでも、現代の廃墟と化したこの未完成の神殿でさえ、結果的には意味があった。オリュンポスの神々が教皇の支配をまぬがれたことを、全世界に知らせたのである。教皇がマラテスタ神殿は「悪霊」に満ちていると公然と非難したとき、異教の神々が初めてキリスト教の建造物に入ったことが争点でなかったのは明らかだ。神々はそれまでにも何度も、惑星神として入ってきていたのだから。問題は、マラテスタが「神」の力よりもむしろ自身の世俗の権力を宣伝するために、異教の神々を利用したことにあった。それは完全に意図と解釈の問題であって、聖フランチェスコ教会の質素な礼拝室を「有名な神殿」に変えるという企画全体が、徹底的な憤慨を招く原因だった。

マラテスタを破門した教皇ピウス二世には、古代の模範を慎重に用いなければならないことがわかっていた。なぜなら彼自身、エネア・シルウィウス・ピッコローミニという、有名な文人で外交使節、宗教上の自由思想家だったからである。向こう見ずな人生を過ごした末に〔驚いたことに〕教皇になると、彼は自分の俗名エネアのラテン語形アエネアスにちなみ、ウェルギリウスの『アエネイス』に頻出する決まり文句「ピウス〔敬虔な〕・アエネアス」に敬意を表してピウスという名を選んだ。まだエネアと名乗っていたうちから本当に敬虔だったと、それとなく示さなければならなかったからだ。神話を描いた芸術を長らく称賛していたように、彼の古典文学愛好はある種、連続していた。要するにこの教皇は、だいたいにおいてオリュンポスの神々をあまりうまく糾弾できなかったのだ。彼の異議の矛先はもっぱら、個人的な富と権力の象徴として神々を利用するという行為に潜む、マラテスタの傲慢さに向けられた。マラテスタは信用できない成金、庶子、傭兵であり、教皇の国にあまりにも近いところにリミニという自分の国を作り上げようとした。そんなことは断じてさせない。オリュンポスの神々を盟友として列に加えることもだ。キリスト教会に関する限り、オリュンポスの神々は「神」に味方することになっていたのだ。

現代の私たちの立場から見ると、オリュンポス神族はキリスト教の擁護者だとは思えない。しかし、古典文学はキリスト教教育にとって中心的なものであったことを、思い出さなければならない。つまり、聖職者教育にあたる教師たちは何百年間も、オリュンポスの神々を道徳的な寓意と警告として表わしてきたし、この伝統はルネサンス期でも盛んだったのだ。たとえば、修道女たちのいる女子修道院に鎖につながれた裸のユノがあるのは、現代では驚きかもしれない。ところが、『イリアス』の「ゼウス騙し」のエピソードに基づくコレッジョの絵は、見習い修道女たちに誓約を破ることへの警鐘を鳴らす意図があるとされていた(18)。ホメロスの物語では、肩入れしているギリシア勢をトロイア軍に対抗して援助しようとヘラがゼウスを誘惑すると、ゼウスは怒って彼女を叱責した。彼は、以前の違反行為ゆえにかつて鎖につないで拷問したことをヘラに思い出させ、また誘惑をたくらむならもう一度鎖につなぐぞと脅したのである。この神話は、結婚の内部にさえ潜む淫らな行為に対する、強力な戒めとしても理解できよう。教訓は単純で、修道女はヘラのようなふるまいはなんとしても避けるべきである。したがって、オリュンポスの神々はキリスト教から見て適切な題材だったのだ、そのイメージに正しいかたちの説明が伴っている限りは。

問題は、ルネサンス期にはもはやキリスト教会だけがそうした説明を引き受けていたわけではないことだった。学者や芸術家がかなりの権力をふるいだし、神々を解釈して、さまざまな状況下で異なるパトロンの役に立たせることができたのである。アルベルティ自身、教皇庁で書記官として働いたが、マラテスタのような人物からも手数料を取れた。他の人文主義者や芸術家たちはさらに踏み込んで、オスマン帝国のスルタン本人にサービスを提供した。キリスト教の大敵に仕えようとする彼らの決意は、ルネサンス期における古代研究がキリスト教の支配からどれほど自由になりつつあったかを、端的に表わしている。

ルネサンス期に関する伝統的な記述の主張では、西方ラテン語圏でギリシア古代の復活を引き起こしたのは、一四五三年のコンスタンティノープルの陥落である。この言い分によれば、おびえて逃げてきたビザンツの学者たちが携えてきた古代の著述家たちの貴重な写本の数々が、イタリアの学者や詩人や芸術家の想像力に点火したという。ほとんどの陳腐な決まり文句と同様に、この経緯の説明にはいくばくかの真実が含まれている。数々の写本はコンスタンティノープル陥落のずっと以前から西方への旅を始めていたが、たしかにトルコ人の侵略がビザンツの人々を恐怖に陥れ、東方からの亡命者たちは実際に古典古代の再生に重要な役割を果たした。「征服者」メフメト二世は残忍なことで知られ、一四五三年以前にコンスタンティノープルに住んだ人なら誰でも、このスルタンは人々が痛みに苦しみながらゆっくりと死んでいくのを眺めて楽しんでいることを知っていた。実際、彼は敵を怖じ気づかせるために、こういう世評を利用した。ときには、杭《くい》で敵対者の体を肛門から肩まで、主要な臓器を避けて貫き、串刺しにされた男が数日間かけてしだいに死んでいくのを待ったものだった。あるいは、生きたまま人々の皮を剝がさせ、痛みが確実に長引いて耐えられなくなるよう足から吊るさせた。メフメト二世がついにコンスタンティノープルを占領したときには、すでに恐怖が町の人々を打ち負かしてしまっており、続いて教会が破壊され、祭壇が冒瀆され、修道女たちが暴行を受け、修道士らが拷問を受けて殺されたのだった。

生き延びて逃亡したキリスト教徒のなかには、貴重な古代の写本と知識を西方にもたらした者も実際にいた（とはいえ、西方の人々との協力がすんなりといくことはめったになかった）。しかし、メフメト二世がしたイタリア・ルネサンスへの貢献はこれにとどまらなかった。ほどなく彼は西方の人文主義者たちを後援し始めた。ローマも征服したかったので、この目的の達成には、自分を博識で進歩的な支配者に見せるのが有益だったのだ。彼は、神の力よりも世俗権力を好む人々の心に訴えた。たとえばマラテスタは、すばらしいメダルを制作した友人のマッテオ・デ・パスティを、戦争用の機械類に関するラテン語の著作とともに、かつてこのスルタンに送った。リミニの支配者は、有効な世俗的同盟関係の土台となるべき共通言語、共有文化を古代が提供できることを正確に見抜いた。彼の贈物は、品物選びはよかったが、意図した相手には届かなかった。ローマ教皇の密偵たちがクレタ島でデ・パスティをつかまえたのである。この事実はマラテスタのローマでの裁判に役立つものではなかった。

したがって十五世紀は、オリュンポスの神々にとって混乱に満ちた逆流の時代だった。まだキリスト教的寓意として用いられることもあったが、教会の優位性に異議を唱える人々の心にも訴えかけ始めたのである。実際、神々がキリスト教当局に及ぼした脅威は、ときにはかなり直接的だったようだ。たとえば一四六八年のこと、パウルス二世――ちょうど数年前に自分のためにクピドにセレナーデを歌わせたあのローマ教皇――が、「肉の火曜日」の謝肉祭の祝賀式典を教皇席から満喫していたそのとき、「哲学者然とした身なりの」男が近づいてきて、大きな危険が迫っていると警告した。ほどなく人文主義者が数人逮捕され、ローマのサンタンジェロ城の教皇の牢獄に連れていかれた。彼らが実際に教皇殺害を共謀したかどうかは不明だが、スルタンに賛同し、異教徒である――すなわちオリュンポスの神々を崇拝している――という罪で起訴された[19]。

このとき逮捕された者たちのなかに、恋愛の専門家と称して自分を売り込んだ人文主義者のバルトロメオ・プラティーナと、その仲間のポンポニオ・レトがいた。レトはヴェネツィアで男色の罪で訴えられ、からくもその裁判を逃れたが、気がついてみるとローマで異端の罪で告訴されていた。レト自ら詩で立証したとおり、男色と異端という二つの罪は結びついていた。家庭教師としてヴェネツィアで働いていたとき、レトは受け持ちの生徒のひとりである貴族の息子を、ゼウスの寵愛を受けた少年ガニュメデスになぞらえて称賛した。このヴェネツィアの少年が神々のいた黄金時代に生きていなかったのは残念だ、もしその頃に生きていたら、ゼウスはきっと、これほどにはかわいくなかったはずのトロイアのガニュメデスよりも、この子をさらったことだろうとレトはほのめかす。この家庭教師の少年への称賛はさらに昂じた。「幸いなり、かわいい尻の穴を星々から授かった者は。尻の穴はクピドを誘うもの。富と名誉はこの尻の穴に降り注ぐ。やさしき運命もみごとな尻に目をかける[20]」。彼がローマで訴えられる前でさえ、いずれは面倒なことになっても不思議はない。しかもレトは、少年の臀部を称賛しただけでなく、アラビア語学習にもただならぬ興味を示した。表向きはイスラム教の古典思想の研究をめざしてだったが、後ろ盾を求めてオスマン帝国のスルタンの歓心を買おうとしていた可能性もある。いずれにせよ教皇は、スルタン本人が古代の神々を信奉する逮捕者たちと共謀して教皇殺害をもくろんだと主張した。

最終的には、逮捕された人文主義者たちは釈放され、そのうちの数人は引き続き教皇庁で働き続けさえした——サンタンジェロ城で大がかりな拷問を受けたのに、どうやらそこで経験したことを忘れられたようだ。たとえそうであっても、十五世紀末までには、古代についてのイタリア人の専門家たちがキリスト教会にかならずしも従属していなかったことははっきりしていた。オリュンポス神族がもはや単純にキリスト教的寓意や歴史的人物や悪霊でなかったことも、同様に明らかだった。神々は今では、人間の愛と力について語った。そして欲望や傲慢を呼び起こすこともできた。神々のこの変容が本当に古典古代への回帰だったのか、そしてこれが明確にヨーロッパの未来を告げているかどうかは、依然として意見の分かれる問題であるが、私には、マラテスタの神々がそんな疑問に具体的な答えを示していると思える。マラテスタ神殿の神格たちは、霊感の点では明らかにたんなるギリシアやローマの神々ではなく、エジプト的であり近東的でもあり、しかもリミニに身を落ち着けて事足れりとしたわけではなかった。人間的な自信と力の象徴となっていた神々は、擁護してくれる者たちの行くところへ出かけていくことになる。

18　新世界における古い神々

ルネサンス期には、時間を超える探究と空間を超える探究とが結びついており、人々は古代を研究すると同時に、新たな分野にも進んでいった。「新世界」の発見は古代文化の再生によって直接触発されたと、多くの歴史家が指摘してきた。同時に、大西洋横断の探検は古代世界に新たな光を投げかけた。探検家が発見した新しい形態の宗教は、ヨーロッパ人の観察者の目には、古代のオリュンポスの神々の信仰に似たものとして映ったからなおさらであった。

プトレマイオスは後二世紀に、地球の円周を驚くべき正確さで計算していた。そのうえ、彼の不朽の著書『地理学』は、緯度と経度を示す線を用いた幾何学的な碁盤目の引き方を説明し、その碁盤目上のおよそ八千の地点について詳細な情報をもたらした。アラブ人学者たちは、プトレマイオスのテクストを保存・改訂し、独自の理論的発展と経験的発見を付け加えた。プトレマイオスの『地理学』は十四世紀までについにラテン語に翻訳されたが、すぐさま西方に影響を及ぼしたわけではなかった。実用的なレベルでは、地中海域を行きかう商人や航海士らが使ったいわゆる「羅針儀」海図のほうが有益だったし、理論的なレベルでは、プトレマイオスの世界観は中世的な前提には合わなかった。キリスト教的地理学は、象徴的かつ図式的なものであり、地図はエルサレムを中心に置き、その周りに陸地を編成したのである。地図は「神」の計画を表わすのであって、計測可能な人間的なものの見方を表わすものではなかった。それでも、プトレマイオスの『地理学』はゆっくりと注目を集めだし、一四八二年に刊行された新しい版は、クリストファー・コロンブスを含む多くの教養あるヨーロッパ人の想像力に火をつけることになった。

ただしこれ以前にも、古代の文献と親密な対話をするうちに地理学的探索にはずみがついたことがあった。ジェノヴァの人ニコローゾ・ダ・レッコとフィレンツェの人アンジョリーノ・デ・コルビッツィは、一三四一年にカナリア諸島の探査に出発した。二人のヨーロッパ人船員が驚いたことに、この諸島には未知の人々が住み、独自の奇妙な特有の文化があることがわかった。この発見はルネサンス期の他の発展を呼び起こした。当時は、ペトラルカのような詩人たちが新しい人間観を提案しつつある時期で、前述のように、ペトラルカの叙事詩で最も人間味豊かな人物は、マゴというアフリカ人の異教徒であった。マゴはもっぱら古代ラテン語テクストをモデルにしていたが、今回イタリア人船長らは、アフリカ沿岸に住む実在の異教徒に対面したのである。実際、歴史学者のデイヴィッド・アブラフィアの主張によれば、ルネサンス期は同時に起きた人類の二つの発見によって特徴づけられる。ひとつは歴史的研究によって、もうひとつは地理学的探検によって成し遂げられた発見である。新たに遭遇した人々が実際に人間だと観察者全員が認めたわけではなかったため、二つ目の発見は不完全なものとなったにしても。[21]彼の論に説得力があるのはとくに、古代世界を研究していたルネサンス人たち自身が大西洋横断の探検にも深く関心を寄せていたからである。

たとえば、ペトラルカの友人で『異教の神々の系譜』を著したボッカッチョは、一三四一年のカナリア諸島探検の簡潔な報告という、今ではほとんど忘れられたテクストも書いている。船員たち自身が語ったことに基づく記述に、彼の博学な意見が添えられた。『スペインのかなたの大洋で近年発見されたカナリア諸島について』は、事実に基づく平易な文体の探検報告でありながらも、この諸島の住民へのボッカッチョの熱烈な好奇心を明らかにしている。[22]その関心は交易の可能性に限らなかった。彼はカナリア諸島の文化を詳しく知りたいと渇望し、入手できる記述にほんのわずかな情報しかないのを残念がった。ボッカッチョは、「一行は他にもたくさんのものを見たというのに、このニコローゾという男はそれを報告しないことにした」と愚痴をこぼした。彼の『カナリア諸島について』は製造業と農業について記録し、地元民の特徴と慣習についても、長々とこう語った。

彼らの報告によると、地元民の言語はずいぶんと洗練されていて、イタリア人のように早口にしゃべる。……彼らは他の言語を解さなかった。というのは、船員たちはいくつかの異なる言語で話しかけようとしてみたからである。彼らは私たちと同じくらい背が高く、形がよく、活発で強靭であり、すぐにわかるように、非常に賢い。船員たちは身ぶりを交えて地元民に話しかけ、地元民も耳の悪い人たちがするように身ぶりを交えて答えた。彼らは互いに敬意をもって接し、ひとりの男に特別の敬意を払っているようだ……彼らはややフランス人のように、とても美しい調べで歌を歌って踊る。愉快でテキパキしていて、多くのスペイン人より家庭的である。

ボッカッチョは島民の住む石の家と、ヨーロッパ人が家に押し入ってきたときの彼らのおびえた反応を記述し、それから、探検家たちが宗教的な建築物を発見したことをつけ加えた。

彼らは祈りの場もしくは神殿を見つけた。そこには絵画も装飾もなく、ただ、石を刻んだ像しかなかった。球を手に持つ男の像で、この土地の慣習どおり、男は椰子の葉でできた陰部をおおう下着を身につけているほかは裸だった。彼らはその像を持ち去り、リスボンまで行く帰路の船の中に持ち込んだ。

グラン・カナリア島のこの建物の正確な性質についてボッカッチョが確信を持っていなかったことは、それを叙述するのに彼が、キリスト教の用語と異教の用語の両方を用いたことから明らかで、この建物は前者の「祈りの場」だったかもしれないし後者の「神殿」だったかもしれない。大西洋の向こうの土地の住民たちの宗教をどう分類すべきかはっきりしない状態は、何百年も続いた。地元民は多神教徒でギリシア人やローマ人のようにたくさんの神々を崇拝しているように思われた。ここから、「神」はなぜそんなにも長いあいだ彼らに福音を伝えなかったのかという、厄介な問題が持ち上がった。地元民は聖書さえないのに、どういうわけか真の「神」について知っていると考える説もあった。証拠とされたのは、子供を抱いた女性の木像である。ドミニコ会の修道士アロンソ・デ・エスピノサは、テネリフェ島の人々はヨーロッパ人到着以前には非常に純粋で質素な暮らしを営んでいたので、聖母マリアが自ら、彼らを守護し、自分の像を浜辺に置いていったと主張した。エスピノサは一五九〇年にこの島に旅したとき、この驚くべき遺物を自分の目で見て、像を詳しく描写した。その像はどうやら等身大の半分の大きさで「非常に美し」く、判読できない文字で飾られていたようだ。これが一片の漂流物――たとえば難破したヨーロッパの船の船首像でゴート語の文字が書かれたもの――である可能性はないとエスピノサは言い、浜辺にあったこの遺物は見たところ、大西洋横断の旅の時代よりもはるか以前のものだと主張した。

ボッカッチョの記した、球を持つ裸の男の石像に関しては、いったんリスボンに到着してからどうなったのか、何もわからない。それが実在したならば、の話だが。とはいえ彼の記述を読んだ人のなかには、その像の外見が古典的だったに違いないと推測した人がいた。十六世紀末期にレオナルド・トッリアーニは、フケネス――カナリア諸島のひとつのフエルテベントゥラ島に住むマホレロ人の神殿――を描いた。トッリアーニの絵は、現場の具体的な考古学的遺跡とすんなり一致するわけではないが、神殿の螺旋状の形状はだいたい信用できるようだ。ただし中央にある像は信用できない。ことによるとボッカッチョの報告の影響を受けたのか、像は地元の神のどれよりもアポロンに似ている。オリュンポス神族は、すでにはるか東方のインドや中国まで進んだことがあったが、さらにもっと活動範囲を広げつつあった。

ヨーロッパ人の観察者たちが新世界のなかに旧世界のイメージを認めたのはあたり前のことだ。結局のところ、発見にはつねに、予期せぬものを既知のものと関連づけることが含まれているからである。ちょうど、アレクサンドロス大王がインドでディオニュソスの痕跡を見たと思ったり、ユリウス・カエサルがガリア人はメルクリウスを崇拝していると主張したりしたように、スペイン人征服者のひとりペドロ・シエサ・デ・レオンは、太陽神への奉仕を任務とするインカ女性たちはウェスタの巫女と似ていると言った[23]。アメリカ大陸の神話と儀礼は文書にされる過程で、新奇に見えるはずの諸特徴を減らした。たとえばインカ帝国の太陽神崇拝を目撃した最初のヨーロッパ人征服者たちは、太陽神が黄金の幼い少年像として表わされると正確に書き留めた。ところが、この偶像を見たことがなかった修道士のバルトロメ・デ・ラス・カサスは、これについて書いたとき、こう思い込んでいた。インカの太陽神は、ギリシアの太陽神へリオスが古代に描かれたりルネサンス期の占星術が太陽神を描いたのとまったく同じように、丸顔で顔から放射状の線が出ている、と。十七世紀初頭、インカ学者のガルシラーソ・デ・ラ・ベーガも同様に、本来の太陽神もこのように見えたに違いないと推測した。ペルーの太陽神の小像群はたちまち、インカ本来の図像をヨーロッパ的な光輪と結びつけていった[24]。

この同化過程を補強する深遠な神学的論拠があった。ギリシア人とローマ人によれば、異教の同じ神々がさまざまに姿を変え変装し、いたるところで支配することを、ヨーロッパの学者たちは古典のテクストから知っていた。教父たちは、異教の知識をキリスト教神学と統合しようとする際、古代のこの前提を採用して再解釈し、古典のさまざまな記述を、エデンの園で始まって大洪水まで続く年代記のなかに注意深く組み込み、さらに聖書のできごとと異教の歴史上の事件を並行させて、二列の年表に仕上げた。ノアと洪水の後にさまざまな民族が離れ離れになったが、すべての民族はアダムまで、すなわち「神」との真のそして密接な関係まで、たどることができた。

キリスト教徒の学者たちはそれまで長いあいだ、この年代順の配列に基づいて、「福音の備え」つまりキリスト到来の準備として、古典文学と哲学を読んできた。このアプローチは十六世紀にとりわけ適切だったようだ。新世界で働く宣教師たちはその土地に伝わる言い伝えに、古典のテクストからすでに知っている響きを聞きとっていた。そして彼らは、時の経過につれてどんなにくぐもった、ぼんやりし

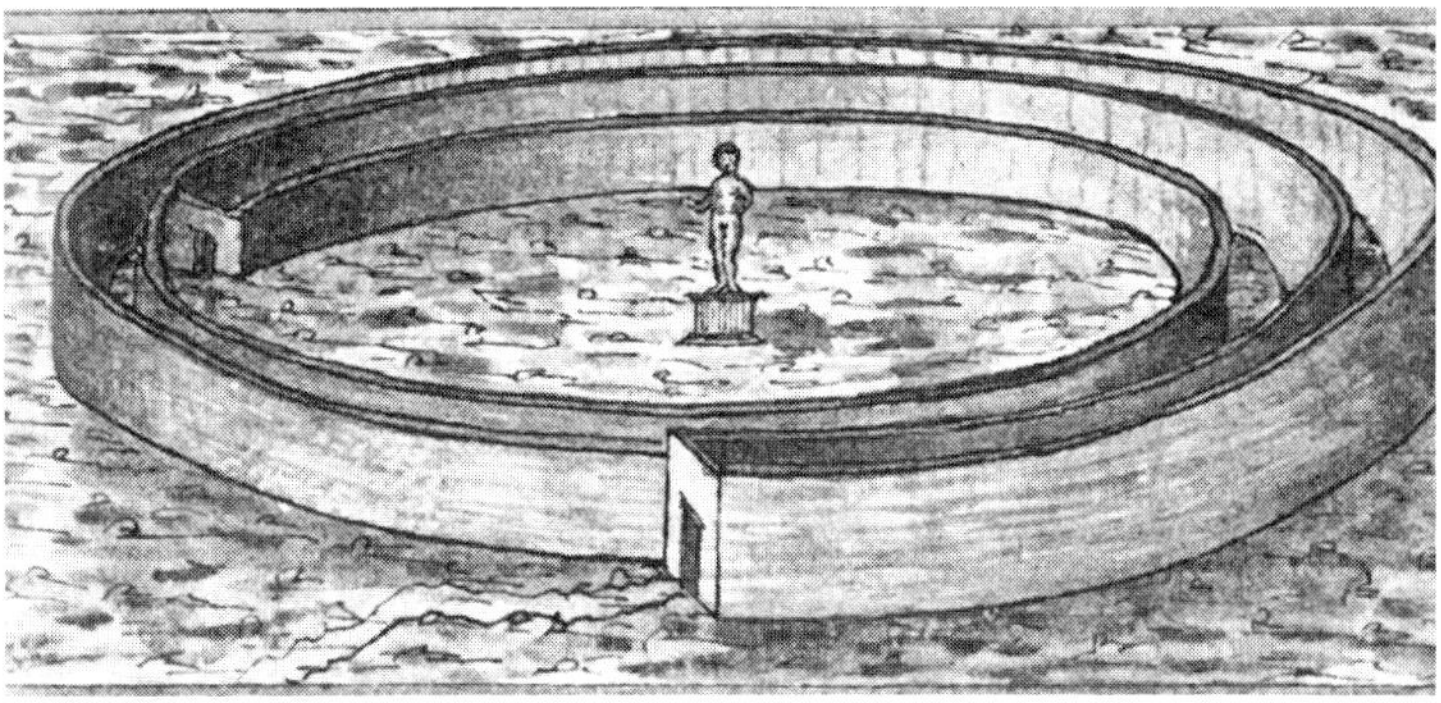

18. 大西洋上のフエルテベントゥラ島にあるフケネスこと神殿を描いたレオナルド・トッリアーニの絵。台座の上の古典的な像は、おそらくボッカッチョの『カナリア諸島について』からインスピレーションを受けたヨーロッパ人が空想したもののようだ。

たものになろうとも、「神」の最初の知識はこれらすべての物語に保存されていると信じた。神話へのこのような接し方が大西洋を越えた福音伝道にいかに有益であったかは簡単にわかる。ネイティヴ・アメリカンの神話でも、真の信仰への第一歩として示すことができたのである。

土着の神話と古典の神話を同列に並べる試みは、何百年も続けられた。一七二四年になってようやく、カナダで宣教師として働いていたイエズス会のジョゼフ・フランソワ・ラフィトという人物が、ネイティヴ・アメリカンの慣習を古代ギリシア・ローマの慣習と比較する挿絵入りの二巻本を出版した。彼はたとえば、イロコイ族の起源神話は「ホメロス風アポロン讃歌」と本質的に同じ話を語っていると考えた[25]。イロコイ族によると、大地の創造以前に、空に住んでいたひとりの女性が狼男に誘惑されたために天空から追放された。空から落ちてくるあいだに、海亀がその落下をくい止め、彼女の下にひとつの島が現われた。その島で彼女は双子の兄弟を産んだ。ラフィトはこのイロコイ族の島をデロス島と同一視し、神話上の細部がことごとく一致するわけではないにせよ、問題の女性はじつはレトなのだと主張した。イロコイ族が他のすべての人々とだいたい同じ祖先譚を有することを裏づけるために、ラフィトはギリシア、ローマ、エジプト、北米先住民族、中国の、神話と芸術における海亀への言及も丹念に集めた。こういった努力はすべて、ひたすら聖書の真理を証明するためであり、聖書によると、「神」が「すべての国の人が思い思いの道を行くままにしておかれる」[26]前に、全人類はアダムとノアから生まれたのである。目的は、保守的なラフィトが考えたように、過去についての統一されたビジョンを組み立て直すことであり、イロコイ族の神話もレトの物語も結局のところは、この世の楽園から追放されたイヴのねじれた記憶にすぎなかった。

膨大な範囲にわたって人類の神話と信仰を書き留めた観察者のなかには、それらを首尾一貫させようとする試みに反対した人たちも、たしかにいた。たとえばガルシラーソ・デ・ラ・ベーガは、インカの太陽神と古典の太陽神を混同したにもかかわらず、神々についてのアンデスの住民の物語は、住民自身の思うとおりに、ヨーロッパ風の「寓意」と重ね合わせようとせずに理解するのが一番よいと主張した[27]（ガルシラーソはスペイン人征服者とインカの貴族女性の息子だったので、移し換えの過程や文化的収束がいかに困難かがとくによくわかる立場にいた）。しかし、そんな妥当な論評があっても、この同化過程は長らく爪痕を残した。今日に至るまで、多くの歴史家はスペイン人の初期の報告を額面どおりに受け取っている[28]。つまり、アステカ人は十二柱の神々の神界を、じつは変装したオリュンポスの神々だと気づかないまま崇拝していたのだと。

それでも、すべての異教の神話を融合しようとする宣教師たちの熱意は、旧世界の神格と新世界の神格のあらゆる差異を一掃してしまったわけではない。その地の人たちの魂を救済する必要が差し迫っていなかったヨーロッパに戻ると、学者たちは人類の神話の多様性と神話の創造的潜在能力に、はるかに大きな関心を寄せた。この欲求が最もはっきりしているのはもしかすると、神話学マニュアルの発展かもしれない。ボッカッチョが十四世紀に書いた『異教の神々の系譜』は、長らくオリュンポスの神々に関する基本的入門書だったが、とうとう他のハンドブックに取って代わられた。読者は神々が多様な姿をとって現われることにますます好奇心を募らせたので、神話著述家たちの一歩先んじようとする競争心が著作を生み出した。彼らは、先人より正確を期したいがより広い範囲もカバーしたい、と思ったのである。

異教の神々を分類するという企画を刷新した最初の著者は、ゲオルグ・ピクトリウスだった。一五三二年刊の『神話的神学』は教師と弟子の対話形式を取り、方向性の点では、ボッカッチョの著書よりも断然、視覚に訴えるものだった。この本では、教師がある神について説明できないと、弟子がすかさず「その外見を教えてください！」と要求したものだった。ピクトリウスはまた、飽くことを知らない弟子の好奇心を満たそうと、可能な限り神々に関する新しい風変わりな情報を提供しようとも努めた。彼の話に登場するこの弟子は何度も何度も、「おっしゃったものの他に、それほど一般的でない像はありますか？」と質問した。そこで教師は地理上の範囲を広げ、古典の資料を渉猟して、近東やアフリカにおける神々の奇妙な出現を説明した。たとえば籠のような頭飾りをかぶったアッシリアのアポロンについて語り、キュプロス島出土の風変わりな髭の生えたウェヌスを弟子に紹介した。奇怪に聞こえる報告だが、じつは緻密な研究に基づいていた。たとえば髭の生えたウェヌスは、ラテンの著述家マクロビウスが裏づけている。ピクトリウスはマクロビウスの著作を読んで、キュプロス島にかつて美しい女性ながら髭と男根を誇示する像があったこと、そして、男であると同時に女でもある愛の神に敬意を表するために、男は女のように着飾ってその像に犠牲を捧げ、女のほうは男の身なりをしてその像を崇拝したことを知ったのである。ピクトリウスは、エジプトの神々について長々と詳しい説明をするにも古典の著述家たちを利用し、手に入るかなりとぼしい証拠をもとに、エジプトの神々の姿形を想像しようとした。

ピクトリウスに続いて三冊の説明書が書かれた。リリオ・グレゴリオ・ジラルディの『神々の歴史』、ナターレ・コンティの『神話の手引き』、ヴィンチェンツォ・カルターリの『古人たちの神々の姿について』で、すべて十六世紀半ばに十年も経たないうちにあいついで出版された。各ハンドブックが出るたびに、学識は正確さが増し、ボッカッチョの誤りが多くの点で訂正された。彼の最も名高い誤りは、不可解なデモゴルゴンであった。彼はこれを異教の神と考えたが、十中八九、プラトンの「デミウルゴス」という概念の誤解にすぎなかった（ジャン・セズネックが指摘したように、これは「不純正誤法〔文法上の誤り〕の一つであり、それが神になった」のである）[29]。ボッカッチョのデモゴルゴンは、一種の神話的な闇の王子で、ルネサンス期には多少の成功を収め、謝肉祭の山車やその他の祝賀の展示品に登場した。そして後代になるとスペンサーやマーロウやドライデンの作品に現われ、ミルトンやシェリーの作品にまで登場した[30]が、一五四八年刊行の神話ハンドブックになると、ジラルディはデモゴルゴンの正確さについてかなり悩み、数年後にはカルターリが、「しかしわたしはいまだ古の著作家たちがこれ〔デモゴルゴン〕について語ったものを見たことがない」と論破した[31]。

神話著述家たちが古代の資料に対する異論を調べるだけでなく、今度は考古学的な証拠をますます考慮に入れるようになったのは、とりわけ芸術家の役に立とうとしていたためである。神々を描きたい人々の興味を引かない場合、ジラルディは明らかに神話や説明を省いたが、カルターリのほうはあえて、オリュンポスの神々の真正の表現を提供することに重きを置いた。ただし、「真正の」という語は「忠実にギリシア・ローマ的な」という意味ではなかった。ルネサンス期の神話作家たちは異教の神々に関する幅広い好奇心を満たしたかったので、新たに発見された土地の奇妙な信仰や神話や彫像の報告が彼らの便覧に影響を及ぼし始めた。たとえばカルターリはギリシア、ローマ、エジプト、シリア、フェニキア、ペルシア、スキタイ、アラビアの神々について論じ、次に、大西洋のかなたで発見された「新しい島々」の神々に手短に言及した。

一六一五年にロレンツォ・ピニョリアは、メキシコと日本の神々を大規模に扱った補遺を追加することで、カルターリの著作をさらに拡張した。ヨーロッパに達していたわずかな説明と工芸品に基づく知識を寄せ集め、入念で正確なスケッチをした。オリュンポスの神々の仲間に、ここで魅力的なトナカテクトリというアステカの生命と滋養の神と、他にピニョリアの言葉を借りれば「東インド諸島と西インド諸島の」数柱の神々も加わった。「新しい」世界から来た神々と「古代の」世界から来た神々は、このようにして同じ神話コレクションのなかに一緒に登場するようになった。ピニョリアは彼らの関係について、同じ異教の神々が多様な形態や装いで現われたという、有力な見解に与した。実際、これらの神々は本来ギリシア・ローマの神々ではなく、エジプトの神々だと彼は主張した。ヘロドトスによるとエジプトの神官たちはギリシア人以上に古く権威のある、神に関する知識を伝承していたこと、そしてホメロスとヘシオドスはエジプトの神官から学んだと言われていたことを覚えていたので、エジプトの神官たちは何らかの方法で自分たちの知識をメキシコと日本までなんとか伝えられたのだと彼は推測した。

ピニョリアは「福音の備え」に関する議論に従って、エジプト人は謎めいた言い方と寓意を用いて神々について語り、エジプトの神話のなかにキリスト教の真理を隠したと信じた。理解できない象形文字にひそむ魅力もあいまって、エジプト人は深遠な知識の持ち主であるというルネサンス期の印象が醸成された。しかしピニョリアは神学的な議論や寓意的解釈に、あまり関心を寄せなかった。『古代の神々の真の新しいイメージについて』というまさにこの題名が明らかにしているように、彼は何より正確かつ新奇で広範囲にわたる神々の叙述を提供したかったのである。これらの神話便覧がたどった道筋全体が、新しい知識への切望と、種々雑多な神格の多様な表われに対する喜びのどちらをも物語っていた。このようにしてオリュンポス神族は人文科学の二つの構成要素のよい例となった。すなわち、しだいに正確さを増す学識探究と、——あらゆる形態の多様性に潜む——人間的な想像力への傾倒という、私の考えでは、ともに緊密に結ばれていれば最善の状態に保たれる二つの構成要素の。

オリュンポスの神々はルネサンスののち消滅したのではない。彼らは何世紀ものあいだ生き続け、これから私が書くように、不死となる模様だ。神々は古代の終わりに死に、再生して近代の到来を告げたという通俗的な考えは、かなり見えすいた作り話だ。歴史はこのようには動かないし、実際、時代ごとにきっちりくくるのは無理だからである。この古代の神々は時代を超えて生きてきた。神々は一度も死なず、むしろ進化し、状況が求めるとおりに自分を新しく作り変えたのである。それでも、学者たちが歴史を区切るために用いる伝統的な時代区分に、神々のさまざまな姿での出現が一致するのは、偶然ではない。これらの時代は、少なくとも部分的には、古典文明との関係によって定義されたからである。ペトラルカが古代に助けを求め、古代から自分を引き離したキリスト教の数世紀を、闇の時代として嘆いたことが、中世というものの発明を促したのだった。

オリュンポスの神々は、まさにその「あいだの」時代の末期に、最も重要な変容を経験した。ルネサンス期は再生より、まず喪失を証明した。神々は悪霊であれ神格であれ、超自然的な力があるとはもはや信じられなくなり、神々はますます想像の産物と見なされるようになった。そして、中世以降じつに多様なかたちで出現したにもかかわらず、その状況は変わっていない。ルネサンス期に数人の学者や芸術家が古代の神々を崇拝した廉で告訴され、それ以来、異教が噴出してきたが、オリュンポス神族が広く宗教的関心を引きつけることはなくなった。寓意が勝利を収めたのである。神々は生き続けた、ただし、別の真実を表現する手段の比喩としてのみで。オリュンポスの神々を恐れる気持ちがひとたび消えてしまうと、残ったのは、詩歌や芸術のなかで神々を創造した人々への称賛であった。

オリュンポスの神々と人間の才能の称揚との結びつきは、目新しいものではなかった。古代には、運動競技会や詩歌コンテスト、演劇の祭典、彫像、絵画は、神々を喜ばせると同時に、人間が達成した最もすばらしい業績の披露も意図していた。プラトンとアリストテレスがオリュンポスの神々にからめて文芸理論を展開したのは、偶然の一致ではなかった。壺絵の画家たちが神像の隣に神々を描くことで、芸術の進歩つまり人体を表現する人間的能力の革新について熟考しようとしたのも、偶然ではなかった。そして時が経つにつれてオリュンポス神族は、最も深い感銘を与える人間を評価するさいの基準になった。

ディオニュソスよりも遠くまで旅をしたというアレクサンドロス大王の偉業は、神のように見えた。同様にエピクロスの学説、つまり弟子たちからこの葡萄酒の神より偉大な恩恵者と呼ばれた快楽主義の哲学者の学説も、神のように見えた。オリュンポス神族がのちにローマでくつろげたのは、この神々がギリシア文化を統轄したから、そしてローマ人がギリシア文化を称賛したからなのだ。またそのうえ、かなり好ましくない異教の神々の記憶をキリスト教徒の読者層が保存したのは、古典文化の価値を認めたからだった（私たちが今日ホメロスとウェルギリウスの叙事詩を読めるのは結局のところ、修道士や司教が彼らの叙事詩を書き写し、研究したからである）。長い目で見れば、オリュンポス神族が古代から現代まで長い旅ができたのは、人間の才能をこうして尊敬し、宗教的慣習から解放されたからなのだ。

ルネサンス期以後、オリュンポス神族は感銘を与える人間の努力を鼓舞し続けた。実際、過去数百年間のさまざまな時代に人々が何を高く評価し、何を求めたかを理解したければ、人々がオリュンポスの神々をどう表現したかを考えるのも悪くはない。そこで、近代における神々の出現をこれから足早に説明するなかで、私は引き続きヨーロッパ史の伝統的な時代区分に言及する。それが虚構の産物であることはわかっているが、オリュンポスの神々というもっと具体的な虚構の産物と関わっていることも認識しているからである。

バロック様式では、神々はあらゆる種類の過剰に加わった。神々は文学のなかや画布の上で浮かれ騒いだが、とりわけ舞台の上に勢いよく現われた。今日もなお用いられる演劇の基本となるテクノロジー――ロープ、緞帳、滑車装置、その他の舞台裏の機械装置――の大部分はこの時代に設計され、それも、しばしば神々が動きやすくするためになされた。バロック様式の神々は古代の「機械仕掛けの神」のように、天から舞い降り舞台上に躍り出て、英雄を救い出し、争いを解決し、たいてい、とても複雑で不思議でありそうもない筋書きに介入した。オペラは古代の演劇の改作として誕生した。ギリシアの演劇には叙情的な詩歌と合唱隊の頌歌が叙唱と混ざったものを含んでいたことを、古典のテクストは明らかにした。そしてバロック様式の作曲家たちが再現しようと努めたのは、こういう古代ギリシアの音楽劇であった。モンテヴェルディの『オルフェオ』は、主としてアポロンがふたたび歌い始める口実だった。一方、文学と絵画と彫刻では、神々の身ぶりは舞台での彼らの並外れた存在感を反映して、より芝居がかったものとなった。すばらしい、想像を超えたものになりたいという欲望、人を眩惑し誘惑したいという欲望がこの時代の典型となり、それは神々にぴったりだった。ウェヌスが、そして何よりクピドの急増がバロック精神の象徴になった。しかしこういう現象全体についての根本的な問題は、オウィディウスによってすでに正確に指摘されていた。「尊厳と恋というこのふたつは、両立することがむつかしい」[1]のである。

19. グィド・レーニ派の画家おそらくエリザベッタ・シラーニ（1638-1665）によるバロック風のクピド。

反動はすばやく、容赦なかった。啓蒙主義の時代は知識の科学的根拠が想像力を制したため、オリュンポスの神々はもう一度隠れた。と言うよりむしろ、ギリシアに行った。古代ギリシアがローマ文化とは明らかに異なる文化として再発見されるのは、啓蒙運動の成果であった。バロック様式とロココ様式の過剰表現に対する抵抗の行為において、芸術家や知識人たちはギリシア人に助けを求めた。審美的な評価基準、合理的な抑制力、科学的な探究、社会正義を擁護する者としてのギリシア人に対し、ローマ人は、大ざっぱに言えば、ぞっとするような剣闘士や気の狂った皇帝たちとしてしりぞけられた。この発展で重要な人物は、美術史家のヨハン・ヨアヒム・ヴィンケルマンである。彼は（ほとんど何も残っていなかったことを考えると、不十分な証拠に基づいて、と言わざるをえないが）ギ

20. 陶工・実業家・科学者のジョサイア・ウェッジウッド（1730–1795）は、客間で用いるのにふさわしい、オリュンポスの神々の洗練された表現方法を創り出した。

リシア芸術を理想にまで高めた。そしてローマ時代の模刻を独創性のないものとして、つまり劣ったものとして扱った。ギリシアの神殿が都市の新しい建物の模範となり、市役所や病院や博物館が、刑務所までも、古代の聖域のように形作られ、円柱とペディメント〔三角形の切妻壁に似た戸口の装飾〕と大理石のオリュンポスの神々の彫像を備えた。イングランドでは、ウェッジウッドが日常の食卓に神々を置き、その容貌を柔和にした。神々はそんな装いをして、客間で誇らしげにティーポットや受け皿や茶碗を飾った。ギリシアの神格はこのようにして文明社会に入ることを許された。ただし、美徳と節度と美と正義の青ざめた象徴としてのみ。

　こういう弱々しい姿には、神々の積極的な活力を示唆するものはなかった。しかし十九世紀に入ったあたりに、突如として積極的な活力が現われた。そしてまたもや、雰囲気の――あるいは歴史学者なら、時代の、と言うかもしれない――変化の前兆となった。ロマン主義の時代には、オリュンポスの神々は礼節を捨てたようだ。彼らは大理石の彫像を抜け出して極端な情熱を、ときには狂気まで吹き込んだ。たとえばアポロンは詩人のヘルダーリンを襲った。一八〇二年の十一月のある日、ヘルダーリンがボルドーから故郷のドイツへ徒歩で戻る途中のことである。この詩人が友人に書いたうろたえた手紙があるものの、正確に何が起こったかはわからないが、礼儀正しい出会いではなかった。ヘルダーリンは自分自身の人生のなかで、ヒュペーリオンの悲劇的な転落を体験したようだ。詩人は「ヒュペーリオンの運命の歌」という詩で、このアポロンの犠牲者の運命をすこぶる感動的に描いた。幸い、たまたまこの詩が気に入っていた指物師のエルンスト・ツィンマーが、ヘルダーリンの精神衰弱のことを耳にして援助を申し出た。ツィンマーと家族は四十年あまりのあいだ、彼をわが家に住まわせて養い、世話を焼き、その回復を願った。彼は二度と回復せず、人間の思いやりはロマン派の美と神々の残忍性に太刀打ちできないことを示した。

当時、このほかの神々からの攻撃は、もっと陽気で典型的にフランス風だった。たとえばボードレールは、ひとりの青年がパリのあるしゃれた宴会で立ち上がって神々を祝し、乾杯する様子を描写している。この青年は「神々は戻ってくるだろう」と大真面目に言明した[2]。この若い異教徒はボードレールと友人たちにからかわれて、むきになった。「ユノが僕に好意ある眼差しを投げてくれて、……悲しくメランコリックな僕は、……彼女に哀願していたのだが、その時、彼女の眼差しのひとつ、親切で深みのある眼差しが注がれて、僕を助け起し、励ましてくれたのだ」と彼は言った。ボードレールはウィンクしながらこう述べた、「ユノが君に、ああいう牝牛みたいな眼差しを投げたんだって、ボオピス・エレ〔牛眼のヘラ、の意〕が？　可哀そうにこいつは頭がおかしいのかも知れない」と。彼の友人たちも加わって、こう言った。「こいつがあれらの女たちみんなを異教徒の眼でもって見つめていたら、エルネスティーヌがユノの役で出ていて、思い出のこもった目つき、まさに牝牛の目つきをこいつにして見せたというわけだ」「エルネスティーヌと言いたければ好きなだけ言いたまえ」と、青年がまた話に入ってきた。「それでもとにかく精神的な効果はちゃんとあったわけだし、僕はあの流し目を吉兆と見ているんだ」。

ハイネはドイツからフランスに移り住み、この時代の精神をとらえた。彼は『精霊物語』で、神々は「かつての自分たちの栄光の暗い廃墟のなかでふくろうやがま蛙にまじって[3]」身を隠しながら、長らくひどい暮らしをした末に、まさに戻ってこようとしていると主張した。神々の到来は驚くべきものになるだろう。「ウェヌスは悪霊として私たちに会いに来るだろう。そしてオリュンポス的な尊大さの下に、アンブロシアの香りのする高級娼婦という正体を隠した性悪女として、神々しい椿姫として、神聖な接待者として、会いに来るだろう」。ヴィンケルマンの高潔で静謐で賢明な大理石の神々は、もはやこれまでだ。ロマン派は中世と中世風のオリュンポス神族の見方に戻った。がま蛙、廃墟、悪霊はみな、先行のかの暗黒時代への言及だったからである。

ロマン派の詩人たちは、新しく発見した神々への熱愛を表現するのにしばしば宗教用語を用いたが、実際に崇めたものは人間の創造力だった。ジャーコモ・レオパルディは、理性がまだ「その恐ろしい力を広げ、あらゆるものを小さく、つまらない、死んだものにして」いなかった時代を生き延びた者として、神々をほめ称えた[4]。しかし彼は、神々が永久に部外者のままで、けっして近代世界になじまないことも、直感的に理解した。彼の最も激越な散文のいくつかは、「古代イタリア人のふりをして、現代イタリア人だという事実をできるだけ隠す[5]」詩人たちの衒《てら》い、がさつな妄想を糾弾した。この態度の問題点は、レオパルディが正しく見て取ったとおり、必要な信念が近代人に欠けていることであった。つまり「私たちはギリシア・ローマの文芸を受け継いだが、彼らの宗教も一緒には受け継がなかった」のである。レオパルディや他の多くのロマン派の芸術家や作家や詩人にとって神々は、社会的に排除されているという感覚や孤独感、鋭い美意識の入り交じった、現在からの疎外感を表わした。

フリードリヒ・ニーチェは、こういうものの多く――情熱、孤独、透徹した洞察力、神々の出現、美による万物の正当化、いかがわしい連中を引きつけるもの、そして最後に狂気――を受け継いだ後継者であった。これらすべてが彼の最後の数通の書簡の一通に表現されている。宛先は、バーゼル大学の古典古代とルネサンスの高名な学者ヤーコプ・ブルクハルト教授だった。「結局、私は神であるよりは、はるかにバーゼル大学教授でありたいのです。しかし神に世界創造を神のためにやめさせようとしてまで、私はあえて自分の我欲を張ったことはなかったのです[6]」。署名はディオニュソスとなっていた。ニーチェあるいはディオニュソスが創造を担当したこの世界がどのようなものだったかについては、意見が分かれた(そして今も分かれたままだ)。

十九世紀ヨーロッパの思想家や詩人や芸術家たちは総じて、自分たちはオリュンポスの神々と特別な、そして独占的な関係を持っていると主張した。その理由は因習や虚栄心や畏敬の念など、さまざまだったが、要するに神々から霊感を受けた、比類のないものに見えるようにだったのだ。神々との結びつきが集団的な熱望になったのは、二十世紀になってからのことであった。一九三六年のベルリン・オリンピックはおそらく、ギリシアの神々と現代の一般大衆が最も接近した機会だろう。競技者たちは古代の彫像の姿勢を模倣し、このとき初めて、かつてプロメテウスがゼウスから盗んだ火を、数千人の走者がはるばるオリュンピアからベルリンまで運んだのである。初のオリンピック聖火リレーというこのすばらしいプロパガンダには、古代ギリシアと現代ドイツの特別な結びつきを象徴する意図があった。ただしこのつながりには、多くの者が異議を唱えたのだが。フィラデルフィア・レコード紙に掲載された「現代のメルクリウス」という時事諷刺漫画は、たとえば、この高貴なギリシアの運動競技の神を、それに相当する悪漢風のドイツ人と対比させた。一九三六年のオリンピックに対抗して、世界中の反ファシズム主義者はバルセロナで人民オリンピック大会を開催する計画を立てた。残念ながら、この行事がオリュンポスの神々をどう表現することになったかはわからない。開催前にスペイン内戦が勃発したからである。

　モンテヴェルディの曲を歌うアポロンから、感受性の強いパリの青年にウィンクするユノまで、はた

21. この時事諷刺漫画は1935年12月7日付フィラデルフィア・レコード紙に掲載されたもの。ここでは国際親善大使として描かれた古代のメルクリウスが体現する価値観と、ベルリン・オリンピックとが対照されている。

また、ウェッジウッド製の客間の礼儀正しい神々から、ディオニュソスとバーゼルの大学教授の狂気の往復書簡まで、オリュンポスの神々はルネサンス以来、無数の姿をとってヨーロッパ中に現われてきた。とはいえ、こういった出現に共通する特徴は、古代の宗教的慣習からの隔たりであった。オリュンポスの神々がかつて享受した宗教儀式とふたたびつながったのは、主としてヨーロッパを飛び出してであった。たとえば一九七三年に、ナイジェリアの劇作家ウォーレ・ショインカは、エウリピデスの『バッカイ』を演出して称賛を浴びたさい、ディオニュソスにヨルバ族〔ナイジェリア南西部などに居住する西アフリカ最大の民族集団のひとつ〕の英雄神オグンの役を割り当てた。同年、イタリアの著作家・映画監督のパゾリーニは、『アフリカのオレステイアのための覚え書き』という映画のなかで、アイスキュロスの劇をタンザニアとウガンダに持っていった。こういうアフリカ・ギリシア的な悲劇解釈は（着想したのがアフリカであれヨーロッパであれ）、オリュンポスの神々の世界がヨーロッパだけのものではないことを主張し、この点を強調するために古代の儀式に訴えた。儀礼的犠牲は――屠殺された動物やぶんぶん飛びまわる蠅、血液、熱、ほこりとともに――、アフリカ的であると同時にギリシア的でもあった。文化を超越した比較もまた、古代宗教への新たな学術的関心を呼び覚ました。ちょうど歴史学者たちが、新しい人類学的なアプローチを歴史研究へ発展させたのと同じように。

その頃ブエノスアイレスでは、ホルヘ・ルイス・ボルヘスが眠っていた。彼は大学での講義の前にある教授と会話をしている夢を見ていた。夢のなかで突然、大講堂の外で大騒ぎが起きた。外に流しの楽隊か学生のデモがいるのだろうとボルヘスは思った。だがそれから群衆が「神々だ！　神々だ！」と重大な到着を騒ぎ立てながら、勢いよく大講堂に入ってきた。突然、何者かが四、五人群集のなかから進み出てきて演壇を占領した。「わたしたちみんなは拍手し、涙さえ流した」と、ボルヘスは振り返る。「何百年にもわたる追放が終わり、神々が帰ってきたのだ」。さまざまなできごとが一気に展開した。

わたしたちの送る喝采に興奮したのだろう、どちらか一方がふいに勝ち誇ったような声で鳴いた。うがいの音のようでもあり口笛のようでもある、信じがたいほど耳障りな声だった。そしてその瞬間から、ようすが一変した。

すべては、神々は話すことができないのではないかという（いささか大仰な）疑念から始まった。何百年にもわたる残酷な散亡の日々は神々の持つ人間的な面を萎縮させてしまったのだ。イスラム教の月とローマの十字はこれらの逃亡者に過酷だった。ひどく低い額、黄色い歯、黒白の混血か中国人を思わせる薄い口髭、獣めいた唇などが、オリュンポスの一族の堕落をはっきりと物語っていた。……わたしたちは突如として、神々が最後の賭けをやっていること、劫をへた狩りの獣のように残忍で、狡猾で、無智であること、仮にわたしたちが恐怖心や憐憫の情に負けでもすれば、最後には神々によって滅ぼされることを悟ったのだった。

わたしたちは重いピストル（ふいに夢に現われたピストル）を抜き、嬉々として神々を射殺した[7]。

そしてここには、いくつもの顔を持ちあちこち渡り歩くオリュンポスの神々がいる。ボルヘスの空想には、他の多くの近代の顕現と同様に、神々は現われたり消えたりでき、死んでもふたたび出現するかもしれず、現われた彼らを私たちは気に入らないかもしれない、という予感がある。ボルヘスの話のなかには、神々の素姓と民族的純粋さについての不安がある。すなわち神々は結局、何百年にもわたり美化して宣伝されてきた古代ギリシアのままのイメージとは、似ても似つかないことがわかるのである。実際、神々と出会った教授たちは結局神々を殺すことが暗示されている。もっとも、（少なくともこの書物の執筆に要した労力から判断すると）神々が教授たちを破滅させそうに思われるが。それでもなお、この暗殺計画全体が――誰が誰を殺すにせよ――あまり重要ではなさそうだ。神々は、人々が関心を持つ限り、つねに生きている。崇拝者はかならずしも必要としないが、人々は必要だ。そこで浮かび上がってくる問いは、オリュンポスの神々はなぜこれほど広範囲な関心を、今なお引きつけるかである。

まったく何の理由もなく神々が代々伝えられた可能性も、もちろんある。こういう考え方はルネサンス期にかなり突然、人々の心に浮かび、どうやら納得のいくものだと思われた。神々はひょっとすると神聖な存在でも悪魔でもなく、「ただのキマイラ、白日夢、ばかげた考えである」(8)と、ベルナール・フォントネルは十七世紀に書いた。古典の神話とアメリカ先住民の物語にあると主張される類似点について、フォントネルは読書を通して知っていた。そして、神々についての説明は、どこに由来するものであれ、必然的に原始的である――文化の産物ではなく、途方もない無知の産物である――という結論に達した。

しかし、神々についての考え方は他にもいくつもある。古代の哲学者たちはどれほど懐疑的であろうとも、尊敬の念とともに神々を遇した。その理由は、まさにキケロが述べたように、「いかなる国民あるいは民族であれ、神々にたいするある種の先取観念は、他人に教わることなしにそなえているもの」(9)だからだ。この観点から考えると、オリュンポスの神々は、私たちが自分自身を幅広く多様な人類の一部であると見なすのに役立つ。オリュンポスの神々の歴史と私たち人間の歴史は、つねに関連しあってきた。古代文化は何か「純粋」で混じり気がなくて、現代の私たちの多文化世界のなかで混じりあっただけだと、今日の人々はときに考えがちだ。そうではない。オリュンポスの神々は最初からつねにさまざまな人々との遠く離れた出会いによって形づくられ、そうした出会いの結果が重大だったのである。

イオルゴス・セフェリスは「わが歴史の神話」と題する現代ギリシア語の詩で、神々を夢に見たわけではなかった――それどころかある日、目を覚ますと大理石の頭像が手のなかにあった、と言う。その頭は重くてひじが疲れたが、どこに置いたらいいのかわからなかった。実体があっても説明しがたいものを受け取ることが、私たちに起こりうる最高のできごとのことも、ときにはある。オリュンポスの神々を理解したいと奮闘しながらその起源や本質や有用性を論じているとき、私たちは人間にとって最も重要な、それでいてまったくわからないものについて話しているのだ。それでもなお、この奮闘のなかに、わずかな神性がおそらくあるのだ。

補遺　十二柱の神々

十二柱の最高の神々がオリュンポスで一緒に暮らしているということでは、ギリシア人の意見は一致していたが、その顔ぶれについては、つねに一致したわけではない。パルテノン・フリーズには次の神々が、ゼウスから左へ、次にアテナから右へという順番に並んでいる（一五ページの線画を参照）。

ゼウスは宇宙を支配する最高神である。クロノスとレアの息子であり、「大地（ガイア）」と「天空（ウラノス）」の孫である。オリュンポスの神々のうちで、名前の語源をはっきりと突き止められる唯一の神でもある。ゼウス（Zeus）という名前のいろいろな変化形（たとえば属格形のDios）を、インド神話の天空神ディヤウス・ピター（Dyáus Pitār）やローマ神話のユピテル（Diespiter /Jupiter）やゲルマン語派の最高神の語形（たとえば、火曜日を意味する英語のTuesdayの語源）と比較すると、それ以前から存在した印欧語族の天空の支配者が暗示される。

ヘラはクロノスとレアの娘で、ゼウスの姉であり妻でもある。ゼウスとの結婚は近親相姦という禁忌に違反すると同時に、夫と妻との出自に関する独自の平等性も示していて、夫婦ともどもまったく同じ高貴な祖先を有する。結婚生活は不安定で、ヘラはゼウスが外で性関係を持つ相手に嫉妬する。彼女はローマ神話のユノやカルタゴの神話のタニトと同一視される（ローマの叙事詩では、この後者との同一化が重要である）。

アレスはゼウスとヘラのひとり息子であり、戦争の最も凶暴で無分別な面を表わす。『イリアス』第五歌八九〇行で、父ゼウスは息子のことを「オリュンポスに住む神々の中で、お前ほどわしが憎いと思う者は他にはおらぬ」と語っている。アレスはギリシアの神界では下級の神であり、北方の蛮地のトラキアでは、ギリシアでよりも大きな栄誉を得ているとギリシア人は信じている。ローマ神話のマルスと同一視されるが、マルスは対照的に、ローマの宗教では非常に重要である。

デメテルはゼウスとヘラの姉妹で、農業の女神である。娘のペルセポネを冥府の王ハデス（彼もゼウスやヘラやデメテル自身の兄弟）に略奪・誘拐された。デメテルとペルセポネはしばしば二柱の女神としてともに崇拝され、冥府への旅を和らげることを約束するエレウシスの秘儀という密儀を司る。デメテルはローマ神話のケレスと、ペルセポネはプロセルピナと同一視される。

ディオニュソスはゼウスと人間の女性セメレの息子である（セメレはテーバイを創設したカドモスとハルモニアの娘）。葡萄酒と忘我の神であり、集団的な狂乱や乱交を含む。葡萄の木と蔦が彼の聖なる植物である。ディオニュシア祭というディオニュソスを称えるアテナイの祭典で上演するために、たくさんのギリシア悲劇や喜劇の作品が作られた。ローマではバックスという、この神の（ギリシア語の）宗教的異名で知られる。

ヘルメスはゼウスと下級の女神マイアの息子である。生まれてすぐに、異母兄アポロンの牛を盗み、常習的に他のあらゆる種類の詐欺や悪ふざけに関係している。また境界と境界を超えることを司る神、盗人と通訳の守護神、そして死者の魂の冥界への旅の案内人でもある。ヘルメスはときにエジプト神話のトートやバビロニア神話のナブー神と同一視されることもあり、またつねにローマ神話のメルクリウスと同一視される。

アテナはゼウスの頭部から完全に武装した姿で誕生し、しばしばゼウスの計画を達成する。戦争と戦略と学問の女神である。また平和な活動、とりわけ紡錘や機織りに携わる女性の仕事を取り締まる。アテナイ人はこの女神をほとんど神話上の母親として扱ったとはいえ、処女神である。ローマではミネルウァと同一視される。

ヘパイストスはヘラの息子であるが、父はいない。神話では、父親不在のせいで身体が不完全になったと説明される。つまり彼の足が不自由なのは、男性の種がなかったためにヘラが完璧な息子を産めなかったか、あるいは、ゼウスが嫉妬と怒りからヘパイストスを不具にした、という。鍛冶と工芸の神で、ローマのウルカヌスと同一視される。アプロディテと結婚するが、不貞を働かれる。

ポセイドンは、『イリアス』第十五歌一八五―一九三行の説明によると、同じくクロノスとレアの息子である他の二人の兄弟とくじ引きをして世界を配分した。そのくじ引きによってゼウスは天を、ハデスは冥府を、ポセイドンは海を割り当てられた。一方で、大地とオリュンポスは引き続き共有された。したがってポセイドンは原則的にはゼウスと対等だが、実際には従属している。おそらくひとつにはこのせいで怒りを爆発させやすい。彼の定型句のひとつは「大地を揺るがす」である。ローマのネプトゥヌスと同一視される。

アポロンはゼウスと女神レトの息子で、アルテミスの双子の弟である。デルポイの神託を司り、予言、音楽、中庸と美の守護神である。アポロンはしばしば、ディオニュソスの儀礼上の対抗者と見なされる。アポロンはムーサ女神たちと密接な関係があり、医神アスクレピオスの父である。ローマでは彼のギリシアの名前そのままで知られた〔正確には、ギリシア語ではApollonだが、ラテン語ではApolloと呼ばれた〕。太陽と関連づけられる。

アルテミスはゼウスと女神レトの娘で、アポロンの双子の姉、そして処女神である。狩人の保護神であるとともに、狩人の餌食になる動物の保護神でもある。ホメロスでは「獣たちの女王」と呼ばれ、初期の芸術ではしばしば動物と一緒に描かれる。また出産や女性の思春期とも関連づけられ、処女である彼女自身が経験しない人生の転変を司る。ローマではディアナと同一視され、月との関係も深い。

アプロディテは愛と性交、とくに男女間の性交の女神である。ヘシオドスによれば、彼女はウラノスの切断された生殖器から誕生した。切断されたウラノスの生殖器が海に投げ捨てられ、キュプロス島付近まで流れつき、そこからアプロディテが現われたという。この叙述ではアプロディテはゼウスよりも古い世代に属することになる。ホメロスは対照的に、アプロディテはゼウスと下級の女神ディオネの娘だと主張する。アプロディテはローマのウェヌスと同一視される。古代の近東の女神たちとの対応関係については、本書五九―六〇ページを参照せよ。

ディオニュソスとデメテルはオリュンポス十二神の古代のリストにつねに含まれるとは限らない。この二人に取って代わる可能性のある神は、ヘラクレス、レト、ヘスティアである。ゼウスと人間の女性アルクメネの息子ヘラクレス（ローマではヘルクレス）は十二の功業を成し遂げた後、不死を獲得した。レト（ローマではラトナ）はアポロンとアルテミスの母である。ヘスティア（ローマのウェスタと同一視される）は炉を司る女神で、古代の芸術や文学にあまり登場しない、家庭生活を守る神である。

謝辞

次の方々に感謝申し上げる。

キャサリン・クラーク氏に。私のエージェントで本書の出版をご提案くださっただけではなく、およそ十年待ち、つねに励ましと知恵と刺激を与えてくださった。

メトロポリタン・ブックス社のサラ・バーシュテル氏とグリゴリー・トヴビス氏に。もっとできると私に言ってくださり、どうしたらそうできるかを非常に熱心かつユーモラスに示してくださった。

プロファイル・ブックス社のピーター・カーソン氏、ジョン・デイヴィ氏、ペニー・ダニエル氏の鋭敏な編集者の目と忍耐力と信頼感に。

原稿整理担当者のズザンネ・ヒレン氏に。執筆の時間の余裕を与え、しかも締め切りに間に合うように迅速で正確な仕事をしてくださった。

ロビン・オズボーン教授。プラクシテレスのアポロン像のウィットと智慧を考慮に入れるようご提案くださったことに、そしてまた、本書全体に散見された多くの誤りを正してくださったことに。

ロビン・レーン・フォックス教授。一度長いお電話を頂戴し、執筆という仕事の秘訣を教えてくださったうえ、全体として新しくよりよい本にするために十分なアイデアをご提案くださったことに。

ジョージ・ボイズ＝ストーンズ教授。キケロは実際にとてもすばらしい哲学者だったことを教えてくださったことと、本書の原稿全体を、「聖ニコラウスからの贈り物」として記録的な短時間で読んで下さったことに。

フィリップ・ハーディ教授。サンパウロからカンピーナスまで無謀にも車で移動しているあいだにペトラルカの『アフリカ』について話してくださったことと、ローマ時代とルネサンス期の章を読んで修正してくださったことに。

アンジェイ・ペトロヴィッチ先生とイヴァナ・ペトロヴィッチ先生。本書の数章を読んで、古代の儀式とヘレニズム期の詩歌について詳しい洞察を示してくださった。

アンナ・レオーネ先生。ローマでのおもてなしと、一九三ページ記載の驚嘆すべき写真を見つけ出し、何を読み取るべきかを教えてくださったことに。

マッシモ・ブリッツィ氏。彼の地図作製の技術と、考古学に関する助言に。

ジュリア・キント准教授。オーストラリアから、しかも早朝にスカイプで、ギリシア宗教を学ぶ方法の何が妥当でないかを話してくださったことに。

グレッグ・ナジ教授とハーバード大学ヘレニズム研究所の皆さんには、ハーバードで本書執筆と研究に費やした美しい六か月間に。ダラム大学の高等研究所には、特別研究員の地位を与えてくださったことに。そしてダラム大学西洋古典・古代史学部の同僚全員には短期間、授業担当を外してくださったことに。

ラウラ・ハウボルトとロベルト・ハウボルト。本書執筆奮闘中でも私をうれしい気持ちにして、楽しませてくれたことに。

そしてヨハネス・ハウボルトに、いろいろありがとう。

監訳者解説

西村　賀子

　本書は、Barbara Graziosi, *The Gods of Olympus: A History.*（London: Profile Books 2013）の全訳である。原書（英語版）は二〇一三年十一月に刊行され、二〇一四年にはドイツ語、オランダ語、イタリア語、ポルトガル語の翻訳版が刊行された。

　まず初めに、著者のバルバラ・グラツィオージ氏の略歴を簡単に紹介しておきたい。彼女はイタリアのトリエステ出身で、オックスフォード大学コーパス・クリスティ・カレッジで人文学を学び、一九九五年に最優秀で卒業した。翌年、同カレッジにて修士号を取得、一九九九年にケンブリッジ大学より博士号を取得した。その後、オックスフォード大学およびレディング大学のギリシア文学講師を経て、二〇〇一年にイングランド北東部のダラム大学講師に就任した。現在は、同大学古典学教授および芸術・人文学高等研究所所長である。グラツィオージ氏には多数の研究論文や研究書がある。精力的な執筆活動に加え、英国放送協会（ＢＢＣ）を中心にラジオ・テレビ番組にもしばしば出演して、イギリスにおける古典学の普及と啓発に尽力している。

「神とは何か」という問いは、「人間とは何か」という問いと同じくらい根源的である。本書のはしがきにあるシモニデスと同様に、この難問への明確な答えはおそらく一生かかっても見いだせないかもしれない。本書は、オリュンポス十二神の古代から主としてルネサンスまでの旅と変容の跡を丹念にたどり、ギリシアでの崇拝対象から近代以降の人間的空想力の象徴へという、紆余曲折に満ちた神々の転身を探究する。そのタイムスパンはすこぶる長い。エピローグも含めれば二十世紀にまで及ぶ、およそ三千年もの旅程である。数々の興味深い逸話とともに語られる神々の変貌のプロセスは、「神とは何か」「人間とは何か」についての思惟を深める手がかりを与えてくれるだろう。

ニーチェは『悦ばしき知識』で「神は死んだ」と言った。これは比喩的であり、複合的な意味あいを帯びるのだが、オリュンポスの神々もいったんは死に、その後、蘇ったのだろうか？　古代ギリシア人にとって神と人間の最大の相違点は、人間は死の定めをのがれえないのに対して、神は死なないということであった。神々は不死のはずなのに一度死んで、ルネサンスで復活したのだろうか？

ルネサンスでは、ギリシア・ラテンの古典が復活した。キケロをはじめとするローマ時代の著作の写本が続々と再発見され、ギリシア語文献もふたたび読まれるようになった。ラオコーン像のような古代の彫刻もいくつも蘇った。とはいえ、古典古代の復興はオリュンポスの神々の復活と等価ではない。なぜなら神々は、古代の文学に描かれ芸術の主題だったとはいえ、原則的には崇拝対象として宗教的範疇に属する存在であり、文芸の再生と神々の再生はまったく同じ意味を持つわけではないからだ。

けれども、文学・芸術と信仰が混同されたせいだろうか、通説では、オリュンポス十二神は中世に異教として駆逐されたが、ルネサンス期に古典古代の文学・芸術と同様に復活したと見なされるようだ。しかしこのような一般的見解を、本書はみごとにくつがえす。オリュンポスの神々は死後、蘇生したのではなく、ヨーロッパの歴史を通してさまざまなかたちで現代までずっと生き続けてきた、それが著者の主張である。

この立場は、ジャン・セズネックの『神々は死なず』と基本的にほぼ同じである。ただ、セズネックの名著が比較的アカデミックな論文であるのに対して、本書は一般読者が気軽に通読できる読み物に仕上がっている。日本であまりなじみのない作品や無名作家への言及も随所に含まれ、敷居が高いような印象を受けるかもしれないが、全体として見れば、本書は高度に専門的な書物というわけではない。古典やルネサンスに関する特段の知識がなくても、楽しく読み進めることができる。

本書で活写される神々と人間の、時代ごとの関係の一端をここで少しのぞいてみると、最初に描かれるのは、ギリシアの気候や風土と不可分の存在としてのオリュンポスの神々である。次にアレクサンドロス大王の誕生を扱った『アレクサンドロス・ロマンス』の抜粋が一種の荒唐無稽な読み物として紹介される。彼が自身の神性を確めるために敢行したシーワの神託への旅も興味深い逸話である。神々はさらにローマに入って権力者と結びつき、将軍たちは競って神を模倣し、神的な出自を強調する。自らに備わる（と彼らの信じる）神性を人々にアピールする数々のエピソードは、宗教の政治的利用のみごとな例である。

さらに時代が下ってキリスト教中心の中世になると、オリュンポスの最高神ゼウスはあたかも修道士のような姿でフィレンツェの「花の大聖堂」の正面を飾った。この都市を訪れる人は多いが、この指摘がなければ、こんな驚くべき事実に気づく旅行者は少ないだろう。じつに意外なかたちでの出現だが、神々はキリスト教の時代を克服しただけではなく、空間的にもグローバルな伸長を図った。シルクロードに沿って中国のキジル石窟まで達したのみならず、日本にまで、琳派の風神図にも影響を及ぼしたのである。仏像がガンダーラ経由で本邦に伝わったギリシアの遺産であることはつとに知られているが、風神もその同列だったことを初めて知ったという人は少なくないだろう。あるいはさらにカナリア諸島にも、南アメリカ大陸にも神々は出没し、二十世紀アルゼンチンの作家ボルヘスの夢にまで登場する。

一方、本書にはダンテやボッカッチョなど、わが国でも知名度の高い詩人や作家への言及も頻出する。

とはいえ、たとえばペトラルカの『アフリカ』は未完であり、日本語訳も刊行されていないため、この作品について詳しく知る人はざらにいるわけではない。だが本書をとおして、桂冠詩人ペトラルカの戴冠事由となった『アフリカ』のさわりの一節に触れることができる。このようにあまりなじみのない作品や作家に関する記述が多く、それについて知る機会を提供してくれることもまた、本書の魅力のひとつである。四世紀のキリスト教弁証家のアルビノウスや七世紀のビザンツの歴史家テオフィラクト・シモカッタなどについては、不勉強ながら監訳者も本書の翻訳に携わるまでは、その名前すら耳にしたことがなかった。

じつは同じことが、古代ギリシア・ローマについても言える。碑文の多くが歴史学研究の領域に属する関係で、ギリシア文学を専門としていても碑文を読むことはめったにない。だが、想像妊娠に悩む女性が医療の神アスクレピオスの聖地エピダウロスで体験した不思議なできごとを記す碑文に本書で触れることで、当時の医療事情の一端について知ることができた。あるいは、研究分野が偏りがちなせいか、ディアゴラスのようなマイナーな詩人が視野に入ってくることなどめったにないが、この「無神論者」が不敬罪で死刑を宣告され、しかもその首に懸けられた賞金の額が、イスラム文化圏に保存された文書からわかるという意外な事実を知って、今さらながらに驚くのである。

イスラム文化圏と言えば、周知のとおり、ギリシア古典のアラビア語への翻訳は歴史上、きわめて重大な役割を果たした。しかしこの遺産継承が具体的にどのような様相を呈したかと訊かれると、概して答えに詰まるものだ。中世からルネサンス期にかけてイスラム世界が果たした役割は、科学以外の領域では、従来のヨーロッパ中心の世界史や文化史では記述が不十分なきらいがあった。だがこの点に関しても本書は要を得て簡潔な記述を披歴し、ホメロスをはじめとするギリシアの詩歌がアラビア語に翻訳されなかったことがどれほど深刻な影響を及ぼしたかを明確にする。イスラム世界との緊張が高まるなか、その文化や歴史について理解を深めることは昨今、緊急課題となっている。それだけに、イスラームへの視座はとりわけ重要である。

ところで、ギリシアの神々が現代まで生き延びた転回点のうちで最も決定的なものは、ローマにおける「移し換え」ではないかと思われる。translating や translation と呼ばれるこの概念については第四部冒頭で説明されている。これはローマ人によるギリシア文化採用の一環として、神々の名をラテン語に翻訳することで、土着の神々をオリュンポスの神々と同定し同一視する変換装置を意味している。私たちはギリシアとローマという二つの文化があたかも自明の連続体であるかのように、ギリシア・ローマという表現を日常的に用いる。しかもそれを当然のことのように考えがちだが、実際には、「移し換え」という絶妙な装置に支えられていたのである。

そのうえでさらに、神々のサバイバルを可能にしたおもな要因は、原著者の主張を敷衍すると、二つあった。ひとつは、ホメロスとヘシオドスの描いた擬人的描写やアルカイック期から古典期の美術における神人同形的な表現である。その特性を一言で言うと、神と人の類縁性である。激しく立腹したアキレウスがアテナ女神にいさめられて怒りを抑える『イリアス』第一歌の場面がその典型であるが、ホメロスではことほどさように、神格と人間の距離は近かった。しかしホメロスとヘシオドスに代表される擬人的な神観念は、前六世紀のイオニアの自然哲学者たちの、とりわけクセノパネスの批判の的となる。さらにこの痛烈な批判に対する護神論として、寓意的解釈が生じる。神々を寓意と見なす考え方はギリシア・ローマ以降も重要な役割を果たし続け、その対極にある見解、すなわち神々を歴史的存在として解する立場と拮抗するようになる。その一方、神々をどう位置づけるかという難問はプラトンやアリストテレスの哲学に大きな刺激を与え、とりわけプラトン哲学はキリスト教神学に甚大な影響を及ぼした。

神と人間の親近性はこのように、文学と哲学では批判と擁護の応酬という、相反する二方向への展開を見た。他方、人と神を隔てる垣根が低いことから、双方向的な越境が容易になる。その結果として文芸とは別の次元で、人間を神に格上げする道へとつながっていく。政治的コンテクストにおいては、アテナイの民主政では人間の自治能力への信頼感の高まりとともに、神々の影響力は衰えたかに見えたが、やがて権力者たちは神々の効用を積極的に活用し始めた。人間が神に昇格する方向に初めて一歩を踏み出したのは、アレクサンドロス大王である。彼はおそらく自らを神と自ら信じ、人々にもそう信じさせようとした。この方向は彼を継承したプトレマイオス朝で、文学を援用することで洗練され、ギリシア文化の普及とあいまってローマにも受け継がれた。カエサルやポンペイウスらは自らの祖先が神であることを演出し、自分は神の分身だと言い募るようになった。

人が神へという上昇ベクトルは、神と人の至近距離ゆえに当然、その逆の方向も可能にする。つまり人間の神格化とは反対に、神格が人になるベクトルもありうることになる。このような思考の成果が、エウヘメロスの『神聖な記録』である。この作品では、ゼウスやヘラは人類に恩恵を施した人間に降格されている。では神は不在かという疑問も当然のことながら浮上するが、この著作によれば神とは惑星のことだ。この発想はヘレニズム期における占星術の発展のひとつの帰結である。アルカイック期の神観念はこのように、ヘレニズム期を決定的な旋回軸としてさらなる発展をとげ、人が神になり、神が人になり、惑星を真の神と見なすという三つの異なる方向に導かれる。そしてこれがローマに継承され、後代における神々の観念に展開する橋わたしとなる。

オリュンポスの神々が後世、ギリシア以外の広範な土地で生き延びることができたのは、根本的には何よりもまず、今述べたような神格と人間の距離の近さに由来する。だが、神々のサバイバルを可能にした二つ目の要因は、じつに巧みな戦略であった。本書はそれを、既成の宗教に欠落する要素を巧妙に補填することとして説明する。そしてその具体的な作戦展開としては、時代も違えば補完される要素も異なる二つの局面があった。

ひとつ目は、キリスト教公認以前のローマに認められる。キリスト教との類似が指摘されるバックス（ディオニュソス）崇拝は、国家の安全や存続を旨とするローマ宗教に対して、そのような護国宗教ではけっして満たされることのない、個人の実存的不安を解消する信仰であった。個々の人の精神的安堵の保証、それが民衆からの支持の要因だったのである。これら二つの信仰とそれぞれの性質の違いも指摘されるが、多数の信者を獲得した共通の要因はメンタル面を強調する特質だと考えられよう。

二つ目は、キリスト教が文化の中心を占めた中世の後の時代、つまりルネサンス期に認められる。従来の宗教に欠けていた間隙を縫うかのように活動範囲を拡大する戦略は、ルネサンスにおけるオリュンポスの神々のありようにもぴったりあてはまる。キリスト教が蔑視したあるいは少なくとも軽視した領域に進出することで、彼らは勝利を得た。すなわち、肉体とその欲望を抑圧し生理現象を軽んじる傾向のあるキリスト教とは違って、「性」と「自然」に有意な価値を置くと見なされた古代の神々は、中世の宗教的桎梏からの人間解放の起爆剤ないしは促進剤となったのである。彼らは官能を肯定し安定的情緒を保証したほか、人間の世俗的な権力を担保する象徴にもなった。その最も典型的な例が、第十七章で詳述されるマラテスタ神殿である。神が人間の力のシンボルとなるとは、よくよく考えてみるとなんとも奇妙な逆転ではあるが、これも究極的には、神と人の至近距離に由来する転倒現象だと解釈すれば納得できそうだ。

本書に通底するのは、オリュンポスの神々はなぜ、どのようにして、膨大な時間と広大な空間を転身しながら生き延びることができたかという問題関心であり、その背後には当然のことながら、人間とは何か、神とは何か、宗教とは何かという本質的な問題が横たわっている。オリュンポスの神々の歴史的変容の後をたどる本書をとおして、現代という時代がどれほど多くのものを古代ギリシアに負っているかが垣間見えてくるであろう。そしてまた、私たちが今日、そのデフォルメをどう内面化しているかという問題も可視化されるに違いない。その意味で本書は、現代人が拠って立つ歴史的基盤を再認識する契機となるだろう。

翻訳の分担については、最初に訳者（西塔）が全体を訳し、次に監訳者（西村）が全体を監修した。序論と第一章は訳者が、はしがきと第二章以降は監訳者が責任を負っている。古典作品その他の引用については、邦訳がある場合にはそれを使わせていただき、その一覧を、原註の後に掲載した。それぞれの訳者の方々にお礼申し上げる。

最後に、訳者と監訳者の作業の遅滞により、刊行が当初の予定より大幅に遅れたことをお詫びする。また、さまざまな疑問について快くご教示くださった京都大学文学部名誉教授の中務哲郎先生と、愛知県立大学名誉教授の小柳公代先生に深く感謝申し上げる。

最後に、翻訳をお薦めくださり、翻訳権取得から刊行に至るまで、きめ細かな配慮とともに緻密な仕事ぶりで支えてくださった白水社編集部の糟谷泰子さんに衷心よりお礼申し上げる。

訳者あとがき

西塔　由貴子

オリュンポスの神々はしぶとく生き抜いた。どんなに厳しい状況にあっても、変容を繰り返しながら、なんとか自分たちの本来の個性を失わずに生き抜いた。そうだ、際《きわ》の際に立たされても、彼らのように自分の本質を見失わず（下面に隠しながらも）、図太く、ウェッジウッドの皿の上にのっかって虎視眈々と時を待ってみよう。自分自身を貫いて、自分らしく生きる（生き残る）のだ。

原書を何度も読み返しながら、人生について多くのことを再認識させられた。それらは人生においてじつは基本中の基本かもしれない。それでも、考えることや生き抜くことの大切さは読者の方々にも伝わるのではないだろうか。そう願いたい。文学が、人文学そのものが外に追いやられる傾向にある昨今、人文学が基盤であることの重要さを教えてくれるのが本書だと思う。「考える」ことはアカデミックの分野だけではなく他の分野にも通底し、物事を前に進めていくためには必須のプロセスである。しかも、どう生きるか私たちはつねに「考えて」いるのだから。本書のように、古典（文学）と現代との連関性を示唆する書籍やメディア媒体がどんどん世に出現することを期待している。

古典は少なからず私の実生活とは長いこと密着している。この翻訳の作業で悶々としているあいだ、研究発表や論文提出と重なることが多々あった。そのときはいつも研究課題の「色」とオリュンポスの神々が頭の中をぐるぐると果てしなく回った。列車の窓から見えた海の色を（本書に登場するbright blueは何かと悩みながら）興味津々で見続けた。明るい光の表現について発表したときは輝くアポロンが頭に浮かび、暗闇の中に一筋の光が見えたとひとりで勘違いした（そう信じたかったのだ）。深海に潜む妙な生物を大学の実験室で毎日眺めている（研究している）理系の友人ですら、「薔薇色の指をした曙の女神」という表現を識っていた。恐るべし、神々。隠されようとも壊されようとも、したたかに、繰り返し表現という非常に小さな単位のなかですら彼らは生き残りを図ったのだ（?）。彼らのサバイバル能力は見習わなくてはいけない。

世代を超えて人々の記憶のなかに入り込む言葉を表現する文字の力は強い。そう考えると、文字を文字に移し換える翻訳も重みのある仕事である。しかし私の考えは甘かった。一冊の文献をメモや下線などでこんなに汚したのは久しぶりで、ひとつの単語にどの日本語を使用するのか、考えれば考えるほどむしろどんどん暗い森の中に迷い込んだ。が、オリュンポス神族のしぶとさから学ぼうと思い直し、その文脈に最適と思われる表現を絞りだすよう心がけた。原書に言及されてあるように、こんなふうに私がもがいているときにこそ、オリュンポス神がそこにいるのだろうかと珍しく宗教的な気分を味わった。この仕事をとおして学んだことは大きく、本当に多くの方々のお世話になりご迷惑もおかけした。京都大学文学部名誉教授の中務哲郎先生、帝京科学大学の准教授小堀馨子先生には内容理解やギリシア・ラテン語の訳に関する疑問について、白水社編集部の糟谷泰子さんには、訳稿を作成するにあたり細部にわたって丁寧にご指導いただいた。本訳書にかかわった皆様にこの場をかりてお礼とお詫び申し上げる。とくに、要領が悪いうえに学識も浅い私を叱咤激励し、記述の仕方を含め何から何までご教示くださった監訳者の西村賀子先生には、ここで再び感謝申し上げたい。

「神々は生き残りつづけたのだ！」という一本道をたどる原著者のユーモアある陽気なタッチの英文が少しでも伝わって、この本を手に取った読者の方々が楽しく読んでくださることを心から祈っている。

監訳者略歴

西村賀子（にしむら・よしこ）
京都大学文学部卒業、同大学院文学研究科博士課程単位取得満期退学（西洋古典文学専攻）。ロンドン大学ユニヴァーシティ・カレッジ古典学科客員研究員などを経て、現在、和歌山県立医科大学教授。おもな著訳書は『ギリシア神話――神々と英雄に出会う』（中公新書）、『ホメロス『オデュッセイア』――〈戦争〉を後にした英雄の歌』（岩波書店）、『エレゲイア詩集』（京都大学学術出版会）ほか。

訳者略歴

西塔由貴子（さいとう・ゆきこ）
新潟大学大学院現代社会文化研究科博士課程単位取得満期退学。英国セント・アンドリューズ大学大学院修士課程（M. Litt of Greek）修了。西洋古典学。現在、同志社大学他非常勤講師、英国リヴァプール大学名誉研究員。おもな論文は'The Uncertain World of Darkness in the Iliad'（*Thinking Colors: Perception, Translation and Representation*, Cambridge Scholars Publishing, 2015 に収録）ほか。

オリュンポスの神々の歴史

二〇一七年二月二〇日　印刷
二〇一七年三月五日　発行

著者　バルバラ・グラツィオージ
監訳者 ©　西村賀子
訳者 ©　西塔由貴子
発行者　及川直志
印刷所　株式会社理想社
発行所　株式会社白水社

東京都千代田区神田小川町三の二四
電話　営業部〇三（三二九一）七八一一
　　　編集部〇三（三二九一）七八二一
振替　〇〇一九〇-五-三三二二八
郵便番号　一〇一-〇〇五二
http://www.hakusuisha.co.jp
乱丁・落丁本は、送料小社負担にてお取り替えいたします。

株式会社松岳社

ISBN978-4-560-09517-1
Printed in Japan

索引

【ア】行

【サ】行

【タ】行

原註と文献案内

＊末尾に、引用部分の翻訳に使用した邦訳のリストを付した。

はしがき　シモニデスは賢明であった

(1) シモニデスのこの話はキケロ『神々の本性について』第1巻第22章60で語られている。神とは何かを定義する古代と現代の試みに関しては、次に挙げる簡潔ですばらしい論文がある。A. Henrichs, 'What is a Greek god?' in J. N. Bremmer and A. Erskine, eds., *The Gods of Ancient Greece: Identities and Transformations* (Edinburgh, 2010), 19–42。A. B. Lloyd, ed., *What is a God? Studies in the Nature of Greek Divinity* (London, 1997) はこのテーマに関するすぐれた論集である。

序文　家族の肖像

12柱で一集団をなすオリュンポス神族にギリシア人が最初に出会ったのは、詩歌や芸術作品のなかだった。古代の祭儀は1柱か2柱、せいぜい3柱の神に集中する傾向があった。とはいえ、12柱をまとめた祭儀もいくつかあった。これについては、I. Rutherford, 'Canonizing the Pantheon: the dodekatheon in Greek religion and its origins', in J. N. Bremmer and A. Erskine, eds., *The Gods of Ancient Greece: Identities and Transformations* (Edinburgh, 2010), 43–54を参照せよ。C. R. Long, *The Twelve Gods of Greece and Rome* (Leiden, 1987) は、12柱のオリュンポスの神々を表わす古代の非常に広範なテクスト表現と視覚表現を集めて論じている。何人かの学者たち、とくにパリ派と関係する研究者たちは、個々の神の特性は神々同士の交流のなかに現われる以上、オリュンポスの神々は集団として研究するしかない、と主張する。たとえば、G. Sissa and M. Detienne, *The Daily Life of the Greek Gods*, trans. J. Lloyd (Stanford, 2000) を参照せよ。この見解への異論は今日ますます高まり、古代世界の個々の神や英雄に関する手軽で有益な本がラウトレジ社からもっか刊行されている。次に挙げる研究が既刊である。K. Dowden, *Zeus* (2006), R. Seaford, *Dionysos* (2006), S. Darcy, *Athena* (2008), F. Graf, *Apollo* (2008), M. S. Cyrino, *Aphrodite* (2010), E. Stafford, *Herakles* (2011)。私見では、個々の神の描写は可能な接近方法だが、12柱の家族としての神々から始めるのが賢明である。E. Simon, *Die Götter der Griechen*, second edition (Munich, 1998) はオリュンポス12神のそれぞれについての美しい挿絵入りの小論文を提供する一方、とくにホメロス叙事詩で神々がどのように互いに影響しあうかを強調する。パルテノン神殿における12神は、J. Neils, *The Parthenon Frieze* (Cambridge, 2001) で思慮深く解釈されている。M. Beard, *The Parthenon* (London, 2002) は、この神殿と後代における受容への興

味深い一般的な入門書である。

オリュンポスの個々の神の崇拝は、どの地域社会の内部でも可能だったから、ある特定のポリスにおける祭儀同士の関係を研究すれば、そこに住む人々のために神々がいかに協力しあったかがわかるようになる。R. Parker, *Athenian Religion: A History*（Oxford, 1997）には、アテナイにおける神々と祭儀の関連性について最良の洞察が見られる。V. Pirenne-Deforge, ed., *Les Panthéons des cités, des origines à la Périégèse de Pausanias*（Liège, 1998）はいくつかの異なるポリスに関する論文を集めることで、より一般的な概観を示し始めている。ギリシアの宗教が一般に古代の市民生活の一側面として扱われるのは、ある程度C. Sourvinou-Inwood, 'What is polis religion?'（1988）と、'Further aspects of polis religion'（1990）という画期的な二篇の論文の影響による。そのリプリント版がR. Buxton, ed., *Oxford Readings in Greek Religion*（Oxford, 2000）, 13–55にあって便利だ。市民宗教へのすぐれた総合的な入門書としては、L. Bruit Zaidman and P. Schmitt Pantel, *Religion in the Ancient Greek City*, trans. P. Cartledge（Cambridge, 1992）を参照せよ。古代都市の社会的・政治的な構造を超えて神々がどう作用したかを探究する複数の新しい研究方法が現在、勢いを増し始めている。たとえばJ. Kindt, *Rethinking Greek Religion*（Cambridge, 2012）を参照せよ。本書は、神々についての考えを多くのさまざまなポリスに運んだ旅人たちに注目して、広範囲に及ぶ多様な共同体に訴えかけた（訴えかける意図はつねにあった）文学作品や哲学書や芸術作品について論じることで、こういった再考に寄与している。

(1) 和解を祝うオリュンポス山上での最も有名な宴会が『イリアス』第1歌を締めくくっている。
(2) 本書はパルテノン・フリーズに描かれたこの場面の最も広く受け入れられている解釈に従っている。この解釈の綿密な擁護論と主要な代替案をめぐる議論については、J. Neils, *The Parthenon Frieze*（Cambridge, 2001）を参照せよ。
(3) ホメロス『イリアス』第5歌890行。
(4) デメテルと古代の母親の悲哀については、H. P. Foley, ed., *The Homeric Hymn to Demeter: Translation, Commentary, and Interpretive Essays*（Princeton, 1993）を参照せよ。

第一部　誕生——アルカイック期のギリシア

R. Osborne, *Greece in the Making: 1200–479 BC*, second edition（London, 2009）を読むと、アルカイック期の概要が非常によくわかる。ミュケナイ時代のギリシアやポリスの興隆、叙事詩の普及、汎ギリシア的な聖域の創設、偶像と神殿の発展と関連づけながら、数々の変化と連続について論じる一方、現代の傍観者たる私たちがその間ずっとどのように歴史上のある時代を構築するかを視野に入れている書である。M. Gaifman, *Aniconism in Greek Antiquity*（Oxford, 2012）は、神殿と偶像が宗教的営為の中心になった後でさえ、ギリシア人が他の方法でも神々を表現し崇拝し続けていたこと、すなわち、聖なる石や木の板、柱、その他の謎めいた物が神々のイメージとして扱われ続けたことを思い起こさせる有益な文献である。M. Scott, *Delphi and Olympia: The Spatial Politics of Panhellenism in the Ar-*

chaic and the Classical Periods（Cambridge, 2010）は、デルポイとオリュンピアというアルカイック期の最も重要な二つの聖域が、どのようにギリシアの宗教と文化を形成し定義したかを究明する。S. Price, 'Delphi and divination' in P. E. Easterling and J. V. Muir, eds., *Greek Religion and Society*（Cambridge, 1985）, 128–54 はデルポイの神託がどのように機能したかを簡潔に分析する。J. Fontenrose, *The Delphic Oracle: Its Responses and Operations with a Catalogue of Responses*（Berkeley, 1978）にはその証拠が集められている。初期ギリシア叙事詩における神々については、J. Strauss Clay, *The Politics of Olympus: Form and Meaning in the Major Homeric Hymns*（Princeton, 1989）と、B. Graziosi and J. Haubold, *Homer: The Resonance of Epic*（London, 2005）第 3 章を参照せよ。R. Lane Fox, *Travelling Heroes: Greeks and their Myths in the Epic Age of Homer*（London, 2009）は、旅が叙事詩の神観に及ぼした影響を探究している。ホメロスとヘシオドスにおける神々への初期の批評については、D. C. Feeney, *The Gods of Epic: Poets and Critics of the Classical Tradition*（Oxford, 1991）第 1 章を参照せよ。G. R. Boys-Stones, 'Ancient philosophy of religion: an introduction', in G. Oppy and N. Trakakis, eds., *History of Western Philosophy of Religion*, vol. 1（Durham, 2009）, 1–22 という、神々をめぐる哲学的思考の始まりに関する論文は非常に刺激的だと思う。

ホメロスについては多くの英訳版が入手可能である。R. Lattimore による訳と A. Verity による訳が、最も原典に忠実でギリシア語原文の行数を尊重しているので、これを参照すれば読者は具体的な詩句を追うことができる。ヘシオドスの最もすぐれた英訳は M. L. West, *Hesiod: Theogony and Works and Days*（Oxford, 1988）である。『ホメロス風讃歌』については、D. J. Rayor, *The Homeric Hymns: A Translation with Introduction and Notes*（Berkeley, 2004）を参照せよ。クセノパネスやテアゲネスやその他の叙事詩の伝統を批評した初期の批評家の断片は、H. Diels and W. Kranz, eds., *Die Fragmente der Vorsokratiker*, three vols, sixth edition（Berlin, 1951–52）に収集されており、G. S. Kirk, J. E. Raven, and M. Schofield, *The Presocratic Philosophers*, second edition（Cambridge, 1983）に英訳されている。以下の原註で用いられる DK という略語は Diels and Kranz 版への言及である。

(1) ホメロス『オデュッセイア』第 6 歌 43–45 行。
(2) J. Chadwick, *The Decipherment of Linear B*（Cambridge, 1988）〔J. チャドウィック『線文字 B の解読』第 2 版、大城功訳、みすず書房　1997〕と、L. M. Bendall, *The Deciphermeny of Linear B and the Ventris-Chadwick Correspondence*（Cambridge, 2003）を参照せよ。
(3) すばらしい洞察力によって、Walter Otto, *Dionysos: Mythos und Kultus*（Frankfurt, 1933）, 71–80〔ワルター・F・オットー『ディオニューソス――神話と祭儀』西澤龍生訳、論創社　1997〕は線文字 B の解読以前でさえ、ディオニュソスを「来臨する神」、永遠に到来しつつある神として描いた。
(4)「神々のうちで最もギリシア的」という句は Walter Otto, *Die Götter Griechenlands*（Bonn, 1929）, 78 にある。
(5) M. L. West, *The East Face of Helicon: West Asiatic Elements in Greek Poetry and Myth*（Oxford, 1997）, 55 を参照せよ。
(6) ヘロドトス『歴史』第 8 巻 144. 2。
(7) ヘロドトス『歴史』第 1 巻 14. 2 によれば、初めてデルポイの神託を伺って奉納物

を献納した「異邦人」はプリュギアの王ミダスとリュディアの王ギュゲスであった。
(8) ヘロドトス『歴史』第2巻53.2–3。
(9) ヘシオドス『神統記』18–20行。
(10) ヘシオドス『神統記』26行。
(11) ヘシオドス『神統記』115行。
(12) ヘシオドス『神統記』176–78行。
(13) 後代のギリシアの思想家たちはヘシオドスの起源神話の影響をからかった。たとえばプラトンはアテナの名前の語源を「神の思惟」とした(『クラテュロス』407b)。
(14) ヘシオドス『仕事と日』640行。
(15) ホメロス『オデュッセイア』第8歌360–66行。
(16) ホメロス『オデュッセイア』第8歌62–64行。
(17) ホメロス『オデュッセイア』第8歌487–91行。
(18) ホメロス『イリアス』第20歌22–25行を参照せよ。
(19) 『ホメロスの諸神讃歌』「アプロディテ讃歌(讃歌第6番)」。
(20) この表現を最初に使い始めたのはK. Reinhardt, *Das Parisurteil* (Frankfurt, 1938), 25で、原語はerhabener Unernstである。
(21) テクストと英訳がL. R. LiDonnici, *The Epidaurian Miracle Inscriptions* (Atlanta, 1995), 104–5で公刊されている。これに関するみごとな議論が、F. Naiden, '*Hiketai* and *Theōroi* at Epidauros', in J. Elsner and I. Rutherford, eds., *Pilgrimage in Greco-Roman and Early Christian Antiquity: Seeing the Gods* (Oxford, 2005), 73–96で展開されている。
(22) ホメロス『イリアス』第15歌80–83行。
(23) ホメロス『イリアス』第13歌18–19行。
(24) サッポー断片1. 9–12 Voigt。
(25) 私は次に挙げるクセノパネスの六脚韻の断片を引用したが、これらは残っている彼の著述のうちでも重要な部分となっている。クセノパネス断片21 B 16, 15, 11, 26, 18, and 25 DK.
(26) ヘラクレイトス断片22 B 5 DK.
(27) ヘラクレイトス断片22 B 32 DK.
(28) ホメロス『イリアス』第14歌225–30行および53ページに引用された第15歌80–83行参照。
(29) さらにM. Beard, *The Parthenon* (London, 2002), 147を参照せよ。
(30) 後2世紀に執筆したパウサニアスによると「もっと古くは、ギリシア全土でも、彫刻していない石を神像の代りに祀っていた」(『ギリシア記』第7巻第22章第4節)。
(31) ヘロドトス『歴史』第1巻131.1–3。
(32) テアゲネス8 fr. 2 DK.。これに関するすぐれた議論についてはD. C. Feeney, *The Gods in Epic: Poets and Critics of the Classical Tradition* (Oxford, 1991), 9を参照せよ。
(33) これは後2世紀のピロデモスの『詩論』第2巻に記された要約である(ヘルクラネウム・パピルス1676断片2)。ランプサコスのメトロドロス61 fr. 3 DKも参照せよ。
(34) ホメロス『イリアス』第21歌6–7行。

(35) ヘラクレイトス『ホメロスの寓意』第1巻第1章。
(36) クセノパネス断片 21 B 1. 22 DK.

第二部 対話——古典期アテナイ

P. J. Rhodes, *A History of the Classical Greek World, 478–323 BC*, second edition (Oxford, 2010) は古典期ギリシアの歴史へのすばらしい入門書である。「古典の (classical)」という用語については、目を見張るような次の熟考を参照せよ。Edith Hall, 'Putting the class into classical reception', in L. Hardwick and C. Stray, eds., *Blackwell Companion to Classical Receptions* (Oxford, 2008), 386–97。コペンハーゲン・ポリス・センター長の M. H. Hansen は、アテナイにおいてのみならず他のギリシアのポリスにおける民主政の到来についても、他のどの研究者よりも精査した。次の刊行物がそれを実証する。*Acts of the Copenhagen Polis Centre I-VII*, (Copenhagen, 1993–2005) および *Papers of the Copenhagen Polis Centre I–VIII*, (Copenhagen, 1994–2007)。J. D. Mikalson, *Athenian Popular Religion* (Chapel Hill, 1983) は古典期アテナイの信仰生活についての入門書だが、私見によると、大衆文化と神々への新しい知的なアプローチとの分離を強調しすぎている。たとえば古典期の芸術は神々の扱いの点では、アテナイ演劇がそうであったように、大衆的であるとともに、しばしば革新的でもあった。Robin Osborne, *Archaic and Classical Greek Art* (Oxford, 1998) は、神々の視覚的表現全般に関する一般的な入門書である。Robin Osborne, *The History Written on the Classical Body* (Cambridge, 2011) の第7章はとくに、神々の身体が古典期にどう表現されたかについて論じている。古典期の風貌を持つ神々の隣に、その神の像をアルカイック期のスタイルで描いた壺絵については、M. de Cesare, *Le statue in immagine: studi sulle raffigurazioni di statue nella pittura vascolare greca* (Rome, 1997), とくに 91–106 を参照せよ。

W. K. C. Guthrie, *The Sophists* (Cambridge, 1971) は、前5世紀ギリシアのおもな知的潮流への読みやすい入門書である。Jacqueline de Romilly, *The Great Sophists in Periclean Athens*, trans. J. Lloyd (Oxford, 1992) は、知的潮流がアテナイの文化に与えた衝撃に評価を下している。ソフィストの断片は H. Diels and W. Kranz, eds., *Die Fragmente der Vorsokratiker*, three vols, sixth edition (Berlin, 1951–52) に集められ、G. S. Kirk, J. E. Raven, and M. Schofield, eds., *The Presocratic Philosophers*, second edition (Cambridge, 1983) に英訳されている。無神論者については、J. Bremmer, 'Atheism in antiquity', in M. Martin, ed., *The Cambridge Companion to Atheism* (Cambridge, 2007), 11–26 を参照せよ。R. Waterfield, *Why Socrates Died: Dispelling the Myths* (London, 2009) はソクラテス裁判の現存する証拠に関する十全の入門書である。もっとも、私はこの裁判に関する著者の解釈に同意してはいないが。ソクラテスのダイモン (daimōn) とその驚くべき後世——最終的に悪魔 (demon) の増殖——については、W. Burkert, *Greek Religion*, trans. J. Raffan (Oxford, 1985) 第7章を参照せよ。この章は宗教哲学についての一般論にもなっている。S. Halliwell, *The Aesthetics of Mimesis: Ancient Texts and Modern Problems* (Princeton, 2002) は、プラトンの模倣理論と後代における受容を査定している。S. Halliwell はアリストテレス『詩学』にすばらしい翻訳と註解を加えた *Poetics* (London, 1987) の著者でもある。プラトンとアリストテレスが詩的な神観を批判することに

よって自身の文学理論をどう展開したかについては、D. C. Feeney, *The Gods of Epic: Poets and Critics of the Classical Tradition*（Oxford, 1991）第 1 章を参照せよ。

(1) フリードリヒ・ニーチェの最初の著書『音楽の精神からの悲劇の誕生』（初版ライプツィヒ、1872 年）は、ディオニュソス的なるものとアポロン的なるものの対抗を仮定する。この仮定は古代文化への取り組みという点では非常に創造的ではあるが、ギリシアの神話と祭儀と芸術に明らかに認められるディオニュソスとアポロンの対抗に由来している。

(2) プロタゴラス断片 80 B 1 DK。（「女性」に対する「男性」の意の）anēr ではなく、ジェンダー中立的な anthrōpos をプロタゴラスは用いたので、「人間」もしくはより正確には「ヒト」である。

(3) エウリピデス『ヘカベ』799–801 行。〔原書の解釈に従って「慣習」と訳したが、エウリピデスが用いた「ノモス」という語は「掟、法」などを意味する多義語である。〕

(4) プロタゴラス断片 80 B 4 DK.

(5) ディオゲネス・ラエルティオス『ギリシア哲学者列伝』第 9 巻 24 がメリッソスについて記述している。「神々に関しても言明すべきではないと語った。なぜなら、神々について認識することはできないからである。」（メリッソス断片 30 A 1 DK.）

(6) キケロ『神々の本性について』第 1 巻 22. 60。本書 10 ページを参照せよ。

(7) プロディコス断片 84 B 5 DK.

(8) デモクリトス断片 68 A 75, cf. B 30 DK.〔本書は「恐怖」と解しているが、『ソクラテス以前哲学者断片集　第四分冊』（内山勝利訳）の訳語は「驚愕」である。〕

(9) アナクサゴラス断片 59 A 42 DK を参照せよ。アナクサゴラスは、太陽はペロポンネソス半島より大きいと主張しただけではなく、天体は「上層気の周転運動に一緒に巻き上げられて燃焼状態にある岩石である」とも主張した。前 467 年にケルネソス半島のアイゴスポタモイに落下した隕石への彼の関心については、ディオゲネス・ラエルティオス『ギリシア哲学者列伝』第 2 巻 10 章（アナクサゴラス断片 59 A 1 DK）を参照せよ。

(10) ディアゴラスの断片は M. Winiarczyk, *Diagorae Melii et Theodori Cyrenaei Reliquiae*（Leipzig, 1981）に集められている。

(11) ストラボン『地誌』第 8 巻 3. 30 を参照せよ。

(12) トゥキュディデス『歴史』第 2 巻 37–41。

(13) トゥキュディデス『歴史』第 5 巻 84–116。

(14) ゴルギアス『ヘレネ頌』6。

(15) ゴルギアス『ヘレネ頌』8。

(16) ゴルギアス『ヘレネ頌』21。

(17)「美と醜について」第 2 章 28。テクストは次の書物に公刊されている。T. M. Robinson, ed., *Contrasting Arguments: An Edition of the Dissoi Logoi*（New York, 1979）。

(18) ホメロス『イリアス』第 3 歌 383–420 行。

(19) エウリピデス『トロイアの女たち』989 行。

(20) エウリピデス『ヘラクレス』1345–46 行。

(21) アリストパネス『テスモポリア祭を営む女たち』450–52 行を見よ。

(22) ムバッシル・イブン・ファーティクについては F. Rosenthal, *Greek Philosophy in the Arab World* (London, 1990), 33 (= *Orientalia* 6, 1937, 33) を参照せよ。

(23) ディオゲネス・ラエルティオス『ギリシア哲学者列伝』第 2 巻 40 章、プラトン『ソクラテスの弁明』24b-c、クセノポン『ソクラテスの思い出』第 1 巻第 1 章 1。

(24) トゥキュディデス『歴史』第 2 巻 53. 3。

(25) リュシアス『エラトステネス殺害に関する弁明』12. 5。

(26) プラトン『国家』378a。

(27) プラトン『国家』390c。

(28) プラトン『国家』388e–89a。

(29) プラトン『国家』381e。この一節で描写された母親たちはホメロスからインスピレーションを受けている。『オデュッセイア』第 17 歌 485–86 行には、「実際、神々は遠方からの異国人に身を変え、いかなる姿にもなって、人間の無法な振舞い、正義の行いに目を光らせつつ、町々を巡られるものなのだ」とある。

(30) D. Roochnik, 'The political drama of Plato's *Republic*' in S. Salkever, ed., *Cambridge Companion to Ancient Greek Political Thought* (Cambridge, 2009), 165。

(31) ホメロス『イリアス』第 1 歌 47–48 行。

(32) ホメロス『オデュッセイア』第 1 歌 320 行。

(33) プラトン『パイドロス』229b-d。

(34)『イリアス』第 6 歌 181 行。

(35) プラトン『パイドロス』229e–30a。

(36) プラトン『パイドロス』247a-b。

(37) アリストテレス『詩学』1449b 24–28。

(38) アリストテレス『詩学』1451a 36–38。M. Hubbard は詩歌に関するプラトンとアリストテレスの相違点をうまく要約している。「プラトンは、模倣(ミメシス)の一例は個々の個別のものよりも現実性が少なく、個々の個別のものはまた今度は、イデアよりも現実性が少ないと主張した。詩人の陳述は、個別の陳述よりも劣っている限り、より包括的かつ、より哲学的であると、アリストテレスは答えた」。D. A. Russell and M. Winterbottom, eds., *Ancient Literary Criticism: The Principal Texts in New Translations* (Oxford, 1972), 88 所収。

(39) アリストテレス『詩学』1460b 13–15。

(40) アリストテレスは、厳密に言うと不可能なものも詩歌が含むことを認めている。「不可能なことを詩につくるのは誤りである」が、一方でそれによって詩歌が感情の浄化(カタルシス)を達成し、他の方法で作り出す以上に人を驚かせるものを作り出すならば、それは許されるとも言っている。『詩学』1460b 22–26 参照。

第三部　旅――ヘレニズム期のエジプト

アレクサンドロス大王については数多くの歴史書と伝記がある。なかでも最も権威があるもののひとつが、A. B. Bosworth, *Conquest and Empire: The Reign of Alexander the Great*（Cambridge, 1988）である。とりわけこの著者が、アレクサンドロスの征服についての古代の最も重要な文献への註釈書 *History of Alexander*（Oxford, 1980–95）も著わしたからで、アッリアノスによる記録『アレクサンドロス東征記』に二巻を費やしている。A. de Sélincourt, *The Campaigns of Alexander*, rev. J. R. Hamilton（London, 1971）はアッリアノスの英訳である。他の重要な史料の収集と翻訳が、I. Worthington, ed., *Alexander the Great: A Reader*, second edition（London, 2011）である。R. Lane Fox, *Alexander the Great*（London, 1973）は歴史小説のようにわくわくする読み物で、オリヴァー・ストーン監督のハリウッド映画『アレクサンドロス』（2004 年）に情報提供した。P. Cartledge, *Alexander the Great: The Hunt for a New Past*（London, 2004）は一般読者にもわかりやすく叙述されている。P. Briant, *Alexander the Great and His Empire: A Short Introduction*, trans. A. Kuhrt（Princeton, 2010）（フランス語の原著初版は 1974 年）という独創的で簡潔な著書は、ギリシア・ローマ中心主義的なアレクサンドロス観に重要な訂正を与えてくれる。本書はまた、アレクサンドロスをペルシア人の目をとおして眺め、彼をダレイオスの後継者として評価している。

アレクサンドロスの神性については E. A. Fredricksmeyer, 'Alexander's religion and divinity', in J. Roisman, ed., *Brill's Companion to Alexander the Great*（Leiden, 2003), 253–78 と、A. Chaniotis, 'The divinity of Hellenistic rulers', in A. W. Erskine, ed., *A Companion to the Hellenistic World*（Oxford, 2005), 431–45 というすぐれた研究を参照せよ。R. L. Gordon, 'The real and the imaginary: production and religion in the Graeco-Roman world', *Art History* 2（1979), 5–34 は擬人化された彫像について論じ、擬人化彫像が支配者の神格の確立にどう役立ったかの説明に、間接的ではあるが、寄与している。とくにシーワ・オアシスでの神託については、S. Caneva, 'Depuis Hérodote à Alexandre. L'appropriation gréco-macédonienne d'Ammon de Siwa, entre pratique oraculaire et légitimation du pouvoir', in C. Bonnet, A. Declercq and I. Slobodzianek, eds., *Les représentations des dieux des autres*（Palermo, 2011), 193–220 を参照せよ。ギリシア語の『アレクサンドロス・ロマンス』は R. Stoneman, *Alexander Romance*（London, 1991）に英訳されている。本書はこの物語に触発された広範な伝承へのすぐれた入門書である。S. Stephens, *Seeing Double: Intercultural Poetics in Ptolemaic Alexandria*（Berkeley, 2003）という画期的な論文は第 1 章「エジプトの概念化」で、『アレクサンドロス・ロマンス』とエウヘメロスの『聖なる記録』のどちらについても論じている。

惑星としてのオリュンポスの神々については、T. Barton, *Ancient Astrology*（London, 1994）および R. Beck, *A Brief History of Ancient Astrology*（Oxford, 2007）を参照せよ。アレクサンドリアについては今もなお P. M. Fraser, *Ptolemaic Alexandria*（Oxford, 1972）が標準的な参考書である。ムーセイオンでの学術について最初に読むべき本はやはり、R. Pfeiffer, *A History of Classical Scholarship, from the Beginnings to the End of the Hellenistic Age*（Oxford, 1968）である。A. Sens, 'Hellenistic poetry', in G. R. Boys-Stones, B. Graziosi, and P. Vasunia eds., *The Oxford Handbook of Hellenic Studies*（Oxford, 2009), 597–607 は、アレクサンドリア時代の詩人たちについての簡潔で大家にふさわしい序論を提供している。M. Fantuzzi and R. Hunter, *Tradition and Inno-*

vation in Hellenistic Poetry（Cambridge, 2004）はすばらしい一般研究である。そして G. Radke, *Die Kindheit des Mythos. Die Erfindung der Literaturgeschichte in der Antike*（Munich, 2007）は、ヘレニズム時代のエジプトのギリシア人がとくになぜ神々の幼年期に焦点を絞ったかを考察する。下記の註で言及されるカッリマコスの断片は、R. Pfeiffer, *Callimachus*, two vols（Oxford, 1949–53）に収集され、番号が付されている。その後、さらに発見された断片があり、そのいくつかが H. Lloyd-Jones and P. Parsons, *Supplementum Hellenisticum*（Berlin, 1983）に収められている。ヘレニズム期の詩歌の英訳として勧めるのは次の 3 書である。P. Green, *Apollonius: The Argonautika*（Berkeley, 1997）; F. Nisetich, *The Poems of Callimachus*（Oxford, 2001）; A. Verity, *Theocritus: Idylls*（Oxford, 2002）。

（1）A. B. Bosworth, *A Historical Commentary on Arrian's History of Alexander*, second vol.（Oxford, 1995）, 356 が「これらの祭壇が歴史的に実在したことには疑う余地がない」と指摘しているように、アレクサンドロスのアジア遠征のほぼすべての点が熱心に議論されている。二つの祭壇は古代のすべてのアレクサンドロス伝説で言及されているうえ、祝賀と終結の行為として完全に筋が通っている。

（2）ヘレニズムの象徴としての 12 神の祭壇に関しては次を参照せよ。'Canonizing the Pantheon: the dodekatheon in Greek religion and its origins', in J. N. Bremmer and A. Erskine, eds., *The Gods of Ancient Greece: Identities and Transformations*（Edinburgh, 2010）, 53。

（3）アッリアノス『アレクサンドロス大王東征記』第 2 巻 14. 5「父は謀反人どもの手にかかって弑せられたが、その犯人グループを組織したのが、これまた貴下の国人［ペルシア人］であった。」

（4）アッリアノス『アレクサンドロス大王東征記』第 1 巻 16. 7。

（5）アッリアノス『アレクサンドロス大王東征記』第 3 巻 1. 5。

（6）アイスキネス第 3 弁論『クテシポン弾劾』160 節を参照せよ。ハルポクラティオン『アッティカ十大弁論家用語辞典』の「マルギテス」の項と比較せよ。

（7）A. Kuhrt, *The Persian Empire: A Corpus of Sources from the Achaemenid Period*（London, 2007）, 447 を参照せよ。

（8）埋葬用の石の山については A. B. Bosworth, *A Historical Commentary on Arrian'sHistory of Alexander*, second vol.（Oxford, 1995）, 31 を参照せよ。

（9）R. Lane Fox, *Alexander the Great*（London, 1973）, 313。

（10）アッリアノス『アレクサンドロス大王東征記』第 5 巻 2. 1。

（11）アッリアノス『アレクサンドロス大王東征記』第 4 巻 28. 1–30. 9。

（12）アッリアノス『アレクサンドロス大王東征記』第 7 巻 23. 2。

（13）オリュンピアにおけるゼウスについては、ストラボン『地誌』第 8 巻 3. 30 参照。アルテミスについてはプリニウス『博物誌』第 36 巻 4 参照。この像は崇拝者たちが神殿に入ってきたときは顔つきが厳しいが、崇拝者たちが女神に敬意を表してから立ち去るときにはうれしそうに見えた。

（14）アッリアノス『アレクサンドロス大王東征記』第 7 巻 1. 4。

（15）エウヘメロスの引用はすべて、シケリアのディオドロス『世界史』第 5 巻 42–46 の要約から引かれている。

(16) シケリアのディオドロス『世界史』第1巻 70.1–4＝『ギリシア歴史断片集』264, F. 25。

(17) ルクソールのアメンホテプ三世の神殿のレリーフについては、B. J. Kemp, *Ancient Egypt: Anatomy of a Civilization*（London, 1989), 198–9 を参照せよ。

(18) 引用は『アレクサンドロス・ロマンス』第1巻3（ネクテナボンと蠟の船)、第1巻7（オリュンピアスとファラオの出会い)、第1巻11（アレクサンドロスの誕生）から取られている。

(19) M. Wenzel, *Echoes of Alexander the Great: Silk Route Portraits from Gandhara*（London, 2000）へのダライ・ラマの序文を参照せよ。

(20) シルクロードに沿って進んだ風の神については、K. Tanabe, 'The Kushan representation of Anemos/Oado and its relevance to the Central Asian and Far Eastern wind gods', *Silk Road Art and Archeology*, 1 (1990), 51–80 を参照せよ。より一般的な研究については、R. C. Foltz, *Religions of the Silk Road: Overland Trade and Cultural Exchange from Antiquity to the Fifteenth Century*（New York, 1999）を参照せよ。

(21) テオクリトス『牧歌』第17歌 16–19行。

(22) テオクリトス『牧歌』第17歌 126–34行。

(23) S. Stephens, *Seeing Double: Intercultural Poetics in Ptolemaic Alexandria*（Berkeley, 2003), 245–46 がプトレマイオス朝について論じている。

(24) カッリマコス『エピグラム』第28番 Pfeiffer および『アポロン讃歌』107–12行。

(25) これらはカッリマコス『アイティア（起源譚)』の冒頭で述べられている。

(26) カッリマコス『アイティア』断片 178 Pfeiffer。

(27) テオクリトス『牧歌』第11歌。

(28) ガダラのメレアグロス『ギリシア詞華集』第7巻417番 5–8行＝A. S. F. Gow and D. L. Page, eds., *The Greek Anthology: Hellenistic Epigrams*, 2 vols（Cambridge, 1965), 3988–91。

第四部　移し換え――ローマ帝国

The Cambridge Ancient History, vols 7. 2 to 10（Cambridge, 1990–96）は、ローマの起源からアウグストゥスの元首政の終焉までのローマ史に関する、権威ある記述を提供する。基礎的な（入手可能でもある）概説書としては、M. T. Boatwright, D. J. Gargola, and R. J. A. Talbert, *The Romans: From Village to Empire*（Oxford, 2004）を参照せよ。共和政の歴史については、M. H. Crawford, *The Roman Republic*, second edition（Cambridge MA, 1993）を参照せよ。R. Syme, *The Roman Revolution*（Oxford, 1939）は、共和政の終焉とアウグストゥスの元首政の最も影響力の大きい研究書で、ヨーロッパでのファシズムの高まりを受け、アウグストゥスについての迷妄を覚ますみごとな叙述を提供している。M. Beard, J. North, and S. Price, *Religions of Rome*, two vols（Cambridge, 1998）はローマ宗教研究の必読書である。D. C. Feeney, *The Gods of Epic: Poets and Critics of the Classical Tradition*（Oxford, 1991）はローマ文学における神々の最良の研究書である。

S. Hinds, *Allusion and Intertext: The Dynamics of Appropriation in Roman Poetry*（Cambridge, 1998）

は、リウィウス・アンドロニクスとナエウィウスとエンニウスが、ムーサたちの守護するギリシアの文芸をどのようにして翻訳するに至ったかについて、すぐれた叙述を提供する。リウィウス・アンドロニクスについては、S. Mariotti, *Livio Andronico e la traduzione artistica*（Urbino, 1950）が今なお最良の文献である。エンニウスの断片は O. Skutsch, *The Annals of Q. Ennius*（Oxford, 1985）に収められ、以下の註はこれに言及している。E. Gowers, 'The *cor* of Ennius', in W. Fitzgerald and E. Gowers, eds., *Ennius Perennis: The Annals and Beyond*（Cambridge, 2007）, 17–37 は「エンニウスの三つの心」について詳叙する。エンニウスとフルウィウス・ノビリオルおよび、ヘラクレスとムーサたちの神殿については、M. Martina, 'Aedes Herculis Musarum', *Dialoghi di Archeologia*, 3（1981）, 49–68 を参照せよ。

キケロの『神々の本性について』は H. Rackham, *On the Nature of the Gods*（Cambridge MA, 1961）に英訳されている。A. S. Pease, *M. Tulli Ciceronis: De Natura Deorum*, 2 vols,（Cambridge MA, 1955–58）はこの作品への十全な概論と注釈を提供している。A. R. Dyck,（Cambridge 2003）は第 1 巻の導入と注解を行なっている。A. Momigliano, 'The theological efforts of the Roman upper classes in the first century BC', *Classical Philology* 79（1984）, 199–211 はローマ宗教に関するすぐれた論説である。M. Beard, 'Cicero and divination: the formation of a Latin discourse', *Journal of Roman Studies* 76（1986）, 33–46 も同様である。アウグストゥスの文化革命と芸術における彼の折衷的な「古典主義」については、G. K. Galinsky, *Augustan Culture*（Princeton, 1996）を参照せよ。ローマ皇帝崇拝については次の 2 篇の独創的な論文を参照せよ。S. Price, 'Between man and god: sacrifice in the Roman imperial cult', *Journal of Roman Studies* 70（1980）, 28–43 および 'Gods and Emperors: the Greek language of the Roman imperial cult', *Journal of Hellenic Studies* 104（1984）, 79–95。ウェルギリウスの『アエネイス』とオウィディウスの『変身物語』には多くのすぐれた英訳がある。私が推薦するのは、D. West によるウェルギリウスの英訳の第 2 版（London 2002）と、Raeburn によるオウィディウスの英語韻文訳（London, 2004）で、後者には D. C. Feeney によるすばらしい序論が付されている。

（1）「カルネアデス」という言葉は今では、ほとんどのイタリア人にとってたんに「未知のギリシア人かローマ人」を意味する。アレッサンドロ・マンゾーニの 19 世紀の小説『いいなづけ』で、レンツォとルチーアという無垢な二人の恋人たちが結婚を求めてドン・アッボンディオ司祭の書斎に突然入ってきたとき、この司祭が「カルネアデス……こいつは一体何者だったかな？」とぶつぶつ独り言を言っているのでこういう意味になった。マンゾーニの哀れな司祭がカルネアデスのことを調べたりしないのは、この恋人たちが結婚の絆を結ぶ邪魔立てをするので手一杯だからだ。おかげで、カルネアデスは依然として得体の知れない名前のままなのだ——もちろん、マンゾーニがちょっと冗談を言っているにしても。なにしろ偶然にも、カルネアデスの懐疑主義とアッボンディオ司祭自身に倫理的志向がないのはぴったりな組み合わせなのだ〔アッボンディオ司祭はレンツォとルチーアの結婚式の前日に、ルチーアに横恋慕した暴君の領主から、結婚を阻止しなければ命はないと脅迫され、懸命に結婚式を延期しようとしている〕。

（2）エンニウス『年代記』240–41 Skutsch。

（3）E. Malcovati, ed., *Oratorum Romanorum Fragmenta*, fourth edition（Turin, 1976）所収の大カト

一断片 98。

(4) ローマの人口の算出方法は、W. Scheidel, ed., *Debating Roman Demography*（Leiden, 2001）で論じられている。

(5) カエサル『ガリア戦記』第 6 巻 17。これに関する議論については M. Beard, J. North, and S. Price, *Religions of Rome*, vol. 2（Cambridge, 1998）, 55 を見よ。

(6) プルタルコス『英雄伝』「ポンペイウス」第 27 節 3。

(7) キケロ『神々の本性について』第 1 巻 4. 7。

(8) M. Beard, 'Cicero and divination: the formation of a Latin discourse', *Journal of Roman Studies* 76（1986）, 40。

(9) ホラティウス『書簡詩』第 2 巻 1. 156。

(10) タキトゥス『同時代史』第 1 巻 3。

(11) プルタルコス『英雄伝』「アントニウス」第 4 節 1–2。

(12) プルタルコス『英雄伝』「アントニウス」第 24 節 3–4。

(13) プルタルコス『英雄伝』「アントニウス」第 26 節 1–3。

(14) R. Syme, *The Roman Revolution*, corrected edition（Oxford, 1960）, 448。

(15) ウェルギリウス『アエネイス』第 8 歌 698 行。

(16) ウェルギリウス『アエネイス』第 1 歌 279 行。

(17) ウェルギリウス『アエネイス』第 1 歌 279–82 行。

(18) オウィディウス『変身物語』第 6 巻 7–8 行。

(19) オウィディウス『変身物語』第 6 巻 103–4 行。

(20) オウィディウス『悲しみの歌』第 2 巻 207 行。

第五部　変装——キリスト教とイスラム教

D. MacCulloch, *A History of Christianity*（London, 2009）はとにかく読みやすく、しかも造詣が深い。M. Beard, J. North, and S. Price, *Religions of Rome*, two vols（Cambridge, 1998）は初期キリスト教史に関するすぐれた入門書で、後 1 世紀に栄えた他の多くの宗教や儀礼とともに論じている。ローマ帝国の衰退とキリスト教の興隆は多くの書物のテーマになっている。ギボンは 18 世紀に著名な『ローマ帝国衰亡史』を著わした。この書物は次の権威ある校訂本で読める。D. Womersley, ed., E. Gibbon, *History of the Decline and Fall of the Roman Empire*, three vols, second edition（London, 2005）。A. von Harnack, *Die Mission und Ausbreitung des Christentums*, fourth edition（Leipzig, 1924）は 20 世紀の変わり目に著わされ、影響力が大きかった。社会学的・人口統計学的議論を提供するのは、R. Stark, *The Rise of Christianity: A Sociologist Reconsiders History*（Princeton, 1996）である。J. N. Bremmer, *The Rise of Christianity Through the Eyes of Gibbon, Harnack and Rodney Stark*（Groningen, 2010）は上記 3 書について著者が最終講義で論じた有益な書物である。R. Lane Fox, *Pagans and Christians in the Mediterranean World from the Second Century AD to the Conversion of Constantine*（London, 1986）は洞察の鋭い名文の書物である。古代末期に関しては、P. Brown が最も影響力のある学者かもしれない。とくに *The World of Late Antiquity: AD 150–750*, second edition（New York, 1989）を参照せ

よ。最後の異教徒については、A. Cameron, *The Last Pagans of Rome*（Oxford, 2011）を参照せよ。後 400 年代から 600 年代については、R. Markus, *The End of Ancient Christianity*（Cambridge, 1990）を参照せよ。筆者は、異教神の像に対するキリスト教徒の態度について、C. Mango, 'Antique statuary and the Byzantine beholder', *Dumbarton Oaks Papers* 17（1963）, 55–75 および J. Elsner, *Imperial Rome and the Christian Triumph: The Art of the Roman Empire AD 100–450*（Oxford, 1998）から多くを学んだ。キリスト教徒のオウィディウス受容について、そして寓意の問題一般については、L. Barkan, *The Gods Made Flesh: Metamorphosis and the Pursuit of Paganism*（New Haven, 1986）を参照せよ。異教の神々に対するキリスト教徒の態度を探究するのに最良の導き手はアウグスティヌス『神の国』である。R. W. Dyson, *The City of God Against the Pagans*（Cambridge, 1998）はすぐれた英訳を、序論と註とともに提供する。

アラブ人による征服とイスラム世界の歴史全般については、I. M. Lapidus, *A History of Islamic Societies*, second edition（Cambridge, 2002）を参照せよ。イスラ　ムによる古代ギリシア文化の受容については、F. Rosenthal, *The Classical Heritage in Islam*, trans. E. and J. Marmorstein（London, 1975）および G. Strohmaier, *Von Demokrit bis Dante: Die Bewahrung antiken Erbes in der arabischen Kultur*（Hildesheim, 1996）、そして D. Gutas, *Greek Thought, Arabic Culture: The Graeco-Arabic Translation Movement in Baghdad and Early 'Abbāsid Society*（London, 1998）を参照せよ。神々だけに限っては、D. Urvoy, *Les penseurs libres dans l'Islam classique: L'interrogation sur la religion chez les penseurs arabes indépendants*（Paris, 2003）および A. Etman, 'Homer in the Arab World', in J. Nelis, ed., *Receptions of Antiquity: Festschrift for F. Decreus*（Gent, 2011）, 69–79 を参照せよ。恒星としての神々に関しては、P. Kunitzsch, *The Arabs and the Stars: Texts and Traditions on the Fixed Stars and their Influence in Medieval Europe*（Northampton, 1989）を参照せよ。J. Seznec, *The Survival of the Pagan Gods: The Mythological Tradition and Its Place in Renaissance Humanism and Art*, trans. B. F. Sessions（New York, 1953）〔ジャン・セズネック『神々は死なず——ルネサンス芸術における異教神』高田勇訳、美術出版社　1977〕は、古代の神々のアラブ人による受容と変容にとくに着目する。

（1）E. Gibbon, *The History of the Decline and Fall of the Roman Empire*, ed. D. Womersley, vol.1（London, 2005）, 446。
（2）タキトゥス『年代記』第 15 巻 44。
（3）新約聖書「マタイによる福音書」第 5 章第 5 節。
（4）R. Seaford, *Dionysos*（London, 2006）は第 9 章で主張の正しさを明らかにする。
（5）J. Bremmer, *The Rise of Christianity Through the Eyes of Gibbon, Harnack and Rodney Stark*（Groningen, 2010）, 69。
（6）Mary Beard, John North, and Simon Price, *Religions of Rome*（Cambridge, 1998）, vol. 1, 238 のように「キリスト教徒の裁判は個人的かつ地域的な敵意から生じることもある」と主張するのは的外れだと、私には思われる。個人的な敵意はあらゆる迫害のあいだ、つねに関与するが、キリスト教徒に対する非難について特殊なことは、彼らが犠牲を認めなかったことと関連しているのだ。
（7）新約聖書「使徒言行録」第 14 章。
（8）R. Lane Fox, *Pagans and Christians*（London, 1986）, 99–101 は、たとえオウィディウスとの

関連がその後、表面上、続いたとしても、きわめて効果的にそれに反論する。
(9) E. Haenchen, *Die Apostelgeschichte* (Göttingen, 1961), 374。
(10) アウグスティヌス『神の国』第 7 巻 9。
(11) オウィディウス『変身物語』第 2 巻 846–47 行。
(12) ヒエロニムス『年代記』(Jerome *Chronicon*, ed. J. K. Fotheringham (London, 1923), 314)。
(13) この詩はエジプト人詩人クリストドロスによるもので、『パラティン詞華集』第 2 巻を構成している〔ゼウクシッポス浴場を飾った神々や英雄、名高い詩人・著述家などの 80 体の彫像を描写した 416 行からなる六脚韻の詩。『ギリシア詩華集 1』(京都大学学術出版会 2015) の第 2 章に沓掛良彦訳が所収される〕。
(14) 歴史家たちは一般に、キリスト教徒は 300 年までには人口の 8–12 パーセントのあいだだったと主張するが、計算の基礎となる証拠はごくわずかしかない。R. MacMullen, *The Second Church: Popular Christianity A. D. 200–400* (Atlanta, 2009), 102 n.18 を参照せよ。ローマ帝国全体の推定人口が最近は 6000 万人から 1 億人のあいだで揺れているという事実が問題の限界となっている。W. Scheidel, ed., *Debating Roman Demography* (Leiden, 2001), 63–64 を参照せよ。
(15) エウセビオス『コンスタンティヌスの生涯』第 3 巻 54。
(16) 新約聖書「コリントの信徒への手紙 1」第 10 章 20。
(17) 助祭マルクス『ポルピュリオスの生涯』59–61。
(18) 大聖グレゴリウス『第二の対話』8。
(19) ゾシモス『新たな歴史』第 5 書 24.8。
(20) 重要なプロジェクトが英国の人文学研究機構からの資金提供により R. R. R. Smith 教授と Bryan Ward-Perkins 博士の指揮のもと、後 284 年から 650 年の期間の古代彫刻の考古学を調査している。詳細は http://www.ocla.ox.ac.uk/statues/index.shtml を参照せよ。
(21) テオピュラクト・シモカッタ『歴史』第 8 巻 13.7–15。
(22) アルノビウス『異教徒論駁』第 4 巻 25。
(23) アルノビウス『異教徒論駁』第 7 巻 41。テクストへの補遺も参照せよ。
(24) アルノビウス『異教徒論駁』第 3 巻 15。
(25) アルノビウス『異教徒論駁』第 4 巻 21。
(26) アルノビウス『異教徒論駁』第 5 巻 34。
(27) アルノビウス『異教徒論駁』第 5 巻 23。
(28) L. Barkan, *The Gods Made Flesh: Metamorphosis and the Pursuit of Paganism* (New Haven, 1986), 98。
(29) ラクタンティウス『神聖教理』第 1 巻 11.24。
(30) アウグスティヌス『神の国』第 7 巻 18。
(31) このバージョンの夢は Ibn-Nubāta, *Sarḥ al-'uyūn fī šarḥ risālat Ibn Zaydūn*, ed. M. Abū-l-Faḍl Ibrāhīm (Cairo, 1964), 213 に保存されている。その英訳と議論は、D. Gutas, *Greek Thought, Arabic Culture: The Graeco-Arabic Translation Movement in Baghdad and Early 'Abbāsid Society (2–4/8th–10th centuries)*, (London, 1998), 97–104 にある。
(32) F. Rosenthal, *The Classical Heritage in Islam*, (London, 1975), 18 に、アラビアの翻訳理論に関するあれこれの重要な資料が英訳されている。

(33) G. Strohmaier, 'Homer in Baghdad', *Byzantinoslavica* 41 (1980), 196–200。

(34) この註解はフィレンツェのラウレンティアーナ図書館に現在所蔵されている写本(226/173 fol. 73 recto, 13f) の欄外に出てくる。議論については、G. Strohmaier, 'Homer in Baghdad', *Byzantinoslavica* 41 (1980), 196–200 を参照せよ。

(35) P. Nwyia and K. Samir, eds., 'Une correspondance islamochrétienne entre Ibn al-Munağğim, Ḥunayn ibn Isḥāq et Qusṭā ibn Lūqā', *Patrologia Orientalis* 40.4 (1981), 664–69 を参照せよ。

(36) これに関連する図版は、現在ウィーンのオーストリア国立図書館所蔵の写本 (MS 14.38, fol. 247 verso) にある。その画像の再生と考察については、J. Seznec, *The Survival of the Pagan Gods*, trans. B. F. Sessions, (New York, 1953), 180–83 を参照せよ。

(37) この分野の研究の開拓者は F. Saxl である。F. Saxl, 'Beiträge zu einer Geschichte der Planetendarstellungen im Orient und Okzident', *Islam* 3 (1912), 151–77 を参照せよ。

(38) テルトゥリアヌス『偶像崇拝について』9。

(39) ダンテ『神曲　地獄篇』第 20 歌 115–17 行。

(40) この議論については、J. Seznec, *The Survival of the Pagan Gods*, trans. B. F. Sessions, (New York, 1953), 162–63 を参照せよ。

(41) B. Caseau, 'Late antique paganism: adaptation under duress' in L. Lavan and M. Mulryan, eds., *The Archaeology of Late Antique 'Paganism'* (Leiden, 2011), 111–34 は、継続性に関するどんな簡単な議論でも打破する。

(42) 自由七科は次のような体系に従った。月／ディアナ(文法)、水星／メルクリウス(論理学)、金星／ウェヌス(修辞学)、太陽／アポロ(算術)、火星／マルス(音楽)、木星／ユピテル(幾何学)、土星／サトゥルヌス(天文学／占星術)。

第六部　再生——ルネサンス

J. Brotton, *The Renaissance: A Very Short Introduction* (Oxford, 2006) は、ルネサンスという時期がどのように概念化され定義されてきたかの整理に役立つ。L. Jardine and J. Brotton, *Global Interests: Renaissance Art between East and West* (London, 2000) は、ヨーロッパという境界線を越えて、とくにイタリア・ルネサンスとオスマン帝国との関係を究明している。ルネサンス期に行なわれた西に向かう大西洋横断の探検については、D. Abulafia, *The Discovery of Mankind: Atlantic Encounters in the Age of Columbus* (New Haven, 2008) および K. Ordahl Kupperman, ed., *America in European Consciousness 1493–1750* (Chapel Hill, 1995) を参照せよ。とりわけその所収論文である S. MacCormack, 'Limits of understanding: perceptions of Greco-Roman and Amerindian paganism in early modern Europe', 79–129 を参照せよ。ペトラルカと彼のさまざまな試み全体については、V. Kirkham and A. Maggi, eds., *Petrarch: A Critical Guide to the Complete Works* (Chicago, 2009) を参照せよ。『アフリカ』におけるオリュンポスの神々の扱いについては、T. Gregory, *From Many Gods to One: Divine Action in Renaissance Epic* (Chicago, 2006) の第 2 章を参照せよ。この詩篇は T. G. Bergin and A. S. Wilson (New Haven, 1977) によって英訳されている。A. Pertusi, *Leonzio Pilato fra Petrarca e Boccaccio* (Venice, 1964) は、ペトラルカとホメロスの関連性についてきわめて博識で感受性の鋭い解釈を提言し、それが彼とボッ

カッチョとの現実の友情や、ギリシア語の師で翻訳もしてくれたレオンティウス・ピラトゥスとの波瀾に満ちた関係とどのように交差するかを示している。

J. Seznec, *The Survival of the Pagan Gods: The Mythological Tradition and Its Place in Renaissance Humanism and Art*, trans. B. F. Sessions（New York, 1953）は中世とルネサンスのあいだにはっきりした区別が存在することを疑っている。セズネックはルネサンス芸術の諸テーマに焦点を絞り、その表現のために使われた新しい視覚的表現法はさほど注目しなかったために継続性を誇張していると、S. Settis がセズネックのこの著書の新しいイタリア語翻訳版への序論（Turin, 2008), vii–xxix で指摘しているのは正しい。M. Bull, *The Mirror of the Gods: Classical Mythology in Renaissance Art*（London, 2005）は多種多様な対象物と媒体を考察することで、装飾と高等美術との伝統的な区別を修正する。しかるのちヘラクレス、ユピテル、ウェヌス、バックス、ディアナ、アポロについてそれぞれに章を立てている。L. Freedman, *The Revival of the Olympian Gods in Renaissance Art*（Cambridge, 2003）は自立している彫像について論じ、自立彫像は古代の偶像を思い起こさせることから、特別な神学的な異議申し立てを提起したと主張する。マラテスタ神殿について楽しく読めるのは、E. Hollis, *The Secret Lives of Buildings: From the Ruins of the Parthenon to the Vegas Strip in Thirteen Stories*（New York, 2009), 157–81。F. Arduini, ed. *Sigismondo Pandolfo Malatesta e il suo tempo: mostra storica*（Vicenza, 1970）という展示カタログでは、I. Pasini がマラテスタ神殿について論じている。A. F. D'Elia, *A Sudden Terror: The Plot to Murder the Pope in Renaissance Rome*（Cambridge MA, 2009）は、15 世紀中葉の人文主義者たち（あるいは教皇側の叙述では「異教徒ども」）の生き生きとした肖像や、彼らのネットワークや野望を叙述している。

(1) ダンテ『神曲　天国篇』第 1 歌 13–33 行および『神曲　煉獄篇』第 6 歌 1–8 行を参照せよ。

(2) たとえば、J. Brotton, *The Renaissance: A Very Short Introduction*（Oxford, 2006), 12–13。

(3) ペトラルカ『アフリカ』第 7 巻 506–728 行。

(4) ペトラルカ『アフリカ』第 3 巻 136–262 行。

(5) ペトラルカ『アフリカ』第 6 巻 839–918 行。

(6) ペトラルカの友人ボッカッチョ宛『老年書簡集』第 2 巻 1. 108。

(7) A. Pertusi, *Leonzio Pilato fra Petrarca e Boccaccio*（Venice, 1964), 40–41 には関連する数節が何通もの手紙から集められている。

(8) ペトラルカからキケロ宛ての第 2 の手紙。『親近書簡集』第 24 巻 4. 2。

(9) T. E. Mommsen, 'Petrarch's conception of the "Dark Ages"', *Speculum* 17.2 (1942), 226–42。

(10) 引用は『親近書簡集』第 8 巻 3. 12 から。『偉人伝（*De viris illustribus*）』という彼のもうひとつのより包括的な計画については、R. G. Witt, 'The rebirth of the Romans as models of character', in V. Kirkham and A. Maggi, eds., *Petrarch: A Critical Guide to the Complete Works*（Chicago, 2009), 106–08 を参照せよ。ペトラルカは偉人を集めたこの作品にユダヤ、アジア、ギリシア、ローマの名高い男たちを含めるつもりだった。

(11) M. Bull, *The Mirror of the Gods: Classical Mythology in Renaissance Art*（London, 2005), 60。

(12) ピウス 2 世『注釈』第 2 巻 32。

(13) E. Hollis, *The Secret Lives of Buildings*（New York, 2009), 163。

(14) ピウス2世『注釈』第2巻32。

(15) マクロビウス『サトゥルナリア』第1巻23.10。

(16) フリードリヒ・ニーチェ『歴史の功罪』(『反時代的考察』所収)(F. Nietzsche, *Vom Nutzen und Nachteil der Historie für das Leben* in *Kritische Studienausgabe*, eds. G. Colli and M. Montinari (Munich, 1999), vol. 1, 243–334)。

(17) レオン・バッティスタ・アルベルティ『建築論』第6書1。

(18) ある教会関係の註釈者は、コレッジョの絵を「誓いを破りたくなるかもしれない修道女たちを感心させることを意図したもの」と言った。*Ragionamento del Padre Ireneo Affò sopra una stanza dipinta del celeberrimo Antonio Allegri da Correggio nel monasterio di San Paolo in Parma* (Parma, 1794), 47–8 を参照せよ。

(19) この罪について A. F. D'Elia, *A Sudden Terror: The Plot to Kill the Pope in Renaissance Rome* (Cambridge MA, 2009), 87 が論じている。「君たちはキリスト教徒である以上に異教徒であり、我々キリスト教徒の慣習以上に異教徒の慣習に従っている、という者もいる。また、ヘラクレスを神と呼び、他にもメルクリウスやユピテルやアポロやウェヌスやディアナを神と呼ぶ輩もいるし、普段から、同じ類の迷信を信じている連中と一緒にいるときにはとくにこういう神や女神にかけて誓うとも言われている。」

(20) ポンポニオ・レトの言葉は未校訂の写本 (MS Marc. Lat. Classe XII, n. 210 (4689) fol. 34 recto) にある。

(21) D. Abulafia, *The Discovery of Mankind: Atlantic Encounters in the Age of Columbus* (New Haven, 2008), とくに312以下。

(22) ボッカッチョの『カナリア諸島について』は、*Monumenta Henricina* vol.1 (Lisbon, 1960), 202–6 に刊行されている。

(23) シエサが行なった比較を引用しているユストゥス・リプシウス『ウェスタとウェスタ祭典シュンタグマについて』第15章 (Justus Lipsius, *De Vesta et Vestalibus Syntagma* (Antwerp, 1603), chapter 15) を参照せよ。議論については、S. MacCormack, *Religion in the Andes: Vision and Imagination in Colonial Peru* (Princeton, 1991), 106以下を参照せよ。

(24) 再現については K. Ordahl Kupperman, *America in European Consciousness* 1493–1750 (Chapel Hill, 1995), 105 を参照せよ。あわせて上記 Sabine MacCormack の 98–101 のすばらしい議論も参照せよ。

(25) ラフィト『原初の時代の習俗と比較したアメリカの未開人の習俗』(J.-F. Lafitau, *Moeurs des Sauvages Amériquains, Comparées aux Moeurs des Premiers Temps* (Paris, 1724), vol. 1, 97–98)。

(26) 新約聖書「使徒言行録」第14章第16節。本書183ページで既述。

(27) ガルシラーソ・デ・ラ・ベーガ『インカ皇統記』第1書 (Garcilaso de la Vega, *Comentarios reales de los Incas* (Lisbon, 1609), vol. 1. 30b)。C. Saenz de Santa Maria の校訂によりマドリッドで1963年に刊行された版に所収。

(28) この点は、新世界に関する初期の記録に古典文化が与えた影響の重要な研究のなかで指摘されている。A. Laird, 'Aztec and Roman gods in sixteenth-century Mexico: strategic uses of classical learning in Sahagún's *Historia general*", in J. Pohl, ed., *Altera Roma: Art and Empire from the Aztecs to New Spain* (Los Angeles, 2014)。

(29) J. Seznec, *The Survival of the Pagan Gods: The Mythological Tradition and Its Place in Renaissance Humanism and Art*, trans. B. F. Sessions (New York, 1953), 222。

(30) 周知のように、メディチ家のフランチェスコとオーストリアのハプスグルグ家のヨハンナの結婚（1565 年）を祝うオリュンポスの神々の馬車の行列を先導したのがデモゴルゴンであった。「不純正語法」というどきっとするような題のついた論文は、スペンサーやマーロウ、ドライデン、ミルトン、シェリーがデモゴルゴンに言及している個所を集めている。M. Castelain, 'Démogorgon ou le barbarisme déifié', *Bulletin de la Association Guillaume Budé* 36 (1932), 22–39。

(31) Lilio Gregorio Giraldi, *De deis gentium historia* (Basel, 1548) の奉納書簡。V. Cartari, *Le imagini con la sposizione de i dei degli antichi* (Venice, 1556), 8–9〔カルターリ『西洋古代神話図像大鑑　全訳『古人性質の神々の姿について』』大橋喜之訳、八阪書房　2012。続篇はカルターリ、ロレンツォ・ピニョリア『西洋古代神話図像大鑑　続篇―東洋・新世界』大橋喜之訳、八阪書房　2014〕。議論については S. Gambino Longo, 'La fortuna delle *Genealogiae deorum gentilium* nel' 500 italiano: da Marsilio Ficino a Giorgio Vasari', *Cahiers d'études italiennes* 8 (2008), 115–30 を参照せよ。

エピローグ　大理石の頭像

ルネサンスから現在までのオリュンポスの神々を探求する際、最初の手がかりになるのは J. D. Reid, ed., *The Oxford Guide to Classical Mythology in the Arts*, 1300–1990, two vols (Oxford, 1993) である。必携のこの参考書は、個々の神の名のもとに創作された文学・芸術・音楽・映画の作品への案内書である。この本に含まれた参照指示項目のほんのごく一部でさえ、徹底的に究明するには命がいくつあっても足りないほど時間がかかるだろう。ロマン派の時代に焦点を絞った簡潔で刺激的な記述として、R. Calasso, *Literature and the Gods*, trans. T. Parks (London, 2001), 28 を参照せよ。

(1) オウィディウス『変身物語』第 2 巻 846–47 行。

(2) ボードレール『異端派』(C. Baudelaire, 'L'École païenne' in *Oeuvres complètes*, ed. C. Pichois (Paris, 1976), vol. 2, 44–45)。

(3) ハイネ『精霊物語』(H. Heine, *Elementargeister* in *Sämtliche Schriften*, ed. K Briegleb (Munich, 1978), vol. 3, 686)。

(4) レオパルディ『ジバルドーネ（雑録）』第 2 巻 1856 (G. Leopardi, *Zibaldone*, ed. R. Damiani (Milan, 1997), vol. 2, 1856)。

(5) レオパルディ『ジバルドーネ（雑録）』第 2 巻 288 以下。

(6) ニーチェ「ブルクハルト宛の書簡」(F. Nietzsche, letter to Burckhardt, 4.1.1889, in *Briefwechsel*, ed. G. Colli and M. Montinari (Berlin, 1984), vol. 3.5, 574)。

(7) ボルヘス「ラグナレク」（『創造者』所収）(J. L. Borges, 'Ragnarök', in *El Hacedor* (Buenos Aires, 1960), 63–65)。

(8) フォントネル『全集』第 3 巻 187–202 (B. de Fontenelle, *Oeuvres complètes*, ed. A. Niderst,

vol. 3（Paris, 1989）, 187–202）を参照せよ。
(9) キケロ『神々の本性について』第 1 巻 16. 43。

引用した邦訳

＊聖書の引用は新共同訳を使用した。なお、固有名詞のなかには慣用表記を使用したり他の引用と表記をそろえたものもある。

古代・中世 （著者名五十音順）

アイスキネス『アイスキネス　弁論集』木曽明子訳、京都大学学術出版会　2012

アウグスティヌス『神の国（二）』服部英次郎訳、岩波文庫　1982

アッリアノス『アレクサンドロス大王東征記』（全 2 冊）大牟田章訳、岩波文庫　2001

アナクサゴラス『ソクラテス以前哲学者断片集　第三分冊』内山勝利訳、岩波書店　1997

アリストテレス『詩学』松本仁助・岡道男訳、岩波文庫　1997

アリストパネス『テスモポリア祭を営む女たち』荒井直訳、『ギリシア悲劇全集 3』岩波書店　2009

ウェルギリウス『アエネーイス』岡道男・高橋宏幸訳、京都大学学術出版会　2001

エウヘメロス「エウヘメロス（訳）」鎌田邦宏訳、『姫路工業大学工学部研究報告』52（1999）　1–20。

エウリピデス『トロイアの女たち』『ヘラクレス』丹下和彦訳、『エウリピデス　悲劇全集 3』京都大学学術出版会　2014

エウリピデス『ヘカベ』丹下和彦訳、『エウリピデス　悲劇全集 2』京都大学学術出版会　2013

オウィディウス『悲しみの歌／黒海からの手紙』木村健治訳、京都大学学術出版会　1998

オウィディウス『変身物語（上）』中村善也訳、岩波文庫　1981

カエサル『カエサル戦記集　ガリア戦記』高橋宏幸訳、岩波書店　2015

(伝) カッリステネス『アレクサンドロス大王物語　伝カリステネス』橋本隆夫訳、国文社　2000

キケロ『神々の本性について』山下太郎訳、『キケロー選集　第 11 巻』岩波書店　2000

『ギリシア詞華集 1』沓掛良彦訳、京都大学学術出版会　2015

クセノパネス『ソクラテス以前哲学者断片集　第一分冊』藤沢令夫・内山勝利訳、岩波書店　1996

ゴルギアス『ソクラテス以前哲学者断片集　第五分冊』小池澄夫訳、岩波書店　1997

サッポー『サッフォー　詩と生涯』沓掛良彦訳、平凡社　1988

ストラボン『ストラボン　ギリシア・ローマ世界地誌 I』飯尾都人訳、龍渓書舎　1994

タキトゥス『同時代史』国原吉之助訳、ちくま学芸文庫　2012
タキトゥス『年代記（下）』国原吉之助訳、岩波文庫　1981
テアゲネス『ソクラテス以前哲学者断片集　第一分冊』丸橋裕訳、岩波書店　1996
テオクリトス『牧歌』古澤ゆう子訳、京都大学学術出版会　2004
デモクリトス『ソクラテス以前哲学者断片集　第四分冊』内山勝利訳、岩波書店　1998
トゥキュディデス『歴史1』藤縄謙三訳、京都大学学術出版会　2000
トゥキュディデス『歴史2』城江良和訳、京都大学学術出版会　2003
パウサニアス『パウサニアス　ギリシア記』飯尾都人訳、龍渓書舎　1991
プラトン『国家』藤沢令夫訳、『プラトン全集11』岩波書店　1976
プラトン『パイドロス』藤沢令夫訳、『プラトン全集5』岩波書店　1974
プラトン『クラテュロス』水地宗明訳、『プラトン全集2』岩波書店　1974
プリニウス『博物誌』中野定雄・中野里美・中野美代訳、雄山閣出版　1986
プルタルコス『プルタルコス英雄伝　下』村川堅太郎編　ちくま学芸文庫　1996（「ポンペイウス」吉村忠典訳、「アントニウス」秀村欣二訳）
プロタゴラス『ソクラテス以前哲学者断片集　第五分冊』内山勝利訳、岩波書店　1997
プロディコス『ソクラテス以前哲学者断片集　第五分冊』仲川章訳、岩波書店　1997
ヘシオドス『ヘシオドス全作品』中務哲郎訳、京都大学学術出版会　2013
ペトラルカ『ルネサンス書簡集』近藤恒一訳、岩波文庫　1999
ヘラクレイトス『ホメロスの寓意』内田次信訳、『古代ホメロス論集』京都大学学術出版会　2013
ヘラクレイトス『ソクラテス以前哲学者断片集　第一分冊』内山勝利訳、岩波書店　1996
ヘロドトス『歴史』松平千秋訳、岩波文庫　1976
ホメロス『オデュッセイア』（全2冊）松平千秋訳、岩波文庫　1994
ホメロス『イリアス』（全2冊）松平千秋訳、岩波文庫　1992
ホメロス風アプロディテ讃歌『ホメーロスの諸神讃歌』沓掛良彦訳、ちくま学芸文庫　2004
ホラティウス『ホラティウス全集』鈴木一郎訳、玉川大学出版部　2001
メトロドロス『ソクラテス以前哲学者断片集　第三分冊』山田道夫訳、岩波書店　1996
メリッソス『ソクラテス以前哲学者断片集　第二分冊』三浦要訳、岩波書店　1997
メレアグロス（ガダラの）『ギリシア詞華集2』沓掛良彦訳、京都大学学術出版会　2016
リュシアス『リュシアス弁論集』細井敦子・桜井万里子・安部素子訳、京都大学学術出版会　2001

ルネサンス期以降
アレッサンドロ・マンゾーニ『いいなづけ』平川祐弘訳、河出書房新社　1989
エドワード・ギボン『ローマ帝国衰亡史2』中野好夫訳、ちくま学芸文庫　1996

ジャン・セズネック『神々は死なず――ルネサンス芸術における異教神』高田勇訳、美術出版社　1977）
ダンテ『神曲　地獄篇』平川祐弘訳、河出書房新社　2008
ハイネ『流刑の神々・精霊物語』小澤俊夫訳、岩波文庫　1980
ボードレール「異教派」『ボードレール全集 2』阿部良雄訳、筑摩書房　1994
ボルヘス「ラグナレク」鼓直訳、『創造者』岩波文庫　2009
フリードリッヒ・ニーチェ『ニーチェ全集別巻 2　書簡集Ⅱ　詩集』塚越敏・中島義生訳、ちくま学芸文庫　1994
レオン・バッティスタ・アルベルティ『建築論』相川浩訳、中央公論美術出版　1998

図版一覧

本文写真

1. パルテノン・フリーズに描かれたオリュンポス 12 神　J. Neils, *The Parthenon Frieze* (Cambridge, 2001) に基づく線画
2. パルテノン・フリーズ細部　ポセイドン、アポロン、アルテミス、アプロディテの断片の描写　前 400–430 頃（大英博物館、ロンドン）
3. 地図：レトとアポロンの旅
4. 「大地のへそ」を示すヘレニズム期の石（考古学博物館、デルポイ）
5. 地図：東地中海
6. プラクシテレス作「トカゲを殺すアポロン」ローマ時代の模刻（ルーブル美術館、パリ）Superstock
7. A. L. Millen による 19 世紀の描画　前 550 頃のカルキディケ出土の黒像式ヒュドリア〔水を運ぶ陶器〕に基づく（古代美術博物館、ミュンヘン）
8. 地図：アレクサンドロスの旅
9. リュシマコスによって発行された、ゼウス・アンモンの角をつけたアレクサンドロスを描く硬貨　前 305–281 頃（大英博物館、ロンドン）Trustees of the British Museum
10. アカンサスの葉に坐す仏陀を描いたギリシア式柱頭　後 3 世紀か 4 世紀　（ギメ東洋美術館、パリ）。RMN–グラン・パレ（ギメ東洋美術館、パリ）／Matthieu Ravaux
11. マルス像　後 1 世紀（カピトリーノ美術館、ローマ）Jean-Pol GRANDMONT
12. 二人の男が異教の神を倒すようすを描いた 4 世紀のカタコンベの絵（ローマ）
13. サトゥルヌスに対するゼウスの勝利　ラウル・ルフェーヴル『トロイア史集成』の挿画　1464 年　MS fr. 22 552, fol.39 verso（フランス国立図書館、パリ）
14. ヘラクレス座　アラビア語写本の挿画 MS arab. 5036（フランス国立図書館、パリ）
15. アンドレア・ピサーノによるユピテル　ジョットの鐘楼　サンタ・マリア・デル・フィオーレ大聖堂　1330 年代後半（フィレンツェ）
16. アゴスティーノ・ディ・ドゥッチョ　ユピテル　1450 年頃　マラテスタ神殿（リミニ）
17. マッテオ・デ・パスティ　シジスモンド・マラテスタと彼の「リミニの名高い神殿」を称える硬貨　1450 年（ナショナル・ギャラリー、ワシントン DC）　Samuel H. Kress Collection
18. レオナルド・トッリアーニ　フエルテベントゥラ島のマホレロ人のフケネス　1590 年頃（コインブラ大学図書館）
19. クピド　グィド・レーニ派　17 世紀（ウォルターズ美術館、ボルティモア）1929 年以前にヘンリー・ウォルターズによって獲得

20. ジョサイア・ウェッジウッド（1730–1795）による白い飾り付きの青い平皿　Lionel Allarge。
21. 1935 年 12 月 7 日付フィラデルフィア・レコード紙掲載の漫画（アメリカ合衆国ホロコースト記念博物館、ワシントン）ペンシルバニア歴史協会提供

口絵

1. オリュンポス山　George Gerster/Panos
2. デルポイのアポロン神殿遺跡　前 14 世紀　De Agostini/Getty Images
3. シフノス島出土ヘルマイ　前 520 年頃（国立考古学博物館、アテネ、写真家 D. Yalouris）Hellenic Ministry of Culture and Sport/Archaeological Receipts Fund
4. アポロン像の隣にアポロンを描いたアプリア出土の混酒器　前 4 世紀初期（アラード・ピアソン博物館、アムステルダム）
5. 赤子のディオニュソスを腕に抱くシレノス　リュシッポス原作のローマ時代の模刻、後 1 世紀ないし 2 世紀（ルーブル美術館、パリ）
6. ウェヌスの誕生　ルドヴィシの玉座　前 460 年頃（国立博物館、ローマ）　Gianni Dagli Onti/Corbis
7. サンドロ・ボッティチェッリ　『ヴィーナスの誕生』　1486 年（ウフィッツィ美術館、フィレンツェ）　Getty Images
8. ラファエッロ　『ルステラでの犠牲』　システィーナ礼拝堂のためのデッサン　1515–1516 年（ヴィクトリア・アンド・アルバート博物館、ロンドン）。©Victoria & Albert Museum, London
9. ディエゴ・ベラスケス　『織女たち』　1657 年頃（プラド美術館、マドリッド）　Diego Rodriguez de Silvay Velasquez
10. アントニオ・ダ・コレッジョ　『ユノの懲罰』　1519 年　カメラ・ディ・サン・パオロ（パルマ）　The Yorck Project: *10,000 Meisterwerkedi Malenei,* 2002
11. ロマーレ・ビアーデン　『ルーツ・オデュッセイア』　1977 年　ロマーレ・ビアーデン基金（ニューヨーク）　©Romare Bearden Foundation/DACS, London/VAGA, New York 2013